# O TRÁGICO, O SUBLIME E A MELANCOLIA

Volume 1

# O TRÁGICO, O SUBLIME E A MELANCOLIA

Volume 1

Verlaine Freitas
Rachel Costa
Debora Pazetto
(Orgs.)

© Relicário Edições
© Autores

CIP –Brasil Catalogação-na-Fonte | Sindicato Nacional dos Editores de Livro, RJ

T765
v.1
    O trágico, o sublime e a melancolia / Organização Verlaine Freitas, Rachel Costa, Debora Pazetto. -- Volume 1. -- Belo Horizonte, MG : Relicário Edições, 2016.

    300 p / 1.v.
    Inclui referências
    ISBN: 978-85-66786-36-1

    1. O Sublime. 2. Estética. 3. Arte – Filosofia. I. Costa, Rachel. II. Pazetto, Débora. III. Título.

                                          CDD 100

**CONSELHO EDITORIAL**
Eduardo Horta Nassif Veras (UNICAMP)
Ernani Chaves (UFPA)
Guilherme Paoliello (UFOP)
Gustavo Silveira Ribeiro (UFMG)
Luiz Rohden (UNISINOS)
Marco Aurélio Werle (USP)
Markus Schäffauer (Universität Hamburg)
Patrícia Lavelle (EHESS/Paris)
Pedro Süssekind (UFF)
Ricardo Barbosa (UERJ)
Romero Freitas (UFOP)
Virginia Figueiredo (UFMG)
Davidson de Oliveira Diniz (UFRJ)

**COORDENAÇÃO EDITORIAL** Maíra Nassif Passos
**PROJETO GRÁFICO & DIAGRAMAÇÃO** Ana C. Bahia
**CAPA** Caroline Gischewski
**REVISÃO** Lucas Morais e Pedro Furtado

**RELICÁRIO EDIÇÕES**
www.relicarioedicoes.com
contato@relicarioedicoes.com

Prefácio   7

O TRÁGICO

A origem do trágico, segundo Schiller
*Virginia Figueiredo*   17

Tragédia da cultura ao quadrado. Reflexões, com Vilém Flusser, sobre a situação do intelectual brasileiro
*Rodrigo Duarte*   39

Hamlet e o espelho
*Pedro Süssekind*   51

Tragédia e peça de aprendizagem: uma encruzilhada no teatro de Heiner Müller
*Luciano Gatti*   59

Algumas considerações preliminares sobre o trágico na obra de Sigmund Freud
*Markus Lasch*   71

Sobre a idealidade do trágico e a sublimação do lugar comum na *Ética da psicanálise*
*Bruno Guimarães*   83

Dialética, paradoxo ou ironia – o que é o trágico?
*Pedro Duarte*   93

Sublimidade e tragédia no *Empédocles* de Hölderlin
*Ulisses Razzante Vaccari*   103

O SUBLIME

Crítica da fantasia moral: Günther Anders e a cegueira moderna ao apocalipse
*Christian Bauer*   119

O novo, o absurdo e o sublime
*Verlaine Freitas*   137

Das sepulturas aos museus: o sublime na morte e na arte
*Debora Pazetto Ferreira*   147

A sublime imaterialidade da arte contemporânea
*Rachel Costa*   161

Ressonâncias do sublime kantiano na Coluna Infinita de
C. Brancusi e de G. Ligeti
*Inés A. Buchar* **171**

O Sublime e as incertezas do mundo da arte
*Martha D'Angelo* **181**

A segurança do sublime
*Vladimir Vieira* **191**

Sublime e gênese do pensar: Deleuze leitor de Kant
*Cíntia Vieira da Silva* **207**

O sublime revisitado sob perspectivas feministas
*Carla Milani Damião* **219**


**A MELANCOLIA**

"Filosofia é, na verdade, saudade (*Heimweh*)"
*Jeanne Marie Gagnebin* **235**

A superação da melancolia no espírito da música ou perspectivas da estética pós-moderna hoje. Um arrazoado
*Susanne Kogler* **249**

"Amódio" e melancolia na *Medeia* de Lars Von Trier
*Carlos Cézar Mascarenhas de Souza* **269**

Ao redor de um objeto instável: esculturas contemporâneas e a reverberação de uma Melancolia
*Cláudia Maria França da Silva* **283**

# PREFÁCIO

O 12º Congresso Internacional de Estética – Brasil teve como mote principal a discussão de três conceitos: o trágico, o sublime e a melancolia, todos eles muito significativos no panorama da reflexão filosófica sobre a arte e sobre a natureza, visto que apontam para movimentos de contradição, ultrapassagem e superação da negatividade no vínculo entre sujeito e objeto, dando origem a uma grande fortuna crítica na tradição dos escritos filosóficos sobre o fenômeno estético, desde os gregos até a contemporaneidade.

Esta coletânea de palestras e artigos selecionados do evento expressa essa fortuna crítica, trazendo à tona tanto o cenário oitocentista que orienta a discussão contemporânea dos três problemas quanto suas reverberações e releituras atuais. Ela está dividida em três partes, cada delas uma se referindo a um dos conceitos que deram nome ao evento.

Na primeira parte, o foco está no conceito de trágico, o qual é detalhadamente discutido no texto de Virginia Figueiredo "A origem do trágico, segundo Schiller". Nele, a autora defende não somente a vigência ou a atualidade estética do conceito de trágico, mas também explora a fecunda contribuição desse mesmo conceito aos pensamentos sobre a vida, a existência e até mesmo a história. Se a tragédia foi e é um gênero supremo, isso se dá exatamente porque sua essência antagonista a aproxima, mais do que qualquer outra "espécie" de arte, da essência humana também dividida entre dois mundos: entre Natureza e Liberdade. A hipótese que perpassa o artigo é a de que a tragédia talvez seja a única arte capaz de apresentar esse antagonismo e essa cisão.

Em uma politização do conceito de trágico, Rodrigo Duarte, no texto "Tragédia da cultura ao quadrado. Reflexões, com Vilém Flusser, sobre a situação do intelectual brasileiro", desenvolve a análise de Simmel do conceito de cultura, associando-o à tragicidade da cultura brasileira expressa por Vilém Flusser em *Fenomenologia do brasileiro*. Para Simmel, faz parte do que ele entende como "tragédia da cultura" a possibilidade de que, com a crescente complexificação da sociedade europeia moderna, o mero "cultivo", enquanto exterioridade das atividades culturais, tome o lugar da síntese como processo necessário e natural do desenvolvimento da cultura. Se esse cenário é característico de culturas amadurecidas, no caso do Brasil, cultura jovem e de importação europeia, faz-se necessário retomar a questão e investigar as possíveis saídas para esse problema.

Abrindo o espaço de análise filosófica da tragédia moderna, Pedro Süssekind, no texto "Hamlet e o espelho", toma como ponto de partida a metáfora usada por Hamlet ao declarar que a representação tem a finalidade de exibir um espelho à natureza. O autor parte do pressuposto de que há, na tragédia de Shakespeare, uma série de jogos de espelhamento nos quais a identidade do protagonista se mostra indefinida, ambígua, oscilando entre os diferentes papéis que são exigidos dele. Shakespeare transferiu o conflito da peça para dentro de seu protagonista, transformando o drama de vingança tradicional em um novo tipo de peça, capaz de expressar as inquietações modernas.

Luciano Gatti trabalha, por meio do teatro contemporâneo, uma contraposição trágica ao trágico. No artigo "Tragédia e peça de aprendizagem: uma encruzilhada no teatro de Heiner Müller", afirma ser o teatro de Heiner Müller um intenso questionamento da aspiração maior do teatro épico brechtiano a um teatro não trágico. Heiner Müller retorna aos experimentos brechtianos de liquidação moderna do trágico para um acerto de contas com o teatro pedagógico. No artigo, Gatti expressa por meio de exemplos o embate de Müller com Brecht, o qual produz uma guinada em sua produção e resulta em trabalhos marcados por uma dialética entre a pretensão ao não trágico e a sua subversão por elementos de ordem trágica.

No artigo "Algumas considerações preliminares sobre o trágico na obra de Sigmund Freud", Markus Lasch parte da hipótese de que a definição do trágico dada por Georg Simmel, em "O conceito e a tragédia da cultura", não apenas resume momentos decisivos das filosofias oitocentistas do trágico, mas também de pensamentos como os de Th. W. Adorno e Sigmund Freud. Seu foco se estabelece na releitura freudiana do mito de Édipo, na qual mostra que, embora o complexo edipiano não deixe de ter sua importância fundamental, essa importância insere-se em uma relação mais mediata, i.e., no contexto da reformulação da teoria pulsional a partir de *Além do princípio do prazer*. Com isso, tragédia e trágico revelam-se força motriz em um âmbito que, para Freud, era estranho à arte: o domínio da pulsão de morte.

Bruno Guimarães, em "Sobre a idealidade do trágico e a sublimação do lugar comum na *Ética da psicanálise*", retoma a leitura das categorias estéticas do Seminário de Lacan a partir da criação e crítica contemporâneas de arte. Guimarães indica a presença de uma abordagem alternativa do desejo, mostrando a atualidade dessa abordagem tanto para a arte contemporânea como para o último ensino de Lacan. Assim, aproxima a ideia de "elevação de um objeto à dignidade de Coisa" às ideias de Arthur Danto sobre a arte pensada como "transfiguração do lugar comum" e como "significado incorporado" (*embodied meaning*).

Uma outra visão do trágico é exposta por Pedro Duarte em seu artigo "Dialética, paradoxo ou ironia – o que é o trágico?", que destaca a filosofia do trágico romântica, desenvolvida especialmente por Friedrich Schlegel, tendo em vista sua interpretação de *Hamlet*, de Shakespeare. O autor defende que, para o Romantismo, a essência do trágico moderno é a reflexividade vinda da ironia. Isso abriria um campo específico para se pensar o trágico, distinto daquele oriundo de Hegel, para quem a tragédia seria fundamentalmente dialética, e mais próxima do terreno fundado por Hölderlin. No Romantismo, o trágico é, antes, um movimento de oscilação entre os elementos em combate, que jamais se completa e jamais se interrompe. O nome dessa sublime reflexividade infinita é ironia. Para os românticos, tanto a ironia é trágica quanto o trágico é irônico.

Ulisses Razzante Vaccari direciona a discussão sobre o trágico no artigo "Sublimidade e tragédia no *Empédocles* de Hölderlin". Em *A morte de Empédocles*, Hölderlin procurou, em vão, escrever uma tragédia tipicamente moderna. Em seu texto teórico *Sobre o trágico*, Hölderlin lança as bases para uma poética moderna, necessária para fixar e fortalecer a atividade de criação do poeta moderno de forma geral. Entre outras coisas, essa poética procura estabelecer as leis gerais (calculáveis) da poesia, bem como mostrar que o gênero poético moderno por excelência é a tragédia.

O foco da segunda parte é o conceito de sublime, o qual é trabalhado por Christian Bauer na perspectiva da relação entre seres e máquinas, tendo em vista os diagnósticos de Günther Anders sobre o estado anímico dos seres humanos na modernidade pós-guerra, que, por sua vez, privilegia o princípio do desespero em contrapartida à esperança. Anders estabelece a relação entre o saber e a consciência moral, diante do superlativo que foi o lançamento das bombas atômicas sobre Hiroshima e Nagasaki no verão de 1945. A tese de Anders declara que o estabelecimento da *responsibility* foi substituído pelo mecanismo técnico da *response*.

Em "O novo, o absurdo e o sublime", Verlaine Freitas mostra a radicalização feita pela arte moderna da ideia de novo, a qual aparece na contraposição à ideia de tradição, tendo como princípio constitutivo a radicalidade do "absolutamente moderno". Assim, as grandes obras contemporâneas foram aquelas que arriscaram uma crítica tão radical que se expuseram programaticamente a flertar com o absurdo, com a ausência de sentido, com a incompreensibilidade total. Nesse momento, a suprema elevação artística pretendida pela modernidade se assemelha ao sublime, marcado precisamente por uma determinação negativa do absoluto, o qual pode redundar naquilo que nem mesmo chega a ser artisticamente relevante.

Debora Pazetto Ferreira, em "Das sepulturas aos museus: o sublime na morte e na arte", retoma a teoria de Edmund Burke e sua afirmação de que o terror é uma fonte do sublime, sendo o terror mais extremo aquele diante do perigo da morte. A morte, portanto, tem uma relação privilegiada com a sublimidade. Em um texto intitulado *Arte e disturbação*, Danto investiga certos tipos de arte contemporânea que parecem reivindicar *um retorno às origens da arte*, ao contato com o poder mágico, com as forças criadoras e ádvenas ao nosso mundo. Talvez a ligação da arte com o terror da morte – nas primeiras pinturas parietais ou na contemporaneidade – seja a chave para o pensamento estético sobre o sublime.

No artigo "A sublime imaterialidade da arte contemporânea", Rachel Costa retoma a discussão sobre o sublime realizada por François Lyotard, para discutir o conceito de representação na arte contemporânea. Por meio do que Arthur Danto denomina "arte perturbadora", Costa questiona a possibilidade do sublime nos limites da moldura, visto que esse tipo de arte rejeita os limites da representação, o que, em última instância, esbarra nos limites entre arte e não-arte. Assim, a arte contemporânea expressa, de uma forma mais complexa e mais potente, a experiência artística do sentimento do sublime.

No esteio das discussões sobre a arte contemporânea, Inés A. Buchar, em "Ressonâncias do sublime kantiano na Coluna Infinita de C. Brancusi e de G. Ligeti", analisa duas obras de arte denominadas Coluna Infinita, uma escultura e uma música, as quais, como pressupõe o nome, trazem consigo a experiência da infinitude. A autora relaciona a concepção kantiana do sublime matemático à capacidade dessas duas obras de arte de expressar o sentimento de infinitude.

Em "O Sublime e as incertezas do mundo da arte", Martha D'Angelo discute a questão apresentada por Adorno, na *Teoria estética*, sobre o deslocamento da experiência do sublime da natureza para a arte e o problema da continuidade dessa experiência em virtude das pressões institucionais e mercadológicas sobre os processos de criação e o trabalho dos artistas. Tomando como ponto de partida e principal referência a obra do pintor Mark Rothko (1903-1970), D'Angelo procura mostrar de que maneira a autoconsciência do artista e seu conhecimento do próprio processo de criação relacionam-se à experiência do sublime.

Vladimir Vieira analisa o cenário oitocentista das discussões do sublime no artigo "A segurança do sublime". Vieira apresenta três concepções distintas acerca da segurança que se supõe essencial para a experiência do sublime: a de Edmund Burke, que limita essa restrição aos casos em que o próprio sujeito é diretamente ameaçado pelo objeto; a de Kant, segundo a qual o perigo deve ser apenas produzido na imaginação, não sendo admitida nem a solidariedade com a efetiva dor alheia nem com a sua representação artística, e, por fim, a de Schiller, que parece buscar um meio-termo entre essas duas posições anteriores.

Cíntia Vieira da Silva explicita as influências e as contraposições do pensamento sobre o sublime de Kant e Deleuze em "Sublime e gênese do pensar: Deleuze leitor de Kant". Vieira mostra que se Kant é um inimigo para Deleuze, é daqueles com quem ele aprende e a quem ele deve bastante. Um dos componentes dessa dívida é o sublime. O conceito de sublime permeia toda a concepção deleuziana do pensamento. Cíntia mostra que Deleuze estende o colapso das faculdades envolvido no sublime a toda ocasião em que se produz pensamento. Assim, para Deleuze, o sublime designa não uma experiência de falência do pensamento, mas a gênese do pensar no ato mesmo do pensamento.

Para finalizar essa parte do livro, Carla Milani Damião, em "O sublime revisitado sob perspectivas feministas", apresenta a redescoberta da discussão moderna do gosto sob uma perspectiva filosófico-feminista. A categoria do belo, mais usualmente associada ao corpo feminino, é assunto recorrente nas teorias em questão, bem como a associação entre o sublime e o intelecto masculino. Na representação masculina do sublime haveria uma tentativa de estabelecer uma imagem do homem a ser intelectualmente temido.

Na terceira e última seção do livro, Jeanne Marie Gagnebin, no texto "Filosofia é, na verdade, saudade (*Heimweh*)", traz à tona a melancolia por meio de uma análise de seu próprio exílio. Partindo dos conceitos *Heimweh* (saudades da pátria), *Heimat* (terra natal), Gagnebin divide o texto em um primeiro momento, consagrado à *Odisseia*, seguido de um breve interlúdio, e, em um segundo momento, sobre a questão do elo entre o país natal, a língua materna e a infância.

Susanne Kogler, por sua vez, faz um panorama histórico que elenca motivos importantes da concepção da melancolia e torna compreensíveis seus efeitos sobre a estética dos séculos XX e XXI. A partir disso, Kogler indaga até que ponto se sobrepõem, se contradizem ou se recobrem as posições filosóficas e artísticas relacionadas à melancolia. Sua conclusão é pensada como exemplo de uma crítica cultural atual, colocando-se como modelo para a discussão e como caminho para uma estética crítica da melancolia.

Carlos Cézar Mascarenhas de Souza no artigo "'Amódio' e melancolia na *Medeia* de Lars Von Trier" desenvolve um percurso reflexivo interdisciplinar entre Cinema, Teatro e Psicanálise, com o intuito de apontar uma possível relação entre o ato de vingança efetuado pela personagem euripidiana e, respectivamente, a imaginária destinação desse ato quanto ao sentido de um voto à melancolia. Da estreita ligação entre o amor e o ódio, Lacan forjou o neologismo "Amódio" com o intuito de sinalizar a singular visada que a psicanálise efetuou perante toda a tradição dos discursos sobre o amor no Ocidente. Assim, o autor propõe um diálogo norteado pelos textos de Freud e Lacan com os discursos enunciados pela personagem Medeia.

Para finalizar o volume, Cláudia Maria França da Silva, em "Ao redor de um objeto instável: esculturas contemporâneas e a reverberação de uma Melancolia", parte da colocação de Freud acerca da perda objetal e o sujeito melancólico: o sujeito até reconhece o objeto perdido, mas não tem consciência do que perdeu de si nesse processo. Esse afastamento é perceptível na gravura de Dürer, em que a personagem, sentada, está a certa distância do irregular poliedro, seu objeto. Essa relação de distanciamento físico e temporal com o objeto, próprio da melancolia, é muito significativa na análise do processo de criação, especificamente em produção escultórica. França trata, portanto, da relação com o objeto, de sua importância para pensarmos a melancolia como afecção presente na leitura de obras contemporâneas.

Como este livro se origina da realização do Congresso Internacional *O Trágico, o Sublime e a Melancolia*, agradecemos os apoios financeiros prestados pelo Programa de Pós-Graduação em Filosofia da FAFICH-UFMG, pelo CNPq, pela Capes e pela Fapemig, sem os quais tanto a realização do evento quanto a publicação do livro não seriam possíveis. Agradecemos ainda a Myriam Ávila e Rodrigo Duarte pelas traduções para o português de dois dos textos apresentados em língua estrangeira.

**Verlaine Freitas**
**Rachel Costa**
**Debora Pazetto Ferreira**

Belo Horizonte, março de 2016.

O TRÁGICO

# A ORIGEM DO TRÁGICO, SEGUNDO SCHILLER

Virginia Figueiredo[1]

> *Schöne Welt, wo bist Du?*
> *– Kehre wieder, holdes Blüthenalter der Natur!*
> (Schiller, *Die Götter Griechenlands*)[2]

## Introdução ou a diferença entre a Poética da Tragédia e a Filosofia do Trágico

Em primeiríssimo lugar, agradeço muito aos meus amigos e colegas, organizadores de mais este congresso de Estética, a oportunidade, e, sobretudo, a honra deste convite. De fato, questões como o trágico e o sublime acompanharam-me durante todos esses anos de vida como professora da UFMG (em novembro faz 20 anos que vim pela primeira vez à UFMG participar de um congresso, organizado pelo grupo de Estética na época já liderado por Rodrigo Duarte, sobre "Kant, o belo e o sublime"!). Tentarei, com bastante cuidado, apresentar a vocês este trabalho, não como um resultado, mas como caminhos trilhados e possibilitados por esse conceito

---

1. Virginia de Araujo Figueiredo é doutora em filosofia pela Université des Sciences Humaines de Strasbourg (1994), com pós-doutorado em Boston College (2003) e na Université Marc Bloch de Strasbourg (2010). Desde 1996 é professora do Departamento de Filosofia da UFMG e trabalha principalmente na área de Estética. Entre 2003 e 2008, foi editora da Revista *Kriterion*. Publicou ensaios em livros como *Belo, Sublime e Kant*; *Mímesis e expressão*; nas Atas do IX Kant Congresso Internacional *Kant und die Berliner Aufklärung* e do X Congresso Internacional Kant *Recht und Frieden in der Philosophie Kants*; *Os filósofos e a arte*. Também escreve em revistas como *Kriterion*, *O que nos faz pensar?* e *Artefilosofia*.
2. "Os deuses gregos": "Mundo belo, onde estás? – Retorna, era encantadora de florescimento da natureza!".

tão importante, cuja *atualidade e vigência* excedem o domínio da Estética, alcançando a Filosofia em geral ou a Metafísica, ao se relacionar a temas relevantes como a subjetividade, a lógica da história e, mais recentemente, a cosmopolítica. O trágico é um dos conceitos que compõem, com toda razão, o título do nosso congresso.

Em segundo lugar, um pouco por amor às polêmicas e às discussões que alimentam o pensamento, mais do que a nossa pretensa formação cordial está disposta a aceitar, é necessário dizer que nem toda a filosofia contemporânea compartilha esse interesse e essa valorização da tragédia ou do trágico. Por exemplo, os filósofos da Escola de Frankfurt foram, em certa medida, críticos do fenômeno na contemporaneidade, pois alegavam que a Indústria Cultural havia se apropriado do trágico, transformando-o em uma verdadeira caricatura, como escreveu Rodrigo Duarte (2008, p. 25),[3] em seu texto "O sublime estético e a tragédia do mundo administrado". Assim, foi assumindo uma posição *contrária* a esse diagnóstico, de uma "liquidação" ou "fim" do trágico, que defendi já em 2006, em um Colóquio organizado por Douglas Garcia Alves, inspiradoramente intitulado "Os destinos do trágico", a ideia da *permanência do trágico*. Hoje, talvez, tenha de admitir que essa posição evoluiu para uma espécie de *pantragismo* e que se tornou, portanto, mais radical e extrema! Se eu tiver fôlego para sustentar tanta ambição, tentarei defender não somente a vigência ou a atualidade *estética* do conceito de trágico, mas também explorar a fecunda contribuição desse mesmo conceito aos pensamentos sobre a vida, a existência e até a história.

Além da presença de Philippe Lacoue-Labarthe, da qual faço questão de manter-me sempre próxima, há outros, muitos outros autores filósofos e não filósofos que trataram do trágico e que me inspiraram, dentro ou fora da Estética. Seria muito difícil, enfadonho e até impossível tentar fazer aqui uma completa recensão, pois talvez não haja tema mais fértil da história da Filosofia e da Crítica de Arte. Antes de me dedicar aos autores cuja perspectiva está mais voltada para o problema da arte, gostaria apenas de indicar rapidamente algumas interpretações que, apesar de excederem o domínio da Estética, contribuíram muito para a elaboração deste texto:

---

3. Mesmo se Duarte admite a possibilidade de uma apropriação um pouco menos crítica da noção de trágico por Adorno, relacionando-a justamente com a "versão kantiana da 'estética do sublime'" (p. 30) e com o motivo da robustez (p. 30) ou consolidação histórica do sujeito (p. 22), há uma inegável e assumida antipatia do filósofo crítico à tragédia, na medida em que, para ele, a Indústria Cultural dela se apropriou, transformando-a numa caricatura.

ressaltaria, em primeiro lugar, menos por sua profundidade e mais por seu valor de recensão, o livro *Le théâtre des philosophes*, de Jacques Taminiaux, no qual ele examina toda a tradição da leitura *filosófica* da tragédia, de Platão a Heidegger – passando por Schiller, Schelling, Hegel, Schopenhauer e Nietzsche como redutora da ação (*praxis*) à fabricação ou produção de uma obra (*poiesis*). Resumindo drasticamente a tese *crítica* (diga-se de passagem, não do trágico, mas da *leitura filosófica* do trágico) de Taminiaux (1995, p. 6): a interpretação filosófica da tragédia teria a transformado em "documento ontológico", "marginalizando soberbamente o ensinamento da *Poética*".[4]

Outro autor da maior importância, não só para o presente texto, mas para os estudos sobre o trágico, e que, com certeza, inspirou Taminiaux, entre muitos outros, é Peter Szondi (2004), especialmente no seu seminal *Ensaio sobre o trágico*. Esse estudo, que, de acordo com o Prefácio do tradutor Pedro Süssekind, constituiu a tese de habilitação que o autor apresentou à Universidade Livre de Berlim, "inclui comentários sobre o conceito de trágico na obra de doze filósofos e análises do conceito de trágico em oito tragédias" (Szondi, 2004, p. 9). Dividido, portanto, em duas partes, o *Ensaio* contém uma breve, porém poderosa Introdução, na qual Szondi (2004, p. 23-24) formula sua célebre e frutífera distinção entre uma "Poética da tragédia", inaugurada por Aristóteles, e uma "Filosofia do trágico", fundada por Schelling, que "atravessa o pensamento dos períodos idealista e pós-idealista". É ainda na Introdução que o autor nos propõe compreender *historicamente* a relação entre a tragédia e a reflexão sobre o trágico, perguntando-se se a teoria sobre o trágico não teria substituído as próprias tragédias.[5] Já o texto de "Transição", intitulado "Filosofia da história da tragédia e análise

---

4. Dessa leitura ontologizante e distante dos ensinamentos da *Poética*, Taminiaux excetua apenas Hölderlin.
5. "Assim como não se deve criticar a *Poética* de Aristóteles pela ausência de um exame do fenômeno trágico, também não se deve negar de antemão a validade da teoria do trágico, que domina a filosofia posterior a 1800, no caso de tragédias anteriores a essa teoria. Seria melhor, para a compreensão da relação histórica que predomina entre a teoria do século XIX e a práxis dos séculos XVII e XVIII, supor que a coruja de Minerva só alça voo sobre essa paisagem ao entardecer. Em que medida as concepções do trágico em Schelling e Hegel, em Schopenhauer e Nietzsche, tomam o lugar da poesia trágica, que parece ter chegado a seu fim na época em que esses autores escreveram? Em que medida essas concepções apresentam por si mesmas tragédias, ou modelos de tragédia?" (Szondi, 2004, p. 24). Essa interpretação de Szondi induz-nos a pensar que a filosofia alemã do final do século XVIII, início do XIX apareceu como uma espécie de tragédia.

do trágico", começa com uma belíssima analogia entre o mito de Ícaro e a Filosofia, que merece ser citada:

> A própria história da filosofia do trágico não está livre de tragicidade. Ela é como o voo de Ícaro: quanto mais o pensamento se aproxima do conceito geral, menos se fixa a ele o elemento substancial que deve impulsioná-lo para o alto. Ao atingir a altitude da qual pode examinar a estrutura do trágico, o pensamento desaba, sem forças. Quando uma filosofia, como filosofia do trágico, torna-se mais do que o reconhecimento da dialética a que seus conceitos fundamentais se associam, quando tal filosofia não concebe mais a sua própria tragicidade, ela deixa de ser filosofia. Portanto, parece que a filosofia não é capaz de apreender o trágico – ou então que não existe o trágico. (Szondi, 2004, p. 77)

Várias coisas podem ser ditas sobre essa passagem. A primeira delas é que, tendo concluído a parte "teórica" do *Ensaio*, a análise do conceito de trágico na obra de 12 autores-filósofos e antes de começar a parte mais "prática", da análise de algumas tragédias antigas e modernas, Szondi utiliza a analogia com o voo de Ícaro para exprimir *sua dúvida quanto à possibilidade de a filosofia apreender o trágico ou alcançar um conceito geral de trágico* e ceticamente avançar a sua dúvida quanto à existência mesma do trágico. O último passo deste movimento parece ser o do desabamento do pensamento, quando a filosofia se reconhece a si própria na sua tragicidade e é engolida pelo próprio conceito. É o próprio destino da filosofia que se revela trágico, como, em uma tragédia, a *hybris* filosófica, análoga à ambição de Ícaro, foi a de aproximar-se demasiado do sol, da luz, do "Esclarecimento", desencadeando, mais uma vez, em um movimento análogo à queda de Ícaro, seu "derretimento", destruição ou morte. Outra tese igualmente importante, à qual, infelizmente, não poderei me dedicar aqui, é a da profunda relação que Szondi aponta entre a dialética e o trágico, a ponto de isso constituir "uma possível base para o seu conceito geral". Essa "estrutura dialética" perpassaria "todas as definições do trágico, de Schelling a Scheler, como seu único traço constante" (2004, p. 81).

Também não podemos nos esquecer de Martin Heidegger, que, sob a assumida influência do pensamento de Nietzsche (talvez, mais do que de Nietzsche, do poeta Hölderlin), sempre valorizou a tragédia, não como um gênero literário ou poético, mas, justamente naquela perspectiva (criticada por Taminiaux) de uma "Filosofia do trágico", segundo a distinção de Peter

Szondi. Aqui, como complementa Machado, "o trágico aparece como uma categoria capaz de apresentar a situação do *homem no mundo*, a essência da condição humana, a dimensão fundamental da *existência*" (Machado, 2004, p. 42-43, grifos meus). Portanto, assim como em Hölderlin e em Nietzsche, o trágico heideggeriano não tem nada a ver com uma categoria estética. Como ele escreveu em 1935, na *Introdução* à *Metafísica*, foi a tragédia que instaurou "o ser e a *existência* (correspondente) dos Gregos" (Heidegger, 1987, p. 168, grifo meu), ou ainda, extrapolando o mundo grego, no contexto da importantíssima questão: "*quem* é o homem?",[6] recorreu ao primeiro estásimo da *Antígona* de Sófocles. No caso de Heidegger, a leitura das tragédias gregas pode ser entendida não só como uma preparação para ouvir/ compreender o pensamento ainda poético de Parmênides e de Heráclito, como o próprio filósofo indica, mas também como prólogo ou anúncio da questão da técnica, que passará a ocupar seu pensamento posteriormente. É nesse famoso e inesquecível comentário do coro, no qual Heidegger escolhe traduzir o *to deinotaton* (normalmente traduzido por "formidável")[7] por *unheimliche* (estranho), assim transformando os dois primeiros magníficos versos do Coro em: "Muitas são as coisas *estranhas*, nada, porém,/ há de mais *estranho* do que o homem" (Heidegger, 1987, p. 170, grifos meus).

Ainda no âmbito desta breve introdução, mostrando o quão extensas foram e continuam sendo as reflexões sobre o trágico, gostaria de lembrar o nome de Françoise Dastur, que escreveu alguns ensaios fundamentais sobre Hölderlin. *Last but not least*, no Brasil, Roberto Machado dedicou longos anos de sua pesquisa ao trágico. Este texto deve, *e muito* ao seu livro, já referência para os pesquisadores brasileiros: *O nascimento do trágico – de Schiller a Nietzsche*.

## A Querela entre os Antigos e os Modernos

Deixo de lado o que Szondi chamou, com muita propriedade, de "Poética da Tragédia", ou seja, "a interpretação 'funcional'" (Lacoue-Labarthe, 1996, p. 140) que Aristóteles deu da tragédia, a fim de se dedicar à "Filosofia do

---

6. "Por ser, enquanto Histórico, ele mesmo, a questão sobre o seu ser específico tem de se transformar da forma: '*o que* é o homem?' na forma: '*quem* é o homem?'" (Heidegger, 1987, p. 167, grifos meus).
7. "Muitos milagres há, mas o mais portentoso é o homem" (Almeida, 1997, p. 58).

Trágico" que consiste, segundo Lacoue-Labarthe, na retomada da tragédia pelo Idealismo e Romantismo Alemães, visando uma "reelaboração [ou] refundação *especulativa* da poética" (p. 140). Aliás, aquele autor acrescenta que não se trata somente de uma refundação da poética, mas também refundação do *filosófico*, reconhecendo a "sobredeterminação política de suas questões e de seu campo" (p. 140).[8] Repetindo, hoje *não* vou me debruçar sobre a *Poética* de Aristóteles, na qual tudo começou. Como se isso não bastasse, lamento sinceramente outra "exclusão", já mencionada antes: a da concepção radical, extrema e *definitiva* do trágico de Hölderlin, que suscitou uma admiração unânime por autores tão diversos (e até adversários em termos políticos), como Heidegger e Adorno, passando por Walter Benjamin, Peter Szondi e o próprio Jacques Taminiaux, como acabamos de ver. Infelizmente, terei ainda de deixar de lado este que é talvez um dos meus mais queridos autores, para focalizar outro poeta-filósofo igualmente querido e certamente essencial à tradição do trágico no Idealismo Alemão: Friedrich Schiller!

Apesar de Schiller ter confidenciado a Körner, em uma carta de 25 de maio de 1772, o tormento que a teoria lhe causava, ao contrário da poesia,[9] de acordo com Lacoue-Labarthe foi nesses mesmos escritos estéticos, que lhe causavam tanto tormento, em que foi esboçada pela primeira vez "a programação teórica do Moderno (*mas o Moderno, desde então, será sempre também teórico*), que, até Nietzsche e depois dele, governará a Alemanha (e não somente ela)" (Lacoue-Labarthe, 2000, p. 212, grifos meus). Essa constatação de que a Modernidade será, a partir de Schiller, *teórica*, ocorre em vários autores de diferentes tradições. Exemplo disso nos dá Roberto Machado, logo na Introdução ao livro já citado (*O nascimento do trágico*), ao nos lembrar de que Habermas, no seu *Discurso filosófico da modernidade*, assume idêntica posição a respeito dos escritos estéticos de Schiller. Em uma inflexão que nos interessa aqui especialmente, porque extrapola o âmbito da especulação habermasiana, mais restrita ao "filosófico" e, sal-

---

8. A tese de Lacoue-Labarthe é a de que a *República* de Platão constituiria a "cena primitiva" da filosofia e nela, não por acaso, teriam nascido também as tentativas da filosofia de "legislar" sobre o político e sobre a arte. O Idealismo e o Romantismo Alemães consistiriam, por sua vez, numa refundação da filosofia que, a exemplo do texto platônico, estaria imbricada com o poético e o político.
9. Machado cita uma observação crítica de Goethe (2004, p. 53) ao "ateliê filosófico" de Schiller: "É triste ver um homem tão extraordinariamente dotado se atormentar com sistemas filosóficos que não podiam lhe servir para nada".

tando rumo ao estético-político, âmbito inevitável das teses schillerianas sobre a Modernidade, Machado anuncia o quanto se entrelaçaram, naquela época, isto é, no final do século XVIII, início do XIX, o teatro – sobretudo, a tragédia –, a modernidade e a própria ideia de construção de uma nação: a Alemanha.

Ora, que a arte moderna alemã tinha de encontrar na perfeição da arte grega o seu modelo foi uma tese inaugurada pelas *Reflexões* de Winckelmann, publicadas em 1755. Esse historiador da arte, que se dedicou, sobretudo, à escultura e à pintura, influenciou não só a geração que formava o círculo conhecido como "Classicismo de Weimar" (cujos maiores expoentes foram Goethe e Schiller), como também a geração seguinte dos Românticos de Iena. Assim Machado se refere a Winckelmann, como

> O primeiro de uma série de intelectuais e artistas alemães dominados pela "nostalgia da Grécia", isto é, em primeiro lugar, guiados pela concepção dos antigos como fundamentalmente os gregos – e não mais os romanos, como para os italianos renascentistas e os franceses clássicos – e, em segundo lugar, convencidos da importância dos gregos antigos para a constituição da própria Alemanha. (Machado, 2004, p. 14)[10]

É verdade que foi Hölderlin que reformulou de maneira radical e definitiva a querela entre os Antigos e os Modernos. Para Lacoue-Labarthe, devemos ao poeta a interpretação dela como uma espécie de filosofia da história ou, nos termos que lhe interessam, como uma *mimetologia*. No que consistiria essa mimetologia? – Seria uma espécie de Lógica ou "Poética da História" (Lacoue-Labarthe, 2002);[11] uma História movimentando-se a

---

10. Um pouco mais adiante, Machado (2004, p. 43-44) resume, em uma lista, vários intelectuais – filósofos, poetas, dramaturgos, historiadores e críticos de arte – que participaram "[d]esse movimento de ideias sobre a tragédia e o trágico existente na Alemanha desde o início da Modernidade, movimento sem paralelo em nenhum outro país. Winckelmann deu início, na Alemanha da segunda metade do século XVIII, a um estudo dos gregos ou, mais precisamente, da arte grega, interpretação da Grécia em que está em jogo a construção da própria Alemanha; Lessing iniciou, na mesma época, uma reflexão sobre um teatro nacional independente do teatro clássico francês. Goethe e Schiller retomaram e aprofundaram essas questões. Schelling, Hegel, Hölderlin, Schopenhauer vão além de seus antecessores, iniciando e desenvolvendo um pensamento sobre o trágico que forma a tradição ou a herança teórica que chegará finalmente a Nietzsche, uma de suas mais sublimes expressões".
11. Aqui, diferentemente de outras ocasiões, a inspiração foi apenas quanto ao título do livro, já que não se trata nele nem do trágico nem de Hölderlin, especificamente, mas sim de Rousseau.

partir do impulso mimético (tão natural aos seres humanos, como afirmava Aristóteles) em um conflito ou antagonismo sem resolução, confrontando-se com a (ou melhor, opondo-se à) lógica dialética que, segundo Hegel, movimentaria a História. Quero apostar que essa lógica, a qual Lacoue-Labarthe (2000, p. 181-209) designa ora mimetológica, ora "hiperbológica", ou simplesmente "trágica", esteja inspirada pela operação de Schiller, que precede a de Hölderlin, portanto, e que consiste em *historicizar* não só a querela entre os Antigos e os Modernos, como também a doutrina kantiana das faculdades: apresentando os Gregos como o povo da "sensibilidade", que ama a vida sem reprimir a dor; enquanto os Modernos descobrem-se como um povo "ferido"[12], porque neles impera o entendimento, "a faculdade analítica" (Schiller, 1990, p. 43) por excelência, aquela que tudo separa e divide.

## Schiller entre os Gregos e os Modernos

Apesar de manter sempre presente no meu horizonte a inspiração de Philippe Lacoue-Labarthe, sobretudo de sua brilhante fórmula para interpretar o teatro de Hölderlin: do sublime como trágico moderno (voltarei a ela dentro de alguns instantes), confesso que, desta vez, mas *une fois n'est pas coutume*, não estou inteiramente de acordo com ele que, seguindo Taminiaux,[13] tratou Hölderlin como "a única exceção". Nossa discordância, como vocês vão verificar, tem um nome, mais uma vez: o de Friedrich Schiller.[14]

Explicando-me melhor: embora esteja de acordo com o princípio geral da avaliação de Jacques Taminiaux, de que a leitura "moderna" do trágico consistiu numa espécie de "desvio" em direção ao ontológico, ignorando a dimensão da ação (*praxis*) que estaria supostamente em jogo na concepção aristotélica do trágico, gostaria de fazer uma ressalva e redistribuir aquelas duas vertentes de interpretação "moderna" do trágico de um modo um pouco distinto do de Taminiaux: de um lado (da tragédia para a filoso-

---

12. "Foi a própria cultura que abriu essa ferida na humanidade moderna" (Schiller, 1990, p. 40).
13. "No seu princípio subscrevo a leitura de Jacques Taminiaux: Hölderlin re-elabora, em modo onto-teológico (e mesmo histórico-onto-teológico), a doutrina da *catástrofe* trágica que, tradicionalmente, julgou-se poder inferir da descrição de Aristóteles" (Lacoue-Labarthe, 1999, p. 31).
14. A partir daqui, vou transcrever, com pequenas modificações, alguns parágrafos do meu ensaio "O sublime como experiência do trágico moderno", publicado no livro *Mímesis e expressão* (Belo Horizonte: Ed. UFMG, 2001, p. 241-255).

fia), a primeira vertente seria dialético-especulativa, portanto, *filosófica*, assumiria o antagonismo intrínseco à tragédia como uma contradição ou conflito lógico a ser superado;[15] enquanto a segunda, a qual eu chamaria de vertente poética (poetológica) e histórica, compreenderia o trágico como uma espécie de condição da história, ou ainda, entenderia a catarse como um fundamento fornecido pela tragédia à reflexão filosófica sobre a história. Nessa última vertente, eu incluiria não somente a concepção hölderliniana do trágico, sobre a qual ele construiu sua "filosofia da história", mas também a poetologia ou a poética trágica de Schiller. Abruptamente resumindo: contra Taminiaux, tentarei defender aqui que há não *uma*, mas, pelo menos, *duas* exceções: Schiller e Hölderlin. Se o critério era a recepção da *Poética* de Aristóteles, pois bem, creio que *ambos não* "marginalizaram soberbamente o ensinamento" (Taminiaux, 1995, p. 6)[16] ali contido!

Para introduzir a análise dos ensaios de Schiller sobre a tragédia, apelo para o crítico e teórico de teatro, Anatol Rosenfeld, tentando resgatar sua importância, nem sempre lembrada, e pergunto-me se não terá sido esse alemão que passou a maior parte de sua vida (ou pelo menos de sua vida *ativa*) no Brasil, um dos responsáveis pela difusão do pensamento estético de Schiller aqui entre nós. Foi ele que escreveu, na Introdução ao livro *Teoria da Tragédia*, na qual se encontram reunidos e traduzidos justamente os ensaios de Schiller sobre a tragédia, uma observação sobre uma surpreendente (logo indicada por ele como provisória e "casual") valorização da comédia em detrimento da tragédia. Leiamos Rosenfeld (1991, p. 8):

> É verdade que na sua obra Sobre a poesia ingênua e sentimental [Schiller] atribui à comédia – de um modo um pouco casual – um lugar mais alto (sic) do que à tragédia, dizendo que o objetivo daquela se identifica com a meta mais elevada pela qual deve lutar o homem: estar livre das paixões, olhar em torno e dentro de si de maneira sempre clara, sempre tranquila, encontrar em toda parte mais acaso do que destino e rir-se mais do absurdo do que encolerizar-se

---

15. Cf. tese de Lacoue-Labarthe (2000, p. 181), provavelmente inspirada por Szondi: "a tragédia, certa interpretação da tragédia (...) é a origem ou a matriz do (...) pensamento especulativo, isto é, do pensamento dialético". Ou ainda, um pouco adiante: "o próprio processo especulativo (da lógica dialética) se funda de maneira bem explícita sobre o modelo da tragédia".
16. Segundo Taminiaux, todos os filósofos – começando por Schiller, Schelling, Hegel, Schopenhauer, Nietzsche e Heidegger – teriam transformado a tragédia em "documento ontológico", não levando em consideração o ensinamento da *Poética*; com uma única exceção, "pudica e secreta: a de Hölderlin!"

ou chorar pela maldade. Mas esta opinião (continua Rosenfeld) – que parece ter influído nas concepções dos românticos e de Hegel – não teve maiores consequências no pensamento de Schiller. Nos seus ensaios – da mesma forma como na sua obra dramatúrgica – ocupa-se quase exclusivamente com a tragédia, cuja análise, bem de acordo com a tradição, preferiu à da comédia.

Esse provisório flerte de Schiller com a comédia, assim como a originalidade de sua reflexão sobre a tragédia, talvez provenham precisamente da sua ligação com a filosofia de Kant, por meio da qual Schiller descobriu a subjetividade filosófica, ou mais do que isso, como diria Habermas (2002, p. 121): "o orgulho da modernidade"[17] que é a liberdade subjetiva! Ora, a tragédia antiga desconhecia essa contribuição moderna por excelência que é motivo de um verdadeiro orgulho, repito: a liberdade subjetiva. Sob esse aspecto, a comédia, mais facilmente do que a tragédia, estava mais próxima daquela finalidade a qual Schiller pensa que o teatro e a arte em geral deveriam realizar e que consiste em se liberar das paixões. Se, em alguns momentos, nosso autor se afasta da tragédia grega antiga, chegando mesmo a criticá-la, como ocorre, pelo menos, duas vezes (no ensaio "Acerca da arte trágica" e na 22ª *Carta sobre a educação estética do homem*), o motivo é sempre o mesmo: de que a tragédia (antiga) é uma arte do afeto, o que quer dizer o mesmo que não se trata de uma "arte livre"! O grande artista é aquele que mantém livre a alma do espectador! Cito a XXIIª Carta:

> A mente do espectador e do ouvinte tem de permanecer plenamente livre e intacta, tem de sair pura e perfeita do círculo mágico do artista como das mãos do Criador. [...] As artes do afeto, como a tragédia, não são objeção: pois, em primeiro lugar, não são artes de todo livres, já que estão a serviço de um fim particular (o patético) e, além do mais, nenhum verdadeiro conhecedor negará serem tanto mais perfeitas as obras, mesmo nessa classe, quanto mais pouparem, ainda que sob a máxima tempestade do afeto, a liberdade da mente. Existe uma bela arte da paixão; mas uma bela arte apaixonada é uma contradição, pois o efeito incontornável da beleza é a liberdade de paixões. (Schiller, 1990, p. 116)

---

17. "Nem Hegel nem seus discípulos diretos, à esquerda ou à direita, jamais questionaram as conquistas da Modernidade, de onde os tempos modernos tiraram seu orgulho e consciência de si. *A época moderna encontra-se, sobretudo, sob o signo da liberdade subjetiva*" (Habermas, 2002, p. 121, grifos meus).

Se, no contexto dessa Carta, a crítica à tragédia – indiscriminadamente antiga ou moderna – se deve ao fato de ser ela considerada uma arte *não livre*, e a liberdade[18] já ter aparecido para Schiller como uma noção intrinsecamente relacionada à sua busca de um critério objetivo, Schiller,[19] no ensaio sobre a arte trágica (1792), se põe a criticar as tragédias de autores "modernos" como ele próprio, Cronegk e, de modo surpreendente: Shakespeare! É nesse ensaio, em um momento mais raro do que frequente, atuando menos como teórico da modernidade do que como crítico da arte de seu tempo, que ele vai condenar, por exemplo, o Rei Lear[20] por sua burrice, aspecto que faz enfraquecer o nosso sentimento de compaixão, comprometendo a eficiência da catarse. Portanto, é preciso distinguir a diferença sutil que separa a perspectiva de um teórico do trágico do crítico das tragédias, sobretudo as modernas, a fim de entender o contexto no qual Schiller (1990, p. 47) tece seu exagerado elogio ao *Cid* de Pierre Corneille, cujo enredo ele trata como "a obra prima do teatro trágico".

Antes de me estender um pouco sobre as fatais consequências (para Hölderlin, sobretudo) dessa posição schilleriana a favor da "interpretação francesa (corneliana) e moral (kantiana) da tragédia" (Lacoue-Labarthe, 1999, p. 5), antecipo que tentarei defender ter sido uma atitude oscilante e provisória e, além disso, frequentemente substituída por uma posição diametralmente oposta, a qual, mais tarde, seria entendida como a "nostalgia alemã da Grécia". Assim, apesar de defender essa oscilação schilleriana entre os Antigos e os Modernos, não discordarei da afirmação de Lacoue-Labarthe sobre a radicalidade do projeto hölderliniano, que retorna a Sófocles, não por um sentimento de "nostalgia" tão comum aos seus contemporâneos,

---

18. Cabe lembrar aqui outra fórmula schilleriana, que apareceu inicialmente na correspondência com Körner (1793), *Kallias*, e foi retomada nas *Cartas sobre Educação Estética* (Schiller, 1990, p. 159), ligando Beleza e Liberdade: "A beleza nada mais é que liberdade no fenômeno".
19. Schiller critica sua própria obra juvenil, a primeira que escreveu: "Os bandoleiros", por seu personagem Franz Moor ser um malvado: "A perfeição suprema de uma obra sai sempre prejudicada quando o poeta trágico não pode dispensar um malvado, vendo-se obrigado a fazer derivar a grandeza do sofrimento da grandeza da maldade. As figuras de Iago e de Lady Macbeth, de Shakespeare, Cleópatra em *Rodoguna* (Pierre Corneille), Franz Moor em *Die Räuber* (Schiller), testemunham esta afirmação" (Schiller, 1997, p. 46).
20. "O nosso interesse pelo infeliz Lear, maltratado pelas suas ingratas filhas, vê-se bastante lesado pelo facto de esse velho pueril ter entregado a sua coroa de um modo tão leviano e repartido o seu amor entre as filhas *de maneira tão pouco inteligente*" (Schiller, 1997, p. 46, grifo meu).

mas sim em busca do "fundamento da teatralidade" (*idem*).²¹ Isso significa que, se, por um lado, creio ser possível defender que o "Classicismo" schilleriano não é tão sólido e impermeável quanto se divulga, por outro, não me permito ignorar que houve, pelo menos, um momento no qual esse "Classicismo" apresentou-se de maneira não só rígida como implacável, justamente quando foi examinada a proposta de Hölderlin de encenar suas traduções de Sófocles no Teatro de Weimar, onde ele e Goethe reinavam poderosos e influentes da maneira incontestável.

Rosenfeld ainda se manifesta sobre a recepção da *Poética* por Schiller que é, de fato, controversa. Parece que o poeta-filósofo-dramaturgo só leu o livro de Aristóteles em 1797, em um volume emprestado a ele por Goethe, lembrando que, desde 1795, ele já havia "fechado o seu 'ateliê filosófico'" (Machado, 2004, p. 53), como o próprio Schiller se refere a seu período de produção teórico-filosófica. Para Rosenfeld, que valoriza a proximidade de Schiller a Kant, trata-se de uma vantagem, uma originalidade no ambiente da crítica e da teoria da arte. Cito-o:

> Contrariando a tradição, Schiller não se atém aos conceitos aristotélicos. Seu pensamento se liga em demasia ao de Kant para que enveredasse, como tantos outros e, particularmente, como Lessing, seu predecessor mais imediato, pela estrada já um tanto gasta do comentário da "Arte Poética" (*sic*) do filósofo grego. (Rosenfeld, 1991, p. 8-9)

Nessa oscilação entre os Gregos (Aristóteles) e os Modernos (Kant), defenderei, muito próxima de Roberto Machado (2004, p. 79),²² que Schiller mantém-se em uma atitude de dupla fidelidade tanto à arte (mas, sobretudo, ao teatro), quanto à *Crítica da faculdade do juízo*.²³ Sendo aí nesta difícil articulação onde se confrontam o sublime (filosófico) kantiano e a tragédia descrita por Aristóteles na *Poética*. A meu ver, um dos modos possíveis de

---

21. Lacoue-Labarthe (1999, p. 5) chega a escrever que "o[s] inimigo[s] principa[is]" de Hölderlin são Goethe e o Schiller de "Acerca da arte trágica".
22. Em termos um pouco distintos, mas querendo dizer quase a mesma coisa, Schiller ocuparia um papel *intermediário* entre a poética da tragédia e a filosofia do trágico.
23. "Lessing está para Aristóteles assim como Schiller está para Kant. É do encontro de um grande dramaturgo como Schiller com a filosofia de Kant – principalmente sua ética, considerada como uma filosofia da liberdade, e sua estética, no que diz respeito à teoria do juízo sobre o sublime – que nasce a primeira filosofia do trágico, uma reflexão filosófica original que criou um tipo novo de pensamento sobre a tragédia. Apesar das diferenças estabelecidas em relação a esse pensamento inovador e das críticas que lhe serão feitas, ele marcará toda reflexão futura sobre o assunto" (Machado, 2004, p. 54).

interpretar a brilhante fórmula lacoue-labarthiana do "sublime como trágico moderno". Entretanto, continuando além dele, tentando imaginar poética e filosoficamente o que poderia ter acontecido, nos termos garantidos pela *Poética* IX, e não o que historicamente ocorreu, que ao invés de comportar-se como "inimigo" de Hölderlin, Schiller, amigo de Hölderlin, tivesse preparado e auxiliado o poeta (quem sabe, poupado-o de sua loucura) na sua terrível e dificílima tarefa que consistiu na interrupção ou suspensão da "usurpação especulativa da tragédia" (Lacoue-Labarthe, 1999b, p. 9). Interpretação essa que seus contemporâneos (e amigos), Hegel e Schelling, mal começavam a instituir e que se tornaria predominante na tradição filosófica, i.e., a que Szondi denominou "Filosofia do Trágico", como já mencionei na Introdução deste trabalho.

Talvez uma das tarefas mais importantes impostas pela história da filosofia a Schiller pudesse ser resumida no apelo feito a Kant de uma contribuição em prol daquela antiquíssima reflexão sobre a tragédia. Desbravar essa "passagem"[24] do trágico ao sublime, no entanto, revela-se uma delicada operação, pois como enfrentar seu maior problema que consiste em transformar em uma cena de liberdade a cena trágica que apresenta a submissão do herói a seu destino? Como, retomando os termos da Carta XXII, citada anteriormente, transformar a tragédia que é uma arte do *afeto* e do "patético" em uma "arte livre"? O que deverá fazer o artista a fim de manter livre a alma do espectador? Como responder ao problema na formulação que a *Aufklärung* o havia apresentado, a saber: "Como a razão grega pôde suportar as contradições de sua tragédia?" Ou ainda, lançando a pergunta dos Modernos aos Antigos: "O que tornava a contradição suportável aos olhos dos gregos?" (Courtine, 1988, p. 216). Como explicar o prazer que sentimos com a compaixão que é indiscutivelmente uma paixão dolorosa? Será que a fórmula de um prazer contraditório, tal como Kant definiu o sublime, poderia explicar o prazer que, segundo Aristóteles, os gregos sentiam com a tragédia?

Baseando-me em alguns textos estéticos, principalmente em "Acerca da arte trágica" (Schiller, 1991)[25] (cuja aparência é a de um mero fichamento das

---

24. Alio-me a Rosenfeld para discordar de Rodrigo Duarte (2008, p. 35) (repito aqui o adágio: *une fois n'est pas coutume*) de que a passagem do trágico ao sublime seja "quase automática".
25. Recorrerei também às traduções de Teresa Cadete que estão reunidas no livro *Textos sobre o belo, o sublime e o trágico*, já citado aqui e publicado pela Imprensa Nacional/ Casa da Moeda, 1997.

teses aristotélicas) e "Sobre o patético", tentarei defender, ao lado de Szondi (1975, p. 28),[26] porém, contra Rosenfeld e Taminiaux, o quanto a teoria de Schiller sobre o trágico está fortemente influenciada e determinada pelo ensinamento do seminal tratado aristotélico e, mais do que isso, o quanto ela ainda se dedicava ao "efeito trágico" por excelência que era a catarse.

Em uma primeira definição, a arte trágica aparece como aquela que "tem como fim particular o prazer da compaixão" (Schiller, 1997, p. 45). Embora a influência de Lessing jamais tenha ofuscado Schiller, que manteve bastante autonomia com relação à crítica de arte de sua época, escudado, talvez, pela Estética kantiana, ao privilegiar a emoção compassiva, constata-se uma inegável impregnação da interpretação de Lessing. Isso porque, diferentemente de muitos intérpretes da *Poética*, para quem o medo era a paixão trágica por excelência, para Lessing, o medo servia apenas como "um *meio* de atingir a compaixão" (Machado, 2004, p. 77). Esta última era considerada como a finalidade da tragédia. Assim, Schiller começa seu ensaio "Sobre a arte trágica" exigindo uma resposta àquela pergunta essencial sobre o modo como o sofrimento pode promover em nós o prazer. Nesse ponto, até não se distinguem muito o medo e a compaixão, já que são ambos sentimentos penosos, dolorosos. Uma das respostas usuais da época era a de que o prazer provinha da vivacidade ou intensidade da emoção. Ora, uma emoção intensa (boa ou má, pouco importa) seria preferível a uma fraca emoção! Como se isso não bastasse, Schiller (1997, p. 41) nos surpreende, afirmando que "o afecto desagradável é para nós ainda mais estimulante". É por isso que ele descreve, nos mesmíssimos termos do sublime em Kant, uma das *condições* do prazer da compaixão, como "a *agressão* à nossa sensibilidade" (p. 44)! Agressão essa que, sendo força, suscita outra força em nós, que Schiller diz não ser outra "senão a razão"! Razão essa que é "faculdade" no sentido kantiano "capacidade", "poder" (*Kraft*), mais uma vez, *força* de ânimo, impulso de atividade, tudo isso se chama "razão" para o Schiller, leitor de Kant. Em uma perfeita alquimia, ele transformou o prazer trágico em sublime!

---

26. Estou inteiramente de acordo com a ideia de Szondi, segundo a qual, ao contrário do Idealismo Alemão que virá a seguir (sobretudo Schelling e Hegel) e que se interrogará "sobre a essência do trágico", Schiller permanece mais fiel à tradição aristotélica, i.e., de se perguntar sobre "a finalidade do trágico, seu efeito e o modo como ele se produz". "Ele (Schiller) não considerava o trágico como um fenômeno em si, mas (o considerava) através da esfera dos afetos, piedade e emoção, que a tragédia, realizada pelo dramaturgo, deve produzir" (Szondi, 1975, p. 28).

Muito provavelmente em 1793, isto é, com apenas um ano de diferença, o ensaio "Sobre o Patético" começa com uma definição de *arte* sutilmente diferente daquela concepção de *tragédia* que, como acabamos de ver, tinha como "fim particular o prazer da compaixão". Essa "nova" e mais ampla definição da *arte* (e chamo a atenção para o fato de a *tragédia* aparecer aqui como uma espécie de um gênero maior que seria a "*arte* em geral") como "apresentação sensível do supra-sensível" (Machado, 2004, p. 54)[27] terá uma importantíssima posteridade nas mãos de Hegel, que a retomará sem acréscimos. Cito o ensaio:

> A apresentação do sofrimento – enquanto mero sofrimento – nunca é objectivo da arte, sendo porém, enquanto meio para o seu fim, extremamente importante para a mesma. O fim último da arte é a apresentação do que é supra-sensível, e particularmente a arte trágica consegue tal coisa ao tornar sensível para nós a independência moral em relação às leis da natureza, num estado de afecto [...]. Se se pretende portanto que a inteligência se revele no ser humano como uma força independente da natureza, então esta tem primeiro de haver demonstrado todo o seu poder aos nossos olhos. O ente sensível tem de sofrer profunda e intensamente; tem de existir pathos para que o ente racional possa proclamar a sua independência e manifestar-se actuando. (Schiller, 1997, p. 165)

Apesar da apropriação que Hegel fez dessa definição, para Machado ela aproxima Schiller muito mais de Kant do que do Idealismo Absoluto de Hegel e Schelling, uma vez que o "suprassensível" não tem nada a ver com um mundo absoluto ou com uma entidade transcendente, mas sim com uma "*faculdade* transcendente": a liberdade. Concordo plenamente com Machado (2004, p. 55), quando ele observa que a concepção schilleriana de liberdade como uma força racional em nós capaz de uma causalidade independente da natureza está inspirada na "concepção kantiana de lei moral exposta na *Crítica da razão prática*". A vantagem da arte trágica sobre as demais "espécies" de arte é que ela "torna *sensível* a independência moral", exatamente como o sublime que Kant insiste em classificar como um sentimento *estético*, bem diferente, portanto, do respeito, que é um sentimento *exclusivamente moral*. O que aconteceu para Schiller modificar tão radicalmente seu ponto de vista acerca da tragédia? Como vimos, a tragédia

---

[27]. Essa definição foi retomada por Hegel (*Vorlesungen über die Ästhetik*) como sendo da própria arte.

que aparecera na 22ª Carta (citada acima) como uma arte *não livre*, pouco tempo depois, no ensaio de 1793, aparece como intrinsecamente vinculada à liberdade! Tudo leva a crer que a tragédia, como a beleza, se transformou em "liberdade no fenômeno".[28] Talvez, essa modificação se deva ao sublime kantiano. Provavelmente, Schiller aprofundou seus estudos sobre a "Analítica do Sublime" nessa época, pois, como se sabe, "o ensaio 'Sobre o patético' é a segunda metade de outro escrito chamado por Schiller 'Sobre o sublime' (1793), mais tarde publicada separadamente [1801]" (Rosenfeld, 1991, p. 113). No entanto, essa é somente uma hipótese que não desenvolverei aqui.

## O elogio aos gregos

Apesar da profunda aliança com o filósofo de Königsberg e com sua ideia de liberdade, orgulho da era moderna, será nesse mesmo ensaio, de 1793, que Schiller assumirá uma posição *diametralmente oposta* àquela defendida no texto do ano anterior. Provando que talvez seja nesta *oscilação entre os Antigos e Modernos* que se encontra a descrição mais adequada da atitude de Schiller. Se em 1792, em "Sobre a arte trágica", como vimos, Schiller havia rasgado um elogio ao *Cid* de Corneille em detrimento do teatro grego; em "Acerca do patético", ao aproximar seu conceito de ser humano da natureza, Schiller dispara sua virulenta artilharia contra o artificialismo do teatro francês, acusando seus poetas de serem "frios e declamatórios" ou ainda "comediantes que andam sobre pernas de pau". Cito mais uma passagem desse texto, no qual até Corneille é alvo da crítica sarcástica de Schiller (1991, p. 114-115; 1997, p. 165):[29]

> [É] o caso das antigas tragédias francesas, em que só mui raramente ou nunca chegamos a perceber a natureza sofredora. Ao contrário, na maior parte das vezes vemos apenas poetas frios e declamatórios ou ainda comediantes que andam sobre pernas de pau. O tom gélido da declamação sufoca toda natureza genuína, e seu adorado decoro[30] torna aos trágicos franceses, de todo impossível, ilustrar a humanidade em sua verdade. Mesmo quando se encontra em seu devido lugar, por toda parte o decoro falsifica a expressão da natureza, exigida intransigentemente pela arte. Quase nem conseguimos

---

28. Ver nota 18 do presente texto.
29. Modifiquei ligeiramente (misturando-as um pouco) as traduções.
30. A tradutora portuguesa (Schiller, 1997, p. 166) prefere "decência" a "decoro".

crer no sofrimento do herói de uma tragédia francesa, pois se externa sobre seu estado d'alma como o mais sereno dos homens, e o facto de ele ter incessantemente em conta a impressão que causa nos outros nunca lhe permite dar liberdade à natureza dentro dele. Os reis, as princesas e os heróis de um Corneille e de um Voltaire nunca esquecem a sua posição mesmo no meio do sofrimento mais violento, despindo-se muito antes de sua humanidade do que de sua dignidade. Assemelham-se aos reis e imperadores dos antigos livros ilustrados, que iam deitar-se com a coroa na cabeça.

Além da recepção da *Poética*, o outro importante divisor de águas na reflexão sobre o teatro desenvolvida durante o século XVIII alemão era "a atitude dos intelectuais e artistas diante de Shakespeare" (Saadi, 1998, p. 21). Para Lessing, como nos conta Saadi, a atitude diante de Shakespeare funcionava como "uma espécie de linha de demarcação entre aqueles que pensam em profundidade sobre a estética dramática e aqueles que apenas aceitam a tradição sem questioná-la sequer minimamente" (p. 21). Estando certamente do lado daqueles que "pensam em profundidade sobre a estética dramática", no Prefácio de *Os Bandoleiros*, em 1781, Schiller escrevera que, ao contrário de Corneille, Shakespeare e os Gregos (é interessante notar essa associação!) "teriam sabido 'descrever as paixões e os movimentos mais secretos do coração através das *manifestações próprias* das personagens'" (Cadete, 1990, p. 270). Não estou de acordo com Teresa Cadete, a tradutora portuguesa desses ensaios de Schiller, que defende ser a contradição apenas *aparente*, entre o ensaio de 1793, "Sobre o patético", e o elogio a Corneille em "Acerca da arte trágica". Segundo ela, não era uma contradição, mas uma diferença de perspectiva: no escrito de 1792, [Sobre a arte trágica], Schiller "considera[va] positivamente uma opção temática [isto é, o conteúdo/vf], não tendo em conta a formalidade de sua configuração dramática [isto é, a forma/vf]" (Cadete, 1990, p. 270).

O louvor aos gregos que já havia sido estendido a Shakespeare em 1781 e, um pouco mais tarde (1788), o será a Goethe,[31] depende da relação que Schiller supõe entre esse povo antigo (ou alguns artistas modernos) com

---

31. "Schiller – que foi profundamente marcado pela leitura da *Ifigênia* [em *Táuride*], a ponto de escrever logo a seguir, em 1788, 'Os deuses da Grécia', poema que assinala sua mudança de trajetória ou sua adesão ao classicismo – encontra na peça de Goethe a serenidade e a grandeza da arte antiga, tal como Winckelmann havia estabelecido. Mas também pensa que Goethe apresentou nela um tipo de humanidade ainda mais elevado do que a grega" (Machado, 2004, p. 17).

a natureza. Uma relação de harmonia, unidade ou afirmação e jamais de conflito ou negação! Todo artifício, identificado como "decoro" ou "conveniência", é condenado como acessório e desnecessário. Pois, aqui, como veremos, a teoria sobre o teatro depende de uma concepção (talvez, pela primeira vez: *histórica*) de humanidade. Enquanto, no mundo grego, havia unidade e nunca cisão entre razão e matéria e, "por mais alto que a razão se elevasse, trazia sempre consigo, amorosa, a matéria" (Schiller, 1990, p. 40) entre modernos, "rompeu-se a unidade interior da natureza humana e uma luta funesta separou as suas forças harmoniosas" (p. 41). Entre nós, hodiernos, as forças tornaram-se belicosas e nos dilaceram; estamos conscientes da cisão irreparável dentro de nós entre o sensível e o suprassensível, entre o físico e o moral, entre a natureza e a liberdade. Perdemos aquela "ingenuidade" que caracterizava a relação livre e desimpedida (imediata?) dos gregos com a Natureza, segundo essa versão idealizada pelos Modernos, cujo acesso à (sua própria!) sensibilidade, ao contrário, seria mediado pelo frio e afetado artifício.

É certo que, diferentemente de Hölderlin, que retornou a Sófocles em busca de um fundamento da teatralidade (Lacoue-Labarthe, 1999b, p. 5), o elogio schilleriano aos gregos almejava algo mais abrangente do que somente uma reflexão sobre a tragédia. Talvez se possa defender que, entre a Poética da Tragédia e a Filosofia do Trágico, Schiller desenvolveu uma Antropologia Filosófica ou, na pior das hipóteses, uma concepção *antropológica*[32] da tragédia. Em minha opinião, as definições de Tragédia e Humanidade em Schiller estão totalmente imbricadas. Se a tragédia é um gênero supremo, como já o era também – se bem que por outros motivos – para Aristóteles na *Poética*, é exatamente porque a sua essência antagonista a aproxima, mais do que qualquer outra "espécie" de arte, da essência humana também partida entre dois mundos: entre Natureza e Liberdade. Talvez seja a tragédia a única arte capaz de apresentar o antagonismo que é característico da essência humana. A "nostalgia da Grécia" que, de fato, ecoa em vários momentos dos textos de Schiller aparece sempre quando se trata de definir o ser humano (ou um ideal de povo? Alemão?). A meu ver, nada se resolve na teoria schilleriana do trágico, enquanto não temos em vista o humano. O elo entre *o trágico e o humano* fica evidenciado no

---

32. Corrigindo Taminiaux, se Schelling transformou a tragédia num "documento ontológico", Schiller a teria transformado num "documento *antropológico*".

parágrafo seguinte àquele contra os trágicos franceses que cito para terminar. Trata-se de uma longa citação:

> Quão diferentes são os gregos e aqueles entre os autores mais novos que escreveram segundo o espírito deles (Goethe,[33] claro). O grego jamais se envergonha da natureza, concede plenos direitos ao nosso ser físico-sensível e, contudo, tem a certeza de que nunca será subjugado por ele. Seu entendimento, profundo e certo, permite-lhe diferençar do necessário o acidental, que o mau gosto torna em obra capital. O artista grego, que tem de representar um Laocoonte, uma Níobe, um Filocteto, ignora o que seja uma princesa, um rei ou filho de rei: atém-se somente ao ser humano. É por isso que o avisado escultor lança fora o vestuário e nos mostra apenas as figuras desnudas, embora saiba muito bem que tal não acontecia na vida real. O vestuário é-lhe algo acidental, a que jamais deve ser posposto o necessário, pois as leis do decoro e da necessidade não são as leis da arte. O escultor deve e deseja mostrar-nos o ser humano, que as vestes ocultam; tem razão, pois, em rejeitá-las.
> 
> Tal como o escultor grego deita fora o fardo pesado e embaraçoso do vestuário, a fim de dar mais lugar à natureza humana, da mesma forma o poeta grego liberta as suas personagens da igualmente desnecessária e embaraçosa coação da conveniência e de todas as frígidas leis do decoro, que só artificializam o homem e lhe acobertam a natureza. (Schiller, 1991, p. 115-116)

Salto a continuação desse parágrafo, no qual Schiller dará vários exemplos mostrando como mesmo heróis como Hércules, Ifigênia, até deuses como Marte e Vênus não são poupados e como os poetas gregos fazem questão de mostrá-los sensíveis à dor e ao sofrimento e, por isso, apresentam-nos gritando e chorando, sem temerem ou se envergonharem de sua natureza ou sensibilidade! Retomo a citação no parágrafo seguinte, no qual Schiller chega a propor que a arte grega sirva aos Modernos como modelo de imitação. Chamo mais uma vez a atenção para o contraste entre esta passagem que seguirá e aquela, já citada, da XXIIª Carta, na qual a tragédia grega fora condenada por não ser uma "arte livre"! Nesse ensaio "Sobre o Patético" (contemporâneo às *Cartas*), a liberdade, que é uma característica – até um critério – essencial para distinguir toda arte autêntica, é uma con-

---

33. No capítulo "O Classicismo de Goethe", Machado (2004, p. 17) brinda-nos com uma deliciosa análise da tragédia (que Schiller chamou de epopeia) goetheana, *Ifigênia em Táuride*. Sobre ela, Rosenfeld a descreveu ironicamente como sendo "mais *clássica* do que a grega que lhe serviu de base [a de Eurípides]" (Rosenfeld *apud* Machado, 2004, p. 17).

quista ou "resistência moral ao sofrimento". Além disso, Schiller estabelece uma hierarquia na formação, educação (em favor da qual, evidentemente, o teatro é uma das mais importantes, senão mesmo A mais importante contribuição!) dos seres humanos que começa, necessariamente, pela sua natureza física e sensível, tem sua fase intermediária (e moral) na razão e só termina numa terceira e última etapa: a sociabilidade.

> Essa delicada sensibilidade à dor, essa natureza calorosa, sincera, verdadeira e não encoberta, comovendo-nos tão funda e vivamente nas obras gregas, é modelo de imitação para todos os artistas e uma lei dada à arte pelo gênio grego. A primeira exigência é sempre e eternamente feita ao ser humano pela natureza, que nunca pode ser rejeitada; pois o ser humano é – antes de ser outra coisa – um ser sensível. A segunda exigência é-lhe feita pela razão, pois ele é um ente racionalmente sensível, uma pessoa moral, e para esta constitui um dever não permitir que a natureza a domine, mas sim dominá-la. Só quando, em primeiro lugar, tiver sido feita justiça à NATUREZA e quando, em segundo lugar, a RAZÃO tiver afirmado [seu direito] ao ser humano, será permitido ao DECORO formular a terceira exigência ao ser humano, decretando-lhe que tome em consideração a sociedade, ao expressar tanto os seus sentimentos como a sua maneira de pensar, e que se mostre – como um ente civilizado.
>
> A primeira lei da arte trágica era a representação da natureza sofredora. A segunda é a representação da resistência moral ao sofrimento. (Schiller, 1991, p. 117; 1997, p. 167)[34]

---

34. Cf. "Acerca do Patético" (ed. brasileira, 1991, p. 117) e "Sobre o patético" (ed. portuguesa, 1997, p. 167). Como já escrevi antes, modifiquei ligeiramente, muitas vezes, misturando-as. Por exemplo, preferi "ser humano" (ed. port.) em vez de "homem" (ed. bras.). Deduzo que os grifos e as letras maiúsculas são da tradutora portuguesa, pois eles não estão presentes na edição brasileira. Resolvi mantê-los.

# Referências bibliográficas

ALMEIDA, G.; VIEIRA, T. *Três tragédias gregas*. São Paulo: Perspectiva, 1997.

ARISTÓTELES. *Poética*. Trad. E. de Souza. São Paulo: Abril Cultural, 1979. (Coleção "Os Pensadores").

_____. *La Poétique*. Trad. Roselyne Dupont-Roc e Jean Lallot. Paris: Ed. Seuil, 1980.

CADETE, T. "Notas às traduções de Schiller". In: SCHILLER, Fr. *Textos sobre o belo, o sublime e o trágico*. Trad. T. Cadete. Imprensa Nacional/ Casa da Moeda, 1997.

COURTINE, J.-F. "Tragédie et Sublimité". In: NANCY, J-L; DÉGUY, M. *et. al.* (org.). *Du Sublime*. Paris: Ed. Belin, 1988.

DUARTE, R. "O sublime estético e a tragédia do mundo administrado". In: KANGUSSU, I.; PIMENTA, O. *et al.* (org.). *O cômico e o trágico*. Rio de Janeiro: 7 Letras, 2008.

FIGUEIREDO, V. "O sublime como experiência do trágico moderno". In: DUARTE, R.; FIGUEIREDO, V. (org.). *Mimesis e expressão*. Belo Horizonte: Ed. UFMG, 2001.

HABERMAS, J. *O discurso filosófico da Modernidade*. Trad. L. S. Repa e R. Nascimento. São Paulo: Martins Fontes, 2002.

HEIDEGGER, M. *Introdução à Metafísica*. Trad. E. Carneiro Leão. Rio de Janeiro: Tempo Brasileiro, 1987.

LACOUE-LABARTHE, Ph. "Poética e política". Trad. V. Figueiredo e J. C. Penna. *Cadernos do Departamento de Filosofia da PUC-RJ – O que nos faz pensar?*, n. 10, v. 2, out. 1996.

_____. "Metaphrasis". In: _____. *Metaphrasis seguido de O teatro de Hölderlin*. Trad. A. Maranha e J. Rodrigues. Lisboa: Ed. Projecto Teatral, 1999a.

_____. "O teatro de Hölderlin". Trad. V. Figueiredo. *Folhetim, Revista do Teatro do Pequeno Gesto*. Rio de Janeiro, n. 4, maio 1999b.

_____. "Hölderlin e os Gregos". Trad.: P. Alvim Lopes e Â. Leite Lopes. In: PENNA, J. C.; FIGUEIREDO, V. (org.). *A imitação dos modernos*. Rio de Janeiro: Paz e Terra, 2000.

_____. *Poétique de l'histoire*. Paris: Galilée, 2002.

MACHADO, R. *O nascimento do trágico – de Schiller a Nietzsche*. Rio de Janeiro: Jorge Zahar, 2004.

PLATÃO. *A República*. Trad. Maria Helena da Rocha Pereira. Lisboa: Fundação Calouste Gulbenkian, 2007.
ROSENFELD, A. "Introdução". In: SCHILLER, Fr. *Teoria da Tragédia*. Trad. Flavio Meurer. São Paulo: EPU, 1991.
SAADI, F. "Lessing, Voltaire e seus fantasmas". *Folhetim, Revista do Teatro do Pequeno Gesto*. Rio de Janeiro, n. 1, 1998.
SCHILLER, Fr. *A Educação Estética do Homem – numa série de cartas*. Trad. R. Schwarz e M. Suzuki. São Paulo: Iluminuras, 1990.
_____. *Teoria da Tragédia*. Trad. A. Rosenfeld. São Paulo: EPU, 1991.
_____. *Textos sobre o belo, o sublime e o trágico*. Trad. T. Cadete. Lisboa: Imprensa Nacional/Casa da Moeda, 1997.
_____. *Sobre graça e dignidade*. Trad. A. Resende. Porto Alegre: Movimento, 2008.
SÜSSEKIND, P. "O trágico e a superação do classicismo em Hölderlin". *In*: In: KANGUSSU, I.; PIMENTA, O. *et al.* (org.). *O cômico e o trágico*. Rio de Janeiro: 7 Letras, 2008.
SZONDI, P. *Ensaio sobre o trágico*. Trad. P. Süssekind. Rio de Janeiro: Jorge Zahar, 2004.
_____. *Poésie et poétique de l'idéalisme allemand*. Trad. Jean Bollack *et al.* Paris: Editions Minuit, 1975.
TAMINIAUX, J. *Le théâtre des philosophes*. Grenoble: Jérôme Millon, 1995.

# TRAGÉDIA DA CULTURA AO QUADRADO
Reflexões, com Vilém Flusser, sobre a situação do intelectual brasileiro

Rodrigo Duarte[1]

No seu ensaio de 1911, "O conceito e a tragédia da cultura", Georg Simmel (1996, p. 25-27) tem como objetivo tanto configurar sua noção da cultura como processo dialético quanto apontar para o fato de que, a partir de um determinado momento na história do Ocidente, certos elementos que se encontravam latentes naquele processo eclodem numa forma de alienação que ameaça pôr em risco as principais conquistas dessa civilização, associadas à arte, ao pensamento, à ciência e às instituições.

Tendo em vista esse duplo objetivo, Simmel chama a atenção inicialmente para a peculiaridade dos seres vivos diante dos inanimados, introduzindo a possibilidade de vivência da temporalidade rememorativa e projetiva como um importante elemento diferenciador entre aqueles e esses últimos. Segundo ele, "enquanto tudo o que não é vivente possui pura e simplesmente o momento do presente, o vivente se estende num modo incomparável sobre passado e futuro" (Simmel, 1996, p. 26) e, quando se trata especificamente da condição humana, há de considerá-la como a de um ente que não se submete simplesmente à natureza, como os outros animais, destacando-se dela e se contrapondo a ela. A referência à contraposição é importante, pois, a partir dela, Simmel estabelece a ideia de uma dualidade

---

1. Rodrigo Duarte é doutor em Filosofia pela Universidade de Kassel (Alemanha - 1990) e professor titular do Departamento de Filosofia da UFMG. Foi presidente da Associação Brasileira de Estética (ABRE) de 2006 a 2014. Publicou, dentre outros, os seguintes livros: *Teoria crítica da indústria cultural* (UFMG, 2003), *Dizer o que não se deixa dizer. Para uma filosofia da expressão* (Argos, 2008), *Deplatzierungen. Aufsätze zur Ästhetik und kritischen Theorie* (Max Stein Verlag, 2009), *Pós-história de Vilém Flusser: gênese-anatomia-desdobramentos* (Annablume, 2012) e *Varia Aesthetica* (Relicário, 2014).

em que se desenvolve o que ele chama de "infindável processo entre o sujeito e o objeto" (Simmel, 1996, p. 25). Tal processo é essencial para a concepção simmeliana de cultura, pensada desde o início como "uma formatividade completa (*Ausgebildetheit*) – fim último da experiência humana, para o qual todas as outras faculdades e perfeições particulares aparecem como meio" (Simmel, 1996, p. 27).

Nesse marco reflexivo, Simmel (1996, p. 27) descreve a cultura lapidarmente como sendo "o caminho de uma unidade cerrada através de multiplicidade desdobrada para a unidade desdobrada", sendo que a primeira diz respeito ao sujeito, a segunda ao seu objeto e a terceira significa a síntese entre ambas, sendo, assim, um traço obrigatório de todo fenômeno cultural autêntico. A referência à autenticidade de certos fenômenos da cultura, quando comparados com outros, ganha relevância, na medida em que, para Simmel, uma aparente erudição, quando não tem a característica da supramencionada síntese, não constitui cultura no sentido estrito do termo, mas apenas a ostentação de um saber que lhe permanece exterior:

> Nesse mesmo sentido todos os conhecimentos, virtuosidades e refinamentos possíveis de uma pessoa não podem nos levar a lhe atribuir real cultivo, se aqueles, por assim dizer, parecerem apenas adições, que advém à sua personalidade a partir de um domínio de valores que lhe são e permanecem sendo, em última instância, exteriores. Nesses casos, a pessoa decerto tem cultivo, mas não é cultivada. (Simmel, 1996, p. 28)[2]

Para Simmel (1996, p. 29), é totalmente decisivo para a compreensão da cultura o fato de que ela surge mediante a conjunção de dois elementos que, separadamente, são sua condição necessária, mas não suficiente, a saber, "a alma subjetiva e o dispositivo (*Erzeugnis*) espiritual objetivo". A referida síntese de uma interioridade individual com aquilo que se consolidou em objetividade, por meio da contribuição sedimentada de muitas almas, gera

---

2. Leopoldo Waizbort (2000, p. 121) chama a atenção para a influência de Goethe na noção de "cultivo" adotada por Simmel: "O processo da cultura tem a ver com o 'desenvolvimento de nossa *totalidade* interior, desenvolvimento esse que é o 'caminho' da formação (Bildung) da personalidade (pois a 'Bildung' é algo essencialmente individual). Os objetos, as formas, são nesse processo os 'meios para a formação/cultura [Bildung]'. 'Bildung', enquanto formação é equivalente a 'cultivo', ou seja, 'Bildung' é igual ao processo da cultura (...). Daí Simmel falar em termos bem práticos, que a 'educação dos indivíduos' é o objetivo de uma política da cultura que objetive diminuir a discrepância entre cultura objetiva e cultura subjetiva. Mesmo em Goethe é possível detectar as marcas da tensão que o dualismo de Simmel aponta de modo acabado".

o que Simmel entende como "valor", num sentido bem específico, assim explicitado por ele:

> O valor, aqui, não precisa, de modo algum, ser positivo, no sentido do bem: mais do que isso, o simples fato formal de que o sujeito pôs algo, a partir de que sua vida se corporificou, torna-se algo percebido como significativo, porque exatamente apenas a independência do objeto conformado pelo espírito pode dissolver a tensão fundamental entre processo e conteúdo da consciência. (Simmel, 1996, p. 32)

E é exatamente a partir dessa noção de valor que Simmel (1996, p. 33) explicita um aspecto da dimensão estética que perpassa toda a sua produção, a saber, a relação dos construtos estéticos com o conceito de cultura apresentado acima: "Ao lado de toda fruição subjetiva, com a qual, por exemplo, a obra de arte, por assim dizer, entra em nós, sabemos como um valor de tipo particular, que ela antes de tudo existe, que o espírito criou para si esse invólucro".[3]

Chama a atenção o fato de que faz parte do que Simmel entende como "tragédia da cultura" a possibilidade de que, com a crescente complexificação da sociedade europeia moderna, apareça um tipo de "cultivo" desconectado da formação (*Bildung*) supramencionada (v. nota 6), que se manifeste enquanto exterioridade das atividades culturais e que tome o lugar da síntese produtora da cultura autêntica. Segundo ele,

> Mas, por outro lado, surgem fenômenos que parecem ser *apenas* valores culturais, certas formalidades e refinamentos da vida, tal como aparecem nomeadamente em épocas tardias e tornadas exaustas. [...] Há, então, por um lado, uma ênfase na cultura tão apaixonadamente centralizada, que o teor real de seus fatores objetivos é excessivo e muito desviante, pois ele *enquanto tal* certamente não entra e nem pode entrar na sua função de cultura; e, por outro lado, uma tal fraqueza e vacuidade da cultura, que ela não se encontra de modo algum apta a introduzir em si os fatores objetivos de acordo com seu teor real. (Simmel, 1996, p. 37)

---

3. Para tornar ainda mais clara essa concepção de obra de arte, Simmel a compara – de um modo que lembra passagens das *Preleções sobre a Estética*, de Hegel (1989, p. 13 *et seq.*; p. 27; p. 49 *et seq.*) – com elementos da natureza que possuam apelo estético: "A aurora natural e a pintura existem ambas como realidade, mas aquela encontra o seu valor apenas na continuação de sua vida nos sujeitos psíquicos, mas essa, que já bebeu dessa vida e se formou como objeto, permanece em nosso sentimento de valor como algo definitivo e não carente daquela subjetivação" (Simmel, 1996, p. 35).

A situação descrita aponta para o diagnóstico da crise da cultura que se anuncia já no título do ensaio, o qual se refere ao fato de que, segundo Simmel, uma civilização pode se tornar mais eficiente e os seus membros mais "expertos" ou mais habilidosos, sem que se desenvolvam propriamente, sem que se tornem cultos no sentido supramencionado, enquanto contraposto à mera aquisição de "cultivo" exteriorizado. Esse diagnóstico é explicitado totalmente, de um modo que aponta para uma espécie de "metafísica da produção cultural", nos termos da qual Simmel sugere que a contraposição sujeito-objeto fica como que impedida de gerar uma síntese, na medida em que cada um desses termos tem um desenvolvimento que, por assim dizer, passa ao largo do desenvolvimento de sua contraparte:

> Então, porém, surge no seio desse arcabouço da cultura uma fissura que certamente já está posta no seu fundamento e que, a partir da síntese subjeto-objeto, do significado metafísico de seu conceito, pode se tornar um paradoxo e até mesmo uma tragédia. O dualismo de sujeito e objeto, o qual pressupõe a sua síntese, não é, por assim dizer, substancial, atingindo o ser de ambos. Mas a lógica interna, segundo a qual cada um deles se desdobra, nunca coincide de modo óbvio. (Simmel, 1996, p. 44)

Dito de modo mais direto, Simmel sugere que a vivência da modernidade é tal que a síntese gerada pelos desdobramentos específicos de sujeito e objeto, a qual deverá ter estado presente no nascedouro da cultura no sentido autêntico, tende fortemente a não se consumar. Isso porque, nesse contexto, tanto o aspecto subjetivo quanto o objetivo são alvo de evidente alienação. De modo particular no seu polo objetivo, a situação de reificação oriunda dos processos de produção modernos se constitui num fato inegável da "tragédia" relatada:

> [...] o objeto pode, no modo em que a princípio ele era insinuado, sair de seu significado mediador e com isso romper as pontes, sobre as quais se estendia o seu caminho de cultivo. Esse isolamento e alienação o atinge de imediato, diante dos sujeitos criativos, em virtude da divisão do trabalho. (Simmel, 1996, p. 47)

O trecho acima sugere que a divisão do trabalho encerra em si mesma a possibilidade de alienação, mas Simmel tem algo mais em vista ao se pronunciar dessa forma. Assim como ele foi um crítico pioneiro de vários fenômenos dos primórdios da contemporaneidade europeia (Waizbort,

2000, p. 48), tais como a metrópole, a moda, o sistema financeiro, o filósofo foi um dos primeiros a antever a imprensa[4] como protótipo da alienação moderna, antecipando, por exemplo, a crítica de Adorno e Horkheimer (1981, p. 141 *et seq.*) ao que definiram como "indústria cultural". De modo semelhante, Simmel fala de uma proliferação incontrolada de produtos culturais, desconectados de um possível desejo criador dos seus produtores, os quais são por ele – não menos pioneiramente – relacionados ao conceito marxiano de fetichismo da mercadoria:

> Essa característica peculiar dos conteúdos culturais – que até agora vale para os individuais e igualmente isolados – é o fundamento metafísico para a independência deletéria, com a qual o reino dos produtos culturais cresce e cresce, como se uma necessidade interna lógica impulsionasse um membro após outro, frequentemente quase sem conexão com a vontade e a personalidade dos produtores e como que inatingidos pela questão de quantos sujeitos em geral e em que medida de profundidade e perfeição aquele é acolhido e conduzido ao seu significado cultural. O "caráter de fetiche", que Marx atribui aos objetos econômicos na época da produção mercantil, é apenas um caso particularmente modificado desse destino universal de nossos conteúdos culturais. (Simmel, 1996, p. 50)[5]

---

4. "Entre esses fenômenos pode, por exemplo, estar o jornal, cuja unidade, pelo menos externa, em aspecto e significado, por um lado, de fato remete a uma personalidade líder, mas, ao contrário, surge em grande medida de contribuições mutuamente casuais de tipos os mais diversos e de personalidade totalmente estranhas entre si" (Simmel, 1996, p. 48).
5. É interessante observar que, também no tocante à aproximação do conceito marxiano de fetichismo da mercadoria ao universo da produção e do consumo da cultura nas sociedades modernas, Simmel antecipou um elemento importante da crítica cultural de Adorno. No seu texto "O fetichismo na música e a regressão da audição", por exemplo, consta: "Tão densa é a aparência da imediatidade quanto é implacável a coerção do valor de troca. A aquiescência da sociedade harmoniza a contradição. A aparência de imediatidade apodera-se do mediato, do próprio valor de troca (...) Nesse quid pro quod constitui-se o específico caráter de fetiche da música: os efeitos que acompanham o valor de troca fundam a aparência do imediato e a ausência de relação com o objeto desmentem-na simultaneamente" (Adorno *in* Göttingen, Vandenhoeck & Ruprecht, 1982, p. 20). Também, posteriormente, na supramencionada *Dialética do esclarecimento* (Adorno & Horkheimer, 1981. p. 181 *et seq.*; cf. tb. Duarte, 2007, p. 65 *et seq.*), há referência à especificidade do fetichismo quando ele se aplica à mercadoria cultural: "O que se poderia chamar de valor de uso na recepção dos bens culturais é substituído pelo valor de troca; ao invés do prazer, o que se busca é assistir e estar informado, o que se quer é conquistar prestígio e não se tornar um conhecedor. (...) O valor de uso, seu ser, é considerado como um fetiche, e o fetiche, a avaliação social que é erroneamente entendida como hierarquia das obras de arte – torna-se seu único valor de uso, a única qualidade da qual elas desfrutam".

A situação mencionada acima se consolidava exatamente no momento em que Simmel se encontrava no auge de sua atividade criativa, de modo que a aludida "tragédia da cultura" se lhe afigurou com toda clareza enquanto profunda alienação, na qual estavam imersas populações inteiras dos países mais industrializados da Europa. Tal alienação foi assim enunciada por Simmel numa de suas formulações mais lapidares: "O ser humano torna-se agora o mero portador da coerção, com a qual essa lógica domina os desenvolvimentos e a impulsiona adiante como na *tangente* da trilha em que ela novamente retornaria ao desenvolvimento cultural das pessoas vivas (...). Essa é a tragédia da cultura propriamente dita" (Simmel, 1996, p. 52).[6]

Leopoldo Waizbort caracterizou a tragédia da cultura, nos termos colocados por Simmel, como impossibilidade de ressubjetivação do que se configuraria como polo objetivo da síntese definidora da supramencionada "formação" (*Bildung*):

> Tal possibilidade de re-subjetivação, que nada mais é do que a síntese almejada de sujeito e objeto, define o destino dos objetos. Se re-subjetivados, reincorporados pelos sujeitos naquela "corrente", eles permanecem um meio dos sujeitos enriquecerem sua subjetividade e se "cultivarem" (e então a cultura não seria "trágica"); mas o que ocorre é o caso oposto: os objetos fixam-se em seu isolamento e autonomia, impedindo aquela re-subjetivação. Assim predomina, na época da cultura trágica – Simmel adjetiva a cultura precisamente como trágica porque as forças que a minam provêm de seu próprio âmago [...] –, aquela "forma intermediária da objetividade" em que os objetos seguem suas lógicas próprias (sua "Eigengesetzlichkeit") independentes do processo que os criou (eles são espírito objetivado) e independentes do fim que lhes era atribuído (eles eram meios dos sujeitos). (Waizbort, 2000, p. 128)

Se esse empobrecimento da cultura, ocorrendo na sociedade que lhe deu origem (no caso, a europeia), pode, como se viu, ser considerado um grave problema – uma tragédia – quando a síntese que lhe conferiria au-

---

6. Essa "exterioridade da cultura" na Modernidade levou Simmel à cunhagem do dito inspirado pelos primeiros franciscanos (na verdade, como sua inversão), os quais, no seu objetivo de independência absoluta de todas as coisas terrenas, adotaram a insígnia: *nihil habentes, omnia possidentes* (nada ter, tudo possuir). Em vista do fato de que as pessoas dispõem da mencionada massa de produtos culturais sem que isso signifique uma vivência cultural autônoma, Simmel sugere que o lema seria agora *omnia habentes, nihil possidentes* (Simmel, 1996, p. 54), i.e., tudo ter e nada possuir. Sobre essa passagem em Simmel, ver Waizbort (2000, p. 129).

tenticidade é substituída por mero cultivo e impostação, essa situação beira o insustentável quando a cultura erigida em "oficial" numa determinada sociedade sequer é oriunda dela própria. Isso configura o que chamo, aqui, de "tragédia da cultura ao quadrado", tendo em vista um tipo de alienação cultural que parece ser muito típica da sociedade brasileira.

Apoiando-me nas reflexões de Vilém Flusser sobre o Brasil – sob o pressuposto da concepção simmeliana –, pretendo mostrar que a designação "tragédia da cultura ao quadrado" se aplica bem aqui, pois tal modalidade de alienação ocorre no universo social de um país colonizado por europeus não apenas no sentido político e econômico, mas também cultural, ainda que, se fosse o caso de se falar de uma cultura brasileira autêntica, não se poderia excluir, de modo algum, os legados negro e indígena. Apesar disso, a visão de cultura que impera no Brasil é a de origem europeia, tradicionalmente corroborada não apenas pelos extratos econômica e politicamente dominantes, mas também pelas elites cultural e acadêmica.

Embora Vilém Flusser não use o termo "tragédia da cultura ao quadrado", ele designou a situação de colonização cultural dos intelectuais brasileiros na *Fenomenologia do brasileiro* como trágica, na medida em que a maioria deles tende a virar as costas ao potencial de uma criatividade calcada nas heranças autóctones e africanas – certamente em frutífero diálogo com o legado europeu – para simplesmente "correr atrás" de modas culturais do velho mundo. Na referida obra, ao discorrer sobre as impressões que lhe causaram os primeiros contatos com o universo social brasileiro, Flusser chama a atenção para o agrupamento oriundo de certa "aristocracia" rural decadente, que, segundo ele, teria dado origem aos intelectuais e produtores de cultura, no sentido europeu do termo:

> Ainda que se trate de grupo pequeno com influência decrescente, é importantíssimo para a compreensão do país, já que: (a) representava até há bem pouco tempo a sociedade toda, (b) criou ou possibilitou praticamente toda a cultura passada, e (c) deteve o poder político, do qual se separa atualmente com dificuldade. É um grupo trágico, porque imigrante no próprio país; ao contrário do imigrante europeu, não admite sua própria situação para si mesmo. Toma-se, a despeito de provas óbvias, pelo contrário, como elite decisiva, e luta por um Brasil que existe apenas na sua memória e nas obras culturais por ele criadas. (Flusser, 1998, p. 44)

Certamente, a validade do diagnóstico de Flusser, no que tange à origem social dos intelectuais brasileiros, é limitada, circunscrevendo-se não apenas à época a que se refere sua análise (meados do século XX), mas também ao sudeste brasileiro – especialmente à cidade de São Paulo, onde o filósofo residiu por mais de trinta anos. Ainda assim ele captou um traço essencial desse grupo, que é uma espécie de identificação *a priori* com a cultura europeia, vista como uma espécie de "redenção" para as limitações que lhe impõem a vida e o trabalho na periferia do capitalismo mundial. A falta de identificação com a cultura de setores populares, especialmente a de origem africana – qualificada por Flusser (1998, p. 136 *et seq.*) como "profunda cultura" – leva à perda de elementos lúdicos que, segundo o filósofo, poderiam engendrar uma verdadeira revolução cultural e social.[7] Além da aludida "aristocracia" decadente, Flusser menciona outro grupo que tendencialmente também abriga setores intelectualizados da sociedade brasileira – a burguesia –, a qual, segundo ele, realiza exemplarmente o supramencionado distanciamento de uma cultura mais autêntica, na medida em que ostenta uma seriedade postiça:

> Mas como todo burguês, também o brasileiro é sério (no sentido pejorativo do termo) e tende a sê-lo mais, de modo que a abertura lúdica é mais característica do proletariado. A alienação mais importante, no entanto, e a mais promissora para o futuro, é a tendência da burguesia para a fuga na direção da "cultura". Obviamente é mimética e importada (como aliás tudo na burguesia ideologizada), e assume a forma clássica das filhas da boa sociedade que estudam matérias nobres (inúteis), e assim aumentam o número dos estudantes universitários, lotando as faculdade humanísticas e semelhantes. (Flusser, 1998, p. 109)

Em que pese a caricatura desenhada por Flusser, da cultura no sentido europeu exercida pelas "filhas da boa sociedade", aquilo para o que ele aponta acertadamente é que a apropriação dessa cultura em toda sua complexidade e sofisticação por brasileiras e brasileiros poderia engendrar uma síntese cultural autêntica, no sentido da que vimos Simmel caracterizar na parte inicial desta exposição, com o diferencial em relação ao similar europeu de

---

7. Sobre a importância do conceito de jogo para a avaliação que Flusser faz das perspectivas promissoras ligadas à incorporação completa dos fenômenos genuinamente populares na cultura brasileira, ver Duarte (2015).

incorporar espontaneamente elementos absolutamente ausentes na cultura do Velho Mundo, como os africanos e ameríndios.

Na *Fenomenologia do brasileiro*, Flusser (1998, p. 109) dá dezenas de exemplos de indícios da possibilidade dessa síntese, os quais infelizmente não posso discutir aqui por falta de espaço.[8] Para ele, a complexidade desses fenômenos é tal, que sua justa avaliação seria tarefa para uma configuração de filosofia muito diferente da que temos (ainda hoje) majoritariamente no Brasil – uma filosofia que, em vez de se dedicar quase exclusivamente à exegese de textos canônicos (em mais um exemplo da "tragédia da cultura ao quadrado"), deveria se voltar para a compreensão dessa cultura singular em toda sua peculiaridade e perspectiva libertadora. Sobre esse estado de coisas, declara Flusser (1998, p. 149):

> Mas a despeito disso há fenômenos que provam que também no campo plástico o novo homem começa a articular-se. Tais fenômenos são de tão difícil análise, e exigem tamanha dedicação, que seria leviandade ainda maior no caso dos dois exemplos precedentes [da arte brasileira/rd] querer tratar deles. Uma das mais lamentáveis falhas da filosofia brasileira é a de não se dedicar a estes fenômenos com disciplina (embora existam exposições como a Bienal de São Paulo, Simpósios e Escolas de Arte que parecem provocar a filosofia).

---

8. Sobre as sínteses culturais brasileiras do século XX, há um (longo) trecho que vale a pena citar: "Na Politécnica de São Paulo um professor judeu com alunos japoneses está elaborando projeto de física nuclear a ser realizado com métodos americanos por operários mulatos. Um arquiteto de origem alemã e outro de origem brasileira, junto com paisagista de origem judia, sob orientação de um presidente de origem tcheca, procuram uma nova capital de acordo com dois planos a serem sintetizados e que está sendo realizada por operários de origem cabocla. Um pintor de origem italiana tornou-se portador da mensagem cabocla graças à técnica francesa; um pintor de origem judia sintetizou concretismo geométrico com abstracionismo, recorrendo a cores brasileiras; um pintor de origem japonesa usou técnica zen para um abstracionismo americano com cores igualmente brasileiras. Um poeta de origem árabe usou idiomatismos portugueses empregados por operários italianos para alcançar composições pseudocorânicas em concretismo americano; um poeta de origem grega conseguiu o mesmo concretismo graças a rítmica grega e métrica alemã em língua portuguesa; um poeta de origem brasileira em colaboração com um filólogo de origem judia traduziu Maiakovski para torná-lo modelo de poesia brasileira. (...) Um escritor de origem brasileira recorreu à língua do interior para enriquecê-la com elementos europeus e pô-la na boca de um caboclo que leu Plotino, conhece Heidegger e Camus e tem visão kafkiana do mundo. Um compositor de origem brasileira tomou estruturas bachianas, harmonias schoenbergianas, melodias portuguesas e ritmos africanos, e tal composição foi apresentada por regente de origem belga, cantora mulata e coro japonês perante um público entusiasmado de origem italiana" (Flusser, 1998, p. 89).

Em vez de dedicar-se a estéticas de Hegel (ou Bense), e analisar textos academicamente, urge analisar tais obras.

Nesse sentido, e me encaminhando para a conclusão, seria interessante enfatizar que a expressão de Flusser para designar a atitude da burguesia brasileira de "fuga na direção da 'cultura'" aponta, segundo ele, para uma possível superação não apenas da alienação cultural brasileira, que denominei, tomando emprestado o termo de Simmel, "tragédia da cultura ao quadrado", mas como um modelo que poderia servir ao mundo todo. No seu jeito – por vezes excêntrico – de ver as coisas, para Flusser, é possível que, no Brasil, a cultura seja a verdadeira infraestrutura, e não a economia, como na proposição clássica de Marx. Segundo ele,

> Depõe a favor de tal tese não apenas o fato de que a originalidade e a criatividade brasileiras se articulem muito mais na cultura do que na economia, e que a cultura absorve e engaja os melhores brasileiros, em detrimento da política, por exemplo, mas principalmente o seguinte: a única verdadeira revolução brasileira, a "Semana de 22", se deu na cultura. (Flusser, 1998, p. 111)

Independentemente do exagero dessa afirmação de Flusser (1998, p. 58) – que o próprio admite ser parte de seu método –, ela ainda pode nos dar o que pensar e é oportuno constatar que, também para o inspirador do conceito de cultura aqui trabalhado, Georg Simmel, a arte, enquanto manifestação cultural autêntica, tem a peculiaridade de se subtrair à alienação, inclusive àquela oriunda da base econômica da sociedade: "Por isso a obra de arte é um valor tão inestimável, porque ela é inacessível a toda a divisão do trabalho, i.e., porque aqui (...) a criação preserva o mais intimamente possível o criador" (Simmel, 1996, p. 56).

Certamente, apesar do caráter totalmente preliminar dessas anotações, já há aqui muita matéria para uma discussão que pode se iniciar agora, mas que tanto exige maiores elaborações de minha proposta quanto promete aprofundamentos futuros.

# Referências bibliográficas

ADORNO, Th. W. "Der Fetichismus in der Musik und die Regression des Hörens". In: *Dissonanzen. Musik in der verwalteten Welt.* Göttingen: Vandenhoeck & Ruprecht, 1969.

_____. & HORKHEIMER, M. "Kulturindustrie. Aufklärung als Massenbetrug". In: *Dialektik der Aufklärung.* Frankfurt am Main: Suhrkamp, 1981.

DUARTE, R. *Teoria crítica da indústria cultural.* 2ª edição. Belo Horizonte: Editora UFMG, 2007.

_____. "Fußball und Kunst. Zwei Aspekte des Flusserschen Spiels". In: *Play it again, Vilém!: Medien und Spiel im Anschluß an Vilém Flusser.* Marburg: Tectum Verlag, 2015

FLUSSER, V. *Fenomenologia do brasileiro. Em busca de um Novo Homem.* Rio de Janeiro: Eduerj, 1998.

HEGEL. G.W. F. *Vorlesungen über die Ästhetik I.* Frankfurt am Main: Suhrkamp, 1989.

SIMMEL, G. "Der Begriff und die Tragödie der Kultur". In: KONERSMANN, Ralf (org.). *Kulturphilosophie.* Leipzig: Reclam, 1996.

WAIZBORT, L. *As aventuras de Georg Simmel.* São Paulo: 34 Letras, 2000.

# HAMLET E O ESPELHO

Pedro Süssekind[1]

## A peça-dentro-da-peça

No terceiro ato de *Hamlet*, uma trupe de atores encena, diante da corte, no castelo de Elsinore, uma peça chamada *A ratoeira*, versão de *A Morte de Gonzago*, alterada pelo próprio príncipe dinamarquês, que se revela um *expert* no campo do teatro. Antes da entrada em cena dos atores, o protagonista da tragédia de Shakespeare lhes faz, como bom diretor, uma série de recomendações sobre a maneira de representar. Sua preocupação é evitar o exagero nos gestos e na elocução, por isso ele exige discernimento, a fim de alcançar o equilíbrio entre as palavras e a ação. Do mesmo modo, ele recomenda o cuidado de "não ultrapassarem a retidão da natureza", e acrescenta uma observação mais geral sobre o teatro, que se tornou célebre entre os comentadores e estudiosos de Shakespeare: "Pois qualquer exagero dessa monta perverte o intuito da representação, cujo fim (...) foi e é exibir um espelho à natureza" (Shakespeare, 2015, p. 116). A observação, que, nesse contexto, diz respeito especialmente à forma de atuar, pode ser lida como uma espécie de posicionamento teórico de Hamlet a respeito da finalidade da arte teatral. O príncipe ainda esclarece essa imagem de um espelho diante da natureza acrescentando que se trata de "mostrar à virtude suas feições, ao escárnio à própria imagem e ao século e ao essencial do tempo sua forma".

De fato, o uso que Hamlet faz da representação teatral, dentro da tragédia, comprova sua teoria. A peça-dentro-da-peça tem uma função decisiva, uma vez que, só por meio da encenação planejada pelo protagonista, ele

---

1. Professor Associado da Universidade Federal Fluminense. O presente trabalho foi realizado com apoio do Programa Nacional de Cooperação Acadêmica da Coordenação de Aperfeiçoamento de Pessoal de Nível Superior - Capes/Brasil.

finalmente confirma o relato que, no primeiro ato, ouviu do espectro de seu pai. Quando os atores representam o assassinato do rei Gonzago por seu sobrinho Luciano, que sorrateiramente aproveita o momento em que a vítima está dormindo para derramar veneno em seu ouvido, o teatro funciona como um espelho: o espectro do rei relata exatamente que Cláudio, seu irmão, insinuando-se no pomar onde ele dormia, derramou em seu ouvido o "lúgubre suco de ébano" (Shakespeare, 2015, p. 78).

Portanto, a peça *A ratoeira*, por meio de uma ficção que espelha a realidade presumida – o plano real na ação dramática da tragédia *Hamlet* –, faz o criminoso se identificar como criminoso ao demonstrar a emoção causada por seu reflexo cênico. Para reforçar essa ideia de espelhamento, antes da peça Hamlet promete a seu amigo Horácio, que, durante a encenação, vai cravar os olhos no rosto do rei Cláudio (Shakespeare, 2015, p. 119), ou seja, é como se a expressão do espectador criminoso diante do crime cometido fosse um reflexo daquilo que a cena mostra.

### Hamlet teórico da mímesis

Em função dessa concepção do teatro como espelho da natureza, o filósofo Arthur Danto considera Hamlet, em seu artigo "O mundo da arte", de 1964, como um teórico da mímesis equiparável ao Sócrates de Platão. O início do artigo contrapõe duas teorias da mímesis que recorrem à ideia de um espelho anteposto à natureza, a de Hamlet e a de Sócrates. Evidentemente, há, nessa equiparação, uma ironia em relação ao estatuto dos dois teóricos: o personagem da tragédia de Shakespeare e o filósofo grego (este é também um personagem na *República* de Platão, obra na qual sua conhecida consideração da arte mimética aparece). O importante, contudo, na comparação proposta por Danto, é que a ideia da arte como espelho é condenada por Sócrates e elogiada por Hamlet. Trata-se, então, de duas teorias distintas acerca da representação. Na primeira, o espelho reflete o que já podemos ver, e a arte, consequentemente, "na medida em que é como o espelho, fornece duplicações pouco acuradas das aparências das coisas e não presta qualquer benefício cognitivo" (Danto, 2006, p. 15). Toda a argumentação de Sócrates contra a arte mimética no livro X da *República* se baseia nisso. Já na segunda teoria, de acordo com Danto (2006, p. 15), Hamlet reconhece uma:

[...] notável característica das superfícies refletoras, a saber, que elas nos mostram o que, de outro modo, não poderíamos perceber – nossa própria face e forma – e, do mesmo modo, a arte, na medida em que ela é como um espelho, nos revela a nós mesmos e é, inclusive sob os critérios socráticos, de alguma utilidade cognitiva no final das contas.

"O mundo da arte" é, na verdade, um artigo sobre o contexto histórico em que ele foi escrito, portanto, sobre a arte contemporânea e sobre os desafios que ela impunha, na década de 1960, ao produzir obras que não eram imagens miméticas e, mais ainda, que podiam ser exatamente iguais a coisas banais, indiscerníveis delas, e, no entanto, reconhecidas como arte. O grande exemplo que, usado no artigo, depois continua a aparecer em quase todos os textos de seu autor é o das caixas de Brillo de Andy Warhol, paradigma da tese dos indiscerníveis. O exemplo é bastante conhecido e não vou parar para expor aqui a tese, mas Danto considera que a teoria mimética tradicional, atribuída, em sua origem ao Sócrates de Platão, não serve para explicar a criação artística moderna e contemporânea, desde que as obras de arte abandonaram o modelo de representação mimética das imagens de coisas reais. O problema dos indiscerníveis levaria ao limite essa questão da relação entre as obras e as coisas.

No entanto, a versão hamletiana da teoria mimética, na qual o espelho reproduz não aquilo que vemos, mas a nós mesmos, parece continuar válida para Danto. No final do seu artigo, ele diz: "para retornar às visões de Hamlet com as quais começamos a discussão, as caixas de Brillo podem nos revelar a nós mesmos tão bem quanto nenhuma outra coisa: como um espelho dirigido à natureza, elas podem servir para capturar a consciência de nossos reis" (Danto, 2006, p. 25).

## Hamlet somos nós

Ora, o jogo de espelhos continua, pois, ao considerar Hamlet como filósofo da arte, talvez Danto esteja vendo, no personagem de Shakespeare, sua própria imagem. Como dizia o poeta T. S. Elliot (1927, p. 16), criticando a tendência dos filósofos de atribuir a Shakespeare uma filosofia: "As pessoas que pensavam que Shakespeare pensava são sempre pessoas que não se dedicam a escrever poesia, mas que se dedicam a pensar, e todos gostamos de pensar que grandes homens eram como nós".

Por sinal, é recorrente entre os comentadores de Shakespeare essa noção de que Hamlet espelha o pensamento de seus intérpretes. O crítico romântico William Hazlitt (2008, p. 150) já dizia, em 1817: "Hamlet somos nós". Harold Bloom (2008, p. 499) menciona essa frase e concorda com ela em seu livro *A invenção do humano*, de 1999, declarando que Hamlet, como Shakespeare, é "um espelho d'água onde contemplamos o nosso próprio reflexo". Em uma obra de 2007, *Shakespeare the thinker*, Anthony Nuttall (2007, p. 201) afirma: "*Hamlet* é o equivalente literário de um teste de Rorschach – ele é moldado expressamente para o máximo de ambiguidade, de modo que quando os observadores pensam que estão interpretando, na verdade eles estão apenas revelando a sua própria natureza".

Nuttall recorre a uma passagem da peça para comentar essa ambiguidade característica da tragédia de Shakespeare: um diálogo entre Hamlet e Polônio, no final da cena 2 do Ato III, justamente a longa cena da peça-dentro-da-peça. Trata-se de um diálogo estranho, quase um pequeno esquete cômico. Antes de todos se retirarem e deixarem o protagonista sozinho, Polônio aparece para avisar que a Rainha, mãe de Hamlet, deseja falar com ele. Ao vê-lo, o príncipe pergunta: "Está vendo aquela nuvem lá com uma forma quase de camelo?"

> Polônio: Pela santa missa, com efeito: se parece deveras com um camelo.
> Hamlet: Não seria mais parecida com uma doninha?
> P: Sim, o dorso de uma doninha.
> H: Ou com uma baleia?
> P: Parecidíssima com uma baleia.
> H: Bem, já, já estou indo lá com minha mãe.
> (Shakespeare, 2015, p. 128-129)

Depois de citar esse diálogo, Nuttall (2007, p. 201) conclui: "Assim Polônio é feito de bobo, da mesma maneira que a peça *Hamlet* faz de bobo todo crítico que tenta dar a ela uma interpretação".

### Hamlet teatrólogo

Pois bem, isso para reforçar a ideia de que talvez Danto esteja se projetando no personagem, ao considerá-lo um filósofo. Contudo, não resta dúvida de que Hamlet se revela um teórico do teatro, capaz não só de recordar cenas de memória, mas também de adaptá-las, assim como de dirigir os atores e de fazer considerações sobre as práticas teatrais.

No ato II, na cena de seu primeiro encontro com os atores, o príncipe promete que vai escrever doze ou dezesseis linhas, que deverão ser acrescentadas a *O assassinato de Gonzago*. Quando a encenação finalmente ocorre, no ato seguinte, Shakespeare não explicita quais são os versos escritos por ele. Em todo caso, podemos notar que o protagonista shakespeariano é um autor com um estilo bastante diferente do de seu criador. Considero que, quando se avalia o estilo da peça-dentro-da-peça, tal como reescrita por Hamlet, Shakespeare parece remeter a um novo jogo de espelhos, pois, como se sabe, há notícias de uma peça perdida, em geral atribuída a Thomas Kyd, peça que já tinha como protagonista o príncipe dinamarquês e que foi encenada em Londres nos anos 1580. Essa tragédia foi um fracasso, em contraste com a *Tragédia espanhola*, do mesmo Thomas Kyd, que se consagrou como a primeira obra do gênero "tragédia de vingança" a fazer sucesso no teatro elisabetano. E esse gênero, ao qual tanto as versões de *Hamlet* quanto a *Tragédia espanhola* pertencem, tem como modelo as peças do dramaturgo romano clássico Sêneca, como *Agamemnon* ou *Tiestes*.

É possível conjecturar então que, quando escreveu a peça-dentro-da-peça ao estilo antiquado das tragédias de vingança conhecidas de seu público, Shakespeare, de algum modo, fez repercutir na tragédia *Hamlet* as imagens espelhadas dos seus modelos, e, talvez em especial, a daquela outra versão de *Hamlet* que poderia estar na memória dos espectadores da época.

## Espelhamentos

A ideia de usar uma peça para confirmar o crime ocorre a Hamlet justamente após sua primeira conversa com os atores, na cena que revela o entusiasmo do príncipe pelas práticas teatrais. Animado por encontrar a trupe de teatro, ele recorda uma cena de vingança do sanguinário Pirro, um personagem da *Eneida* de Virgílio. Hamlet conta: "Eu gostava sobretudo de uma de suas falas – a história que Eneias conta para Dido – especialmente quando fala da trucidação de Príamo. Se você lembra – comece nessa linha aqui – vamos ver, vamos ver..." (Shakespeare, 2015, p. 102). Ele mesmo recita o início da fala sobre "Pirro, o herói bravio dos membros cor de breu, / Negros como seus fins, lembrando a noite lúgubre...". Depois, ele passa a ouvir, admirado, a continuação altamente arrebatada de um dos membros da trupe: "Em luta desigual, / Investe contra Príamo no clangor do ataque / E co'uma leve brisa da espada cruel / O velho cai no solo e Ílion, exaurida, / Sentindo o golpe atroz, o fogo já nas torres, / Despenca num estrondo..." (Shakespeare, 2015, p. 103).

A lembrança não é à toa. Pirro é um vingador clássico, um homem de ação que comete o assassinato exigido dele. Em um estudo sobre a relação de Shakespeare com a tragédia romana, o crítico Robert Miola observa: "Pirro é um espelho que reflete tudo o que Hamlet gostaria de ser em seus momentos mais sanguinários" (Miola, 1992, p. 46). Destaco a ideia do espelho mais uma vez, aqui com outro sentido. Não se trata mais do quanto a peça *Hamlet*, ao ser interpretada, espelha o pensamento de seus intérpretes, mas de como o personagem Hamlet se identifica com outro personagem, que pode simbolizar o papel exigido dele, o do vingador em certo tipo de drama.

No entanto, o protagonista da tragédia de Shakespeare não se identifica apenas com um ideal, não constrói sua identidade a partir de um único espelhamento. Prova disso é maneira como, em outro momento da peça, Hamlet confessa invejar e admirar seu amigo Horácio justamente por seu estoicismo, por sua serenidade, quase uma antítese da impetuosidade de Pirro. O príncipe declara, na segunda cena do Ato III, pouco antes da peça-dentro-da-peça começar:

> Tu és o homem mais ponderado / Com quem convivi em toda a minha vida. [...] pois tens sido um só homem, / Mesmo sofrendo tudo e não sofrendo nada / Um homem que recebe os afagos e os tapas / Da sorte com igual gratidão. Feliz aquele / Que tem o sangue e o juízo muito bem mesclados / Pois assim não é flauta que a mão da fortuna / Dedilha ao bem-prazer. Mostrem-me quem não é / Escravo da paixão, que vou guardá-lo / Fundo no peito, no cerne, bem no centro, / Como faço contigo. (Shakespere, 2015, p. 118)

Esse jogo de espelhos, no qual Hamlet se identifica ora com um, ora com outro ideal senequiano (o vingador e o estoico) revela algo decisivo na construção do protagonista da peça. O solilóquio que encerra a cena do encontro com os atores pode ser considerado uma indicação da caracterização múltipla de Hamlet, um personagem-ator que desempenha diferentes papéis. Aqui, a aspiração do príncipe aos arroubos emocionais do personagem vingativo Pirro se transfere para o ator capaz de expressar tais emoções. Comparando-se a ele, Hamlet se recrimina por sua incapacidade de agir e, portanto, de fazer o papel do vingador exigido dele pelo pai:

> Ah, que patife eu sou, que escravo desprezível! / Não é monstruoso que esse ator aí consiga, / Numa simples ficção, num sonho de paixão, / Estampar na sua alma a sentir o que ele quer [...] A ponto de fazer seu rosto embranquecer, / Derramando lágrimas, todo atormentado, / A voz trêmula, tudo em total conjunção! [...] E tudo por nada! / (Shakespeare, 2015, p. 105)

Comparativamente, Hamlet se recrimina em seguida por sua falta de habilidade, pela covardia de, *apesar* de ter ele sim um motivo, não poder demonstrar suas emoções: "Mas eu, / Patife frouxo e moleirão, vou definhando / Feito um zé-sonhador, apático à minha causa, / E não sei dizer nada (...) / Será que sou um covarde?".

Justamente essa identificação ou esse espelhamento – a aspiração a ser como um ator – é que mobiliza o estratagema da peça-dentro-da-peça, pois ele conte ter ouvido dizer que diante de encenações de seus crimes, indivíduos culpados ficaram, "tão perturbados no âmago do peito, que declararam ali, no ato, suas perfídias" (Shakespeare, 2015, p. 106-107). É como se a ideia ocorresse a ele a partir do encadeamento de identificações com o personagem vingador e, depois, com o ator arrebatado. Desse modo, Hamlet finalmente chega, por meio daquele espelhamento com o personagem, com o ator e com a força da representação, ao plano que ele anuncia para os espectadores: "Farei com que a trupe, / Na frente do meu tio, simule em pleno palco / A morte do meu pai. / (...) A peça usarei / Pra rápido enrascar a consciência do rei" (Shakespeare, 2015, p. 107).

No início da tragédia de Shakespeare, o personagem, que depois se revela um intelectual, um homem reflexivo, amante do teatro, se espelha na figura marcial de seu pai, cujo espectro vestido de armadura exige a ação de um guerreiro. O caminho para realizar a tarefa imposta pelo fantasma, para exercer o papel que lhe cabe, é especialmente tortuoso. De certa maneira, a encenação da peça para desmascarar o tio assassino constitui a *ação* do príncipe, antes incapaz de agir, ou seja, a construção de sua atuação como vingador por meio do teatro.

Minha hipótese, portanto, é a de que a identidade de Hamlet se constrói em múltiplos papéis dentro de um mesmo papel, associados às diversas identificações, portanto aos diversos espelhamentos que impõem a ele certas intenções, ou aspirações, ou maneiras de agir. Nesse jogo de espelhos, a identidade do protagonista se mostra indefinida, ambígua, oscilando entre os desafios de sua situação. O pai, Fortimbrás, Laertes, o ator que derrama lágrimas por Hécuba, o sanguinário vingador Pirro, o vilão Cláudio: todos são reflexos para Hamlet. Em comparação com as figuras fixas e bem definidas de personagens como Horácio, representante do estoicismo antigo, ou Cláudio, vilão pragmático, o príncipe da Dinamarca é um cético que assume diferentes identidades diante de um tempo fora de eixo.

Referências bibliográficas

BLOOM, H. *Shakespeare: a invenção do humano*. Trad. José Roberto O' Shea. Rio de Janeiro: Objetiva, 2001.
DANTO, A. "O mundo da arte". Trad. Rodrigo Duarte. *Artefilosofia*. Ouro Preto, n. 1, p. 13-25, jul. 2006.
_____. "Artworld". *The Journal of Philosophy*. New York, n. 19, 1964.
ELLIOT, T.S. *Shakespeare and the Stoicism of Seneca*. London: Oxford University Press, 1927.
HAZLITT. "Hamlet". In: BLOOM (org.). *Bloom's Shakespeare through the Ages. Hamlet*. New York: Infobase Publishing, 2008.
MIOLA, R. *Shakespeare and Classical Tragedy. The influence of Seneca*. Oxford: Claredon Press, 1992.
NUTTALL, A. D. *Shakespeare, the Thinker*. New Haven e Londres: Yale University Press, 2007.
SHAKESPEARE, W. *Hamlet*. Oxford: Oxford University Press, 1987.
_____. *Hamlet*. Trad. Millôr Fernandes. Porto Alegre: LPM, 2005.
_____. *Hamlet*. Trad. Lawrence Flores Ferreira. São Paulo: Penguin e Companhia das Letras, 2015.
_____. *O primeiro Hamlet in-quarto de 1603*. Trad. José Roberto O'Shea. São Paulo: Hedra, 2010.
SHAPIRO, J. *1599: um ano na vida de William Shakespeare*. Trad. Cordélia Magalhães e Marcelo Musa Cavallari. São Paulo: Editora Planeta, 2010.

# TRAGÉDIA E PEÇA DE APRENDIZAGEM:
uma encruzilhada no teatro de Heiner Müller

Luciano Gatti[1]

O teatro de Heiner Müller pode ser entendido como um intenso questionamento da aspiração maior do teatro épico brechtiano a um teatro não trágico. O projeto do teatro épico, ou ainda, de uma dramaturgia não aristotélica, para além da crítica à catarse, desenvolvida por Brecht à luz da empatia entre atores e espectadores, se opõe ao trágico por sustentar que o destino humano não é natural e necessário, nem produto de forças indiscerníveis, mas o resultado de ações e decisões de homens envolvidos no processo social. Como Brecht (1988a, p. 400) indica em seus textos teóricos, "um modo de encenar que apresente a situação social como histórica (transitória), e praticável (transformável pela práxis), (...) deve perturbar decisivamente a disposição trágica". Se os destinos são históricos, eles não são inevitáveis. Ou ainda, numa de suas formulações lapidares, o destino tem nome e endereço.

A posição de Brecht remete à caracterização do conflito trágico na tragédia grega, o qual seria mais tarde retomado, por exemplo, por Peter Szondi em sua interpretação de *Édipo Rei*, de Sófocles. Trágico, lemos no *Ensaio sobre o trágico*, não é simplesmente a derrocada de Édipo, mas o fato de que é justamente o caminho tomado por ele para escapar da própria ruína que o leva a ela. Segundo Szondi (2004, p. 89), é a unidade de salvação e aniquilamento que constitui o traço fundamental de todo trágico. Tão importante quanto a interferência da divindade no destino humano seria o fato de essa intervenção ocorrer por solicitação humana; em *Édipo*,

---

1. Doutor em filosofia pela Unicamp e professor do departamento de filosofia da Unifesp. É autor dos livros *Constelações. Crítica e verdade em Benjamin e Adorno* (Loyola, 2009) e *A peça de aprendizagem. Heiner Müller e o modelo brechtiano* (Edusp/Fapesp, 2015).

por recurso ao oráculo, que faz do saber divino um saber humano e assim dirige a ação dos homens. Brecht acrescentaria (1988a, p. 400), reforçando o momento da identificação – a *empatia* – do público com o destino da personagem: "para que possamos entrar em desespero junto com o herói, devemos compartilhar seu sentimento de ausência de saída: para que possamos ser abalados por meio de seu conhecimento da conformidade de seu destino a leis devemos, do mesmo modo, ver o que se passa com ele como inexoravelmente sujeito a leis".

A partir dos estudos de Marx, ao longo da década de 1920, Brecht toma o partido da liquidação moderna do trágico em virtude do conhecimento das causas – sempre históricas, nunca divinas ou naturais – da ruína e do sofrimento. Com esse conhecimento, o conflito moderno entre a autonomia individual e o processo histórico objetivo não poderia ser caracterizado como trágico, pois ele traz consigo o discernimento dos elementos capazes de colocar os homens como sujeitos da própria libertação. Historicizar a tragédia coincide com sua liquidação. Como se vê, a oposição ao trágico está na raiz da desnaturalização brechtiana e dos diversos procedimentos de encenação responsáveis pelo efeito de estranhamento.

Décadas mais tarde, a partir dos anos de 1960, no Leste Europeu, quando as esperanças de uma sociedade emancipada tinham perdido terreno para o dito "socialismo real", Heiner Müller retorna aos experimentos brechtianos para um acerto de contas com o teatro pedagógico. Crítico severo das parábolas brechtianas escritas a partir da emigração, em 1933, Müller considera as peças de aprendizagem (*Lehrstücke*) o aspecto mais avançado da produção de Brecht e as elege como o terreno mais propício ao confronto com a tradição do teatro dialético. O embate produz uma guinada em sua produção e resulta em trabalhos marcados por uma dialética entre a pretensão ao não trágico e sua subversão por elementos de ordem trágica.

O que chama a atenção de Müller para a peça de aprendizagem é a estrutura clara e argumentativa, que realça a contradição de uma situação social como base para o aprendizado coletivo. O gênero foi desenvolvido por volta de 1929-1930, paralelamente ao trabalho no *Fatzer*, em experimentos voltados para os participantes da encenação. A peça de aprendizagem não era uma forma voltada, a princípio, para o público, mas para o esclarecimento dos próprios atuantes a respeito das situações em que tomavam parte. Com isso, Brecht pretendia transformar a prática artística, vinculando-a a um movimento social de luta de classes, em que o esclarecimento a respeito das condições sociais seria um caminho para a superação dessas mesmas condições. Sua constituição como meio de produção e transmissão de ensinamentos dependia, então, da possibilidade real de superação das condições de dominação vigentes na sociedade capitalista, bem como da possibilidade das instituições artísticas serem colocadas a serviço desse movimento. Na década de 1920, a estreita conexão do teatro e dos conjuntos musicais com um público não comercial, oriundo dos sindicatos e das escolas em algumas cidades alemãs, satisfazia as exigentes condições para o sucesso deste teatro pedagógico. De modo geral, o experimento implicava o aproveitamento das conquistas recentes da ciência e da técnica para a transformação do aparelho artístico. Nesse sentido, a peça de aprendizagem era uma realização técnica bastante sofisticada, que procurava apropriar-se inclusive de novas formas de produção e recepção colocadas em circulação pelo rádio e pelo cinema. Técnicas de montagem desenvolvidas por esses novos meios, por exemplo, transformavam-se em instrumentos de combate ao ilusionismo teatral. O efetivo esclarecimento dos envolvidos na produção poderia ser, então, interpretado como sucesso da reorientação do aparelho num sentido socialmente progressivo, indicando a transformação recíproca da produção e da recepção artísticas.

O confronto entre Müller e Brecht, pelo viés da peça de aprendizagem, pode ser aqui apresentado por meio de uma aproximação entre duas peças: *Mauser* (1970), de Müller e *A Medida* (1930), de Brecht. Müller escreveu *Mauser* como uma variação sobre *A Medida* de Brecht, retomando sua estrutura dramática de encenação de um processo judicial revolucionário. Na peça de Brecht, quatro agitadores, incumbidos de realizar militância política na China, ao retornar da missão apresentam ao partido, representado por um coro, os motivos pelos quais decidiram aplicar a *medida* do assassinato a um jovem companheiro que, segundo eles, por imaturidade política (o compromisso com a revolução fundado na compaixão pelo sofrimento alheio), colocava em risco a existência do coletivo. Com o intuito de decidir se a medida tomada fora correta, realiza-se uma peça dentro da peça: os quatro agitadores encenam perante o coro o processo por meio do qual eles se decidiram pela morte do companheiro. Transformando-se em atores dos próprios papéis e do papel do companheiro assassinado, discutem e analisam o comportamento do grupo e a medida tomada.

O ensinamento propriamente dito constitui-se em dois momentos decisivos. O primeiro deles diz respeito à necessidade do acordo da vítima com a medida que lhe é aplicada.

O primeiro agitador *para o jovem camarada* – Se for capturado eles atirarão em você, e, como vão reconhecê-lo, nosso trabalho será descoberto. Portanto temos que atirar em você e jogá-lo na mina de cal para que a cal o queime. Mas perguntamos: você vê uma saída?
O jovem camarada – Não.
Os três agitadores – Então perguntamos: você está de acordo?
*Pausa.*
O jovem camarada – Sim. (Brecht, 1992, p. 264-265)

E, segundo, a confirmação final, pelo coro, do comportamento correto dos quatro agitadores. Assim, institui-se uma instância coletiva de consciência e juízo, representativa da relação dialética entre indivíduo e coletivo, capaz de distinguir entre certo e errado, entre verdadeiro e falso, diante do imperativo da revolução. Numa estrutura formal – a peça dentro da peça – que supera a distinção essencial entre ator e espectador, criam-se condições para um exercício coletivo em que os participantes têm a oportunidade de investigar os pressupostos de sua integração à coletividade e avaliar a correção da ação realizada. Nas palavras de Brecht (1988b, p. 96), o "objetivo da peça de aprendizagem é mostrar o comportamento político incorreto e, por meio disso, ensinar o comportamento correto". Ressalve-se aqui que a peça não defende o sacrifício do indivíduo em prol do coletivo, mas busca, por meio da exposição de uma situação extrema, colocar em discussão a violência implicada na formação do coletivo.

A crítica de Müller à forma da peça de aprendizagem se funda no questionamento da existência de condições sociais para a realização de um exercício coletivo em que se decide pela verdade ou pelo sentido da ação. Sua peça *Mauser*, escrita da sequência de *Filoctetes* (1964) e *O Horácio* (1968), faz parte de um ciclo que, em suas palavras, "pressupõe / critica a teoria e a prática da peça de aprendizagem de Brecht" (Müller, 1998, p. 259). Para tanto, retoma o tema do tribunal de guerra, extraído do romance *O Dom Silencioso*, de Scholokov, e situa os acontecimentos durante a guerra civil soviética dos anos 1920. Ao escrever a peça, Müller opõe à ideia do drama histórico a extrema redução do processo teatral. Em uma entrevista, ele ressalta que a representação realista da guerra civil russa dos anos de 1920 tornaria a peça obscena; daí a necessidade da abstração do processo, de modo que o problema, e não os fatos particulares, ficasse em evidência (Müller, 1986-1994, p. 44). Nesse sentido, ao recusar a representação dramática dos acontecimentos em favor do arranjo mínimo, favorável à avaliação coletiva de uma situação extrema, *Mauser* mantém-se fiel à intenção das peças de aprendizagem. Daí o caráter exemplar assinalado por Müller em nota à peça (1998, p. 260): a cidade de Vitebsk "localiza-se em todos os lugares onde uma revolução foi e será obrigada a matar seus inimigos".

Ao discutir a necessidade de matar, *Mauser* retoma *A Medida*, mas distancia-se de seu modelo ao abrir mão do artifício da peça dentro da peça, do qual dependia a função pedagógica da peça de Brecht. Mais enxuta, *Mauser* restringe-se à instância do tribunal, desempenhada por um coro, e a dois carrascos, A e B, que se sucedem na missão de eliminar os inimigos da revolução. O tema da identidade entre função e funcionário, privilegiado por Müller em textos posteriores como *A estrada de Wolokolamsk*, para acentuar a conversão do socialismo em burocracia, aparece, em *Mauser*, por meio do imperativo de matar com a mão da revolução. A figura do carrasco certamente antecipa aquela do funcionário do Partido, mas também poderia ser vista como uma derradeira aparição do Keuner de Brecht, daquele militante transformado em agente de um processo sem base popular. Desse modo, *Mauser* se ocupa das consequências de um movimento fundado exclusivamente na disciplina, o qual é observado da perspectiva do esgarçamento do vínculo entre função e funcionário. No momento em que o segundo carrasco (A) fracassa na missão de matar pela revolução e começa a matar por prazer, a peça traz à tona a cisão entre a sua mão e a mão da revolução. Sem a justificativa da ação coletiva e reduzido à sua dimensão individual, o ato de matar se torna um delírio sanguinário. Como um resquício de individualidade não mediada pela revolução, o carrasco passa a ocupar a posição de inimigo e, por esse motivo, deve concordar com a própria morte em nome da continuidade da revolução.

Pela alternância de vozes entre o coro e os carrascos, *Mauser* conjuga diversas temporalidades de modo a expor a insustentabilidade da incumbência revolucionária. O núcleo do texto ocupa-se da trajetória de A, desde seu início como aprendiz da revolução até a conversão em inimigo. Ao contrário do que poderia sugerir, a escolha pela exposição de uma biografia individual não confere densidade ao personagem perante o processo coletivo. Ela exerce a função de realçar o paradoxo da condição de indivíduo: ele só é destacado para que se explicite a impossibilidade de um posicionamento autônomo face ao processo histórico automatizado.

Diferenças centrais em relação à *Medida* podem ser notadas no seguinte trecho:

| | |
|---|---|
| A (Coro) | Os meus iguais me levam, porém, agora até o muro |
| | E eu que compreendia não compreendo. |
| | Por que. |
| Coro | Você sabe o que sabemos, nós sabemos o que você sabe. |
| [...] | |
| A | Eu sou um homem. O homem não é uma máquina. |
| | Matar e matar, o mesmo após cada morte |
| | Eu não consegui. Conceda-me o descanso da máquina. |
| Coro | Não até que a revolução tenha finalmente vencido |
| [...] | |
| | Saberemos o que é isso, um homem. |
| A | Eu quero saber aqui e agora. [...] |
| | Eu pergunto à revolução a respeito do homem |
| Coro | Você pergunta cedo demais. Não podemos ajudá-lo. |
| | E a sua questão não ajuda a revolução. (Müller, 1998, p. 255-256) |

Ao contrário do que ocorria em Brecht, o coro não é capaz de legitimar a ação realizada em nome da revolução. Transparece aí uma diferença essencial em relação à *Medida*: a ausência de uma instância de consciência e juízo, capaz de decidir pelo sentido da ação praticada. O partido não liberta o carrasco de sua missão, mas também não é capaz de lhe responder à pergunta pelo sentido histórico do sacrifício humano pela revolução. Em vista disso, o fracasso do carrasco não se explica pelo sentimento de compaixão pela vítima, como em *A Medida*, mas pela perda de sentido do processo revolucionário. Numa situação em que se questiona a verdade da ação revolucionária, o sujeito se cinde entre instrumento mecânico (a pistola *Mauser* do título) de uma ordenação superior e lugar da diferença da consciência subjetiva, que reclama a humanidade que o coletivo lhe nega. Nesse contexto, *Mauser* contesta outro ponto de sustentação da peça de aprendizagem: o acordo da vítima com a própria morte exigida pelo partido.

A: Eu não aceito a minha morte. Minha vida pertence a mim.
Coro: A revolução precisa do seu sim à sua morte [...] o pão de cada dia da revolução é a morte de seus inimigos. (Müller, 1998, p. 257-8)

A ausência de acordo com a própria morte pode ser entendida como a ruptura entre o sujeito isolado da ação histórica e o processo histórico automatizado. Com isso, Müller esvazia a peça de aprendizagem de sua função de esclarecimento a respeito do sentido da ação correta. Ela é, antes, a exposição de uma aporia, a qual reflete a impossibilidade do conhecimento seguro a respeito da revolução. Surge então, em *Mauser*, uma figura inexistente em *A Medida*: a dúvida, que aparece como impossibilidade de constituição e transmissão da verdade a respeito da ação revolucionária, como transformação da revolução em exercício de violência como sustentáculo de uma utopia abstrata, e, por fim, como decreto de morte para o sujeito que duvida: "Contra a dúvida a respeito da revolução / não há outro meio que não a morte daquele que duvida" (Müller, 1998, p. 249).

Se, na peça de aprendizagem brechtiana, a revolução fornecia o lastro histórico à apresentação não trágica do curso da história, *Mauser* encenaria justamente o trágico da revolução, ou seja, a reversão da emancipação social em seu contrário, em uma máquina de morte. Antes, contudo, de concluir pela tragédia da revolução, cabe considerar alguns procedimentos teatrais desenvolvidos por Müller. Nesse contexto, o contraste com a interpretação de Hans-Thies Lehmann, no que diz respeito à tendência a coros e monólogos na dramaturgia de Müller, pode ajudar. Com razão, Lehmann identifica um movimento geral de superação do modelo hegeliano da colisão dramática, ou de eliminação de seus últimos resquícios, em direção a um "teatro de vozes", em que o monólogo e o coral compõem um *tableau* vocal. Essa novidade não se pauta pelo processo intersubjetivo de comunicação, mas pela organização de vozes que se completam, se comentam, se revogam ou lutam entre si. A descrição confere e poderia muito bem explicar as falas de "A", tanto individualmente como em consonância com o coro. Em outros casos, tal tendência poderia resultar na aproximação da instância do autor à forma do coro ou, então, na exposição de um sujeito cindido em um fórum de vozes.

A partir dos textos de Lehmann, poderíamos, ainda, ler nessa tendência a coros e monólogos uma configuração específica do trágico, própria ao teatro das últimas décadas, chamado por ele de pós-dramático. Pois trágico, para ele, não se define apenas segundo o modelo da imitação de um conflito de feitio trágico, como aqueles que caracterizam as tragédias gregas. O trágico também pode ser pensando segundo o modelo da irrupção ou extravasamento (*Überschreitung*) (Lehmann, 2007, p. 214-225). Nesse modelo, o trágico aparece como uma irrupção violenta, como manifestação da ausência de medida e do excesso, forte o suficiente para ameaçar o sujeito com a perda de si e com o autoaniquilamento. Lehmann detecta fontes teóricas desse segundo modelo no dionisíaco nietzscheano, na teoria da transgressão de Bataille e na interpretação feita por Lacan da Antígona. Enquanto o modelo do conflito tem afinidades com o drama em sentido estrito, Lehmann sustenta que o modelo da irrupção teria ampla penetração em espetáculos avessos aos elementos constituintes da forma dramática, como a fábula e o conflito intersubjetivo, e próximos de outras artes como a performance, a dança e as artes visuais de modo geral. À luz da irrupção violenta da cisão entre indivíduo e coletivo, frente à irracionalidade do processo histórico, o trágico de *Mauser* poderia ser legitimado segundo o modelo da irrupção e do excesso.

Embora tenha o mérito de dar o devido peso a tais aspectos formais da dramaturgia de Müller, Lehmann é menos convincente ao tentar assinalar a posição da relação entre indivíduo e coro frente ao processo histórico. Segundo ele, tais tendências corresponderiam à transposição teatral de uma forma de dominação social exercida por um sujeito sem inimigos. Monólogos e coros seriam as formas adequadas à exposição da dialética desse poder: são onipotentes, mas, em razão da ausência da confrontação intersubjetiva, entram em colapso, o qual assume formas diversas de enrijecimento e maquinização do sujeito (Lehmann, "Zwischen Monolog und Chor" *in* 2002, p. 343-344). Daí decorreria não apenas a identidade entre o coro e o sujeito histórico sem inimigos, mas também a integração entre tal sujeito coletivo e indivíduo. Ora, é justamente nesse ponto que *Mauser* não corrobora a interpretação de Lehmann, pois tal integração dissolve o conflito apresentado por *Mauser*. Em outros termos, o objeto da peça não é a integração consumada do indivíduo à máquina de matar, mas os diversos graus de integração e cisão que regulam a relação entre coro e indivíduo. Tamanho questionamento da relação entre indivíduo e coletividade é possível apenas da perspectiva da cisão entre ambos.

Dessa cisão resulta o potencial crítico da peça perante o processo revolucionário, pois é a partir dela que se expõe a fraqueza, e não a força, do coro. Uma vez que ele só integra o indivíduo por meio de sua supressão, seja física ou intelectual, a legitimidade da missão cobrada em nome da revolução se perde. Justamente nesse ponto transparece a diferença em relação À *Medida*: *Mauser* não dispõe de uma instância coletiva de consciência e juízo, capaz de decidir pelo sentido da ação praticada. O único ponto de coesão das diversas vozes é a suspeita conjunta em relação à possibilidade de ensinamento coletivo no bojo do processo revolucionário. O tema-chave do acordo com a própria morte, o qual representava, nas peças de aprendizagem, o abandono da individualidade não mediada pelo coletivo em nome da dialética entre indivíduo e coletividade, assume outros contornos: a morte individual não enseja mais um processo de esclarecimento do comportamento coletivo.

Coro
Nós mesmos precisamos renunciar cada qual a si próprio
Mas não devemos renunciar uns aos outros.
Você é aquele um e você é aquele outro
Aquele que você dilacerou sob sua bota
Aquele que te dilacerou sob a sua bota
Você renunciou a si, um ao outro
Mas a revolução não renuncia a você. Aprenda a morrer.
O que você aprender, aumentará a nossa experiência.
Morra aprendendo. Não renuncie à revolução.
A
Eu me recuso. Eu não aceito a minha morte. Minha vida pertence a mim.
Coro
A revolução precisa do seu sim à sua morte [...] o pão de cada dia da revolução é a morte de seus inimigos.
(Müller, 1998, p. 257-258)

Na peça de Brecht, ainda havia condições para o apelo da coletividade ao acolhimento do indivíduo: "Seja sábio junto a nós", diziam os agitadores ao jovem camarada. Em *Mauser*, por sua vez, não há confluência pelo acordo. Ainda assim, como qualquer exterioridade entre o indivíduo e o trabalho da revolução é contrária à consumação do processo, a morte de "A", para que sirva à revolução, também deve ser compreendida e aceita por ele. Seu acordo, porém, não sinaliza a participação do indivíduo no processo, mas tão somente a justificação de uma finalidade estranha a ele. Com isso, Müller questiona a peça de aprendizagem em seu esclarecimento a respeito do sentido da ação correta.

*Mauser* poderia ser, enfim, caracterizada como um pronunciamento a respeito da incapacidade da história em integrar a morte individual. Esta questão remete à discussão a respeito do caráter trágico da condenação de "A". Uma vez que ele não é, pelo vínculo com a coletividade, o senhor de seu destino, mas é sacrificado em nome de uma ordem superior, Müller contestaria o objetivo de Brecht de assimilar a morte ao processo social e, portanto, de conferir a ela um caráter não trágico.[2] Nesse ponto, também seria possível assimilar *Mauser* ao modelo do conflito trágico e assim incluí-la no contexto das tragédias pós-vanguardistas, examinadas pela teoria da tragédia de Christoph Menke. Tais peças encenariam, justamente, o fracasso da passagem vanguardista entre estética e práxis social. Subjacente a esta mediação malsucedida entre cena e realidade está o diagnóstico do fracasso das vanguardas históricas e, consequentemente, a reafirmação pós-vanguardista da autonomia do drama perante a práxis social. O objeto do teatro pós-vanguardista, por sua vez, seria justamente tal fracasso, o qual é alçado à condição de tema. Menke afirma (2004, p. 33):

> Em tais formas "pós-vanguardistas" de teatro, o fracasso das vanguardas históricas em mediar (de modo mais ou menos "dialético") jogo e práxis não é pressuposto, mas se torna ele mesmo apresentado e encenado no teatro. Aqui se conquista no próprio teatro a consciência da diferença insuperável entre a práxis e o teatro.

De acordo com a teoria de Menke, *Mauser* seria uma espécie de metatragédia, a qual encenaria a tragédia da passagem entre jogo teatral e práxis social. O fato de *Mauser* realizar uma crítica imanente da peça de aprendizagem por meio da reversão da revolução em seu contrário, conferindo ao destino individual um feitio trágico no bojo do mesmo processo histórico que o libertaria, é um argumento a favor da hipótese de Menke. O que, porém, impede que *Mauser* possa ser considerada como uma tragédia nesse sentido é a maneira pela a peça se configura enquanto dispositivo teatral.

As indicações de cena, as quais devem ser entendidas como parte do texto, submetem a tendência do conflito à tragédia a uma instância de controle coletivo por meio da encenação. Se a instabilidade do uso das palavras e da posição do indivíduo perante a coletividade, bem como a ameaça de liquidação que paira sobre ele, podem remontar ao conflito trágico, a forma de apresentação remete à peça de aprendizagem, ao prever o controle social

---

2. A respeito da crítica de Brecht à tragédia, ver, entre outros: "V-Effetke, Dreigespräch" (*in* Brecht, 1988a, p. 398-401). Sobre o projeto brechtiano de um teatro não trágico, ver o conjunto dos textos de Walter Benjamin sobre Brecht.

do processo. Em outras palavras, os aspectos trágicos da confrontação entre "A" e o Coro, e da visão do processo histórico como destino automatizado, são justapostos a uma organização do espetáculo teatral de natureza não-trágica, a qual se encontra submetido ao controle social.

A apresentação para o público é possível caso se possibilite ao público controlar a encenação pelo texto e o texto pela encenação [...]; caso as reações do público sejam controladas pela assincronia entre texto e encenação, pela não-identidade de quem fala e de quem representa. Essa distribuição do texto é um esquema variável, forma e grau das variantes de uma decisão política que deve ser acertada de caso a caso. (Müller, 1998, p. 259)

Segundo essa indicação, *Mauser* não foi escrita para o teatro convencional, o teatro de repertório, mas como uma peça de aprendizagem, para o exercício coletivo a respeito da organização, também coletiva, da morte.

[N]ão é uma peça de repertório: o caso extremo, não objeto, mas exemplo em que se demonstra o *continuum* da normalidade a ser rompido: a morte, cuja transfiguração na tragédia ou recalque na comédia constitui a base do teatro dos indivíduos, uma função da vida considerada como produção, um trabalho entre outros, organizado pelo coletivo e organizando o coletivo. (Müller, 1998, p. 259)

De acordo com a nota, a apresentação do esvaziamento do aprendizado coletivo é submetida ao exame coletivo, caracterizando a peça como uma contraposição singular de gêneros: ela investiga a atualidade de uma forma – a peça de aprendizagem – por meio de traços de uma outra – a tragédia – negada por essa mesma forma. Notar tais tensões faz-se necessário, antes de tudo, para evitar que a articulação entre coro e indivíduo seja vista apenas como a representação do automatismo da revolução, negligenciando o controle coletivo oferecido pela encenação. *Mauser* não dá um passo atrás em relação à crítica de Brecht à tragédia, mas busca evidenciar que os pressupostos de um teatro não trágico podem ser questionados, sem que isso resulte necessariamente ao retorno a uma compreensão trágica da história.

# Referências bibliográficas

BENJAMIN, W. *Gesammelte Schriften*. Frankfurt am Main: Suhrkamp, 1991.

BRECHT, B. *Werke. Große kommentierte Berliner und Frankfurter Ausgabe*, v. 22-1. Frankfurt am Main: Suhrkamp, 1988a.

_____. *Werke. Große kommentierte Berliner und Frankfurter Ausgabe*, v. 24. Frankfurt am Main: Suhrkamp, 1988b.

_____. *Teatro completo 3*. Trad. Fernando Peixoto, Ingrid Koudela et al. Rio de Janeiro: Paz e Terra, 1992.

GATTI, L. *A Peça de Aprendizagem. Heiner Müller e o Modelo Brechtiano*. São Paulo: Edusp/Fapesp, 2015.

LEHMANN, H. T. *Postdramatisches Theater*. Frankfurt am Main: Verlag der Autoren, 1999. [*O Teatro Pós-Dramático*. Trad. Pedro Süssekind. São Paulo, Cosac Naify, 2007].

_____. "Tragödie und postdramatisches Theater". In: MENKE, Bettine & MENKE, Christoph (orgs.). *Tragödie – Trauerspiel – Spektakel*. Berlim, Theater der Zeit, 2007.

_____. *Das Politische Schreiben. Essays zu Theatertexten*. Berlin: Theater der Zeit, 2002.

_____. *Tragödie und Dramatisches Theater*. Berlin, Verlag der Autoren, 2013. In:

MENKE, C. *Die Gegenwart der Tragödie*. Frankfurt am Main: Suhrkamp, 2005.

_____. "Praxis und Spiel. Bemerkungen zur Dialektik eines postavantgardistischen Theater". In: PRIMAVESI, Patrick; SCHMITT, Olaf A. (Hg.) *Aufbrüche. Theaterarbeit zwischen Text und Situation*. Berlin: Theater der Zeit, 2004.

MÜLLER, H. *Werke 4*. Frankfurt am Main: Suhrkamp, 2008.

_____. *Gesammelte Irrtümer 1-3*. Frankfurt am Main: Verlag der Autoren, 1986-1994.

_____. *Medeamaterial e outros textos*. São Paulo: Paz e Terra, 1993.

_____. *Quatro textos para teatro: Mauser, Hamletmáquina, A Missão, Quarteto*. Trad. Fernando Peixoto. São Paulo: Hucitec, 1987

_____. *O espanto no teatro*. Organização de Ingrid Koudela. São Paulo: Perspectiva, 2003.

SZONDI, P. *Ensaio sobre o trágico*. Rio de Janeiro: Zahar, 2004.

# ALGUMAS CONSIDERAÇÕES PRELIMINARES SOBRE O TRÁGICO NA OBRA DE SIGMUND FREUD

Markus Lasch[1]

Embora a tragédia tenha sido considerada, durante boa parte da história das práticas letradas no Ocidente, não raras vezes como gênero principal,[2] a sua florescência restringe-se a momentos relativamente curtos e esparsos no tempo. Friedrich Nietzsche e Walter Benjamin – cada qual, evidentemente, por suas razões – restringiram o fenômeno à Antiguidade grega, o primeiro dizendo que a tragédia teria conhecido seu fim agônico com a obra de Eurípides (Nietzsche, 1988, p. 75-76), o segundo afirmando que os palcos modernos não apresentariam nenhuma tragédia parecida com a dos gregos e que o confronto destes com a ordem demoníaca teria conferido à poesia trágica sua marca decisiva em termos de uma filosofia da história (Benjamin, 1991, p. 288). Por sua vez, George Steiner – ainda que reconheça alguns exemplos posteriores – não só localiza a morte do gênero em certo momento do século XVII, mas reduz seu corpus a uma quantidade relativamente diminuta de peças. Do século V a.C. grego, Steiner retém como tragédia "absoluta" ou "em sentido radical" *Os sete contra Tebas*, *Édipo Rei*, *Antígona*, *Hipólito* e *As Bacantes*; da obra de Shakespeare apenas *Rei Lear* e *Timão de Atenas*. A esses sete dramas acrescenta as obras de Corneille e Racine e, como exemplares por assim dizer já "póstumos", diversas peças da tradição alemã do final do século XVIII a meados do século XIX, de

---

1. Markus Lasch graduou-se em Letras e Linguística pela Universidade Estadual de Campinas e é doutor em Literatura Geral e Comparada pela Universidade Livre de Berlim. Atualmente é professor adjunto em Teoria Literária na Universidade Federal de São Paulo.
2. Ver. a esse respeito, por exemplo, o título da coletânea de ensaios editada por Werner Frick: *Die Tragödie. Eine Leitgattung der europäischen Kultur*. Göttingen: Wallstein, 2003. Na apresentação do livro, chama-se a tragédia ainda de "rainha dos gêneros literários".

Lessing a Büchner, bem como da tríade Ibsen, Strindberg e Tchekhov (Steiner, 2006, pp. XVIII, 61).

No mesmo ano da aparição de *A morte da tragédia*, Peter Szondi publica seu *Ensaio sobre o trágico*. Aludindo, por sua vez, ao aparente declínio da práxis trágica, o estudo aventa a possiblidade de a teoria, i. e., as filosofias do trágico que perpassam o pensamento alemão de 1795 a 1915, de Schelling a Scheler, ter tomado o lugar da tragédia, e pergunta se estas filosofias poderiam elas mesmas ser consideradas tragédias, ou, pelo menos, modelos para tragédias (Szondi, 1978, p. 152). Como momento estrutural que perpassa e une as filosofias do trágico analisadas, Szondi (2004, p. 84-85, tradução modificada) encontra o modo dialético: "É trágico apenas o declínio que ocorre a partir da unidade dos opostos, a partir da peripécia (*Umschlag*) de algo em seu contrário, a partir da autocisão". Uma espécie de quintessência não só dessas filosofias e de seu modo dialético, mas também da percepção do trágico na modernidade, pode ser considerada a afirmação de Georg Simmel, em "O conceito e a tragédia da cultura":

> Como uma fatalidade trágica [...] designamos [...] isso: que as forças aniquiladoras endereçadas a um ser têm origem nas camadas mais profundas desse mesmo ser; que com sua destruição cumpre-se um destino que é congênito e que é, por assim dizer, o desenvolvimento lógico justamente da estrutura com a qual o ser erigiu sua própria positividade. (Simmel, 1923, p. 263)[3]

A tese do declínio ou da morte da tragédia foi contestada em estudos como os de Raymond Williams (2002) e Christoph Menke (2005). Ambos vinculam a vitalidade da tragédia à presença de uma literatura trágica no século XX. Williams cita autores como Ibsen, Miller, Strindberg, O'Neill, Tennessee Williams, Tchekhov, Pirandello, Ionesco, Beckett, Camus, Sartre e Brecht, mas também Tolstói, Lawrence e Pasternak enquanto romancistas. Menke restringe-se aos exemplos Samuel Beckett, Heiner Müller e Botho Strauß. Sem intenção de alongar-me nesse momento no confronto com ambas as posições,[4] parece relativamente evidente o recuo da práxis trágica em nossos dias, enquanto confecção, encenação e recepção de tragédias. Contudo, em se observando a macro-história do gênero, esse recuo não

---

3. As traduções dos trechos citados, salvo nos casos em que se cita a partir de tradução publicada e listada nas referências bibliográficas, são de minha autoria.
4. Para uma discussão mais detalhada dos livros de Williams e Menke, ver o meu artigo "Peter Szondi e as visões do trágico na modernidade", ano XVII, n. 27, p. 213-247, 2013.

necessariamente precisa significar morte definitiva. Ao contrário de Williams e Menke,[5] porém, parece-me mais plausível, atualmente, procurar a sobrevida ou a hibernação onde Szondi a sugere, quer dizer, na teoria. Em outras palavras: se a *Poética* de Aristóteles tem papel incontestável na manutenção da tradição trágica até o século XVIII, as filosofias do trágico estudadas por Szondi, ao mesmo tempo que estendem essa tradição, inaugurariam uma nova linha de força,[6] com prolongamento em pensamentos como os de Sigmund Freud e Th.W. Adorno. E enquanto a influência dessa nova tradição permanece em seu início restrita ao ambiente germânico, como frisa o *Ensaio sobre o trágico*, a irradiação de psicanálise e teoria crítica será bem mais ampla.

O objetivo deste ensaio é, pois, esboçar se e como o pensamento de Freud dialoga com, ou tem como substrato, a noção de trágico tal qual formulada por Simmel na citação acima.

A arte em geral e a literatura em particular sempre representaram um altertexto privilegiado para Freud, um fundo que lhe permitia produzir e corroborar suas intuições interpretativas na práxis analítica, assim como pedra de toque e tesouro para analogias e exemplificações na constituição e na exposição do arcabouço teórico da psicanálise. Entre os escritores, são principalmente os dramaturgos que merecem sua atenção. Goethe, autor do *Fausto*, e Shakespeare, autor de *Hamlet* e *Macbeth*, são certamente os mais citados, mas há múltiplas referências também a Schiller, Kleist, Ibsen, Shaw e diversos outros. Embora a tragédia grega e a tríade Ésquilo, Sófocles, Eurípides tenham aparição mais restrita e localizada na obra de Freud, sua relevância certamente não pode ser negligenciada. Ao contrário, uma das tragédias desse âmbito, a interpretação sofocliana do mito de Édipo, tornou-se tão central para o arcabouço psicanalítico que o domínio comum até estabeleceu, e com alguma razão, uma relação metonímica entre a psi-

---

5. Não obstante, pelo menos uma das três teses angulares de Menke, a de que a tragédia é atual para nós, i. e., que o "teor de experiência" da tragédia tem significado para o homem moderno e contemporâneo é absolutamente congruente com o que se defende aqui. Menke (2005, p. 7) chama este teor de experiência de "'ironia trágica' da práxis: a ação que visa sempre ser bem sucedida, gera por si só, e por isso necessariamente, seu falhanço, e, com isso, a infelicidade daquele que age".
6. Szondi não menciona essa passagem de bastão no âmbito da teoria explicitamente, enquanto verbaliza a possível suplência das teorias do trágico em relação à tragédia. No entanto, a sucessão parece-me mais do que sugerida na justaposição da *Poética* e teorias do trágico na primeira frase do *Ensaio sobre o trágico*.

canálise e o complexo com o nome do protagonista grego. O próprio Freud (1994b, p. 129) chama, em uma nota acrescentada em 1920 ao terceiro dos *Três ensaios sobre a teoria da sexualidade*, de 1905, o complexo de Édipo não só de complexo nuclear das neuroses, mas também de xibolete que separaria os partidários da psicanálise de seus opositores.

A expressão "complexo de Édipo" não aparece nos escritos de Freud senão em 1910 e com exceção do ensaio sobre seu declínio ele não escreveu nenhum texto autônomo que contivesse uma exposição sistemática do mesmo. Contudo, o mito edipiano, tal que tratado por Sófocles, atravessa a obra freudiana do começo ao fim, da famosa carta de 15 de outubro de 1897 a Fließ e das passagens conhecidas na *Interpretação dos sonhos*, passando pelas exposições em *Totem e tabu* e nas *Conferências introdutórias à psicanálise* até as menções mais pontuais, mas fundamentais em textos tardios como *Moisés e o monoteísmo* e o *Mal-estar na cultura*. E se o complexo ganha do ponto de vista teórico paulatinamente contornos mais nítidos, com destaque para os passos já relativamente tardios como a elaboração metapsicológica em *O Eu e o Id* ou a diferenciação de sua forma feminina na conferência sobre a feminilidade, a sua base, a interpretação da peça de Sófocles, permanece notavelmente invariante na carta a Fließ, na *Interpretação dos sonhos* e na 21ª das *Conferências introdutórias*.

Vou me reportar às duas interpretações mais pormenorizadas e publicadas por Freud em vida, a da *Interpretação dos sonhos* e a das *Conferências introdutórias*. Ambas iniciam com um resumo do enredo da tragédia, mais extenso no primeiro texto e bastante sucinto no segundo (Freud, 1994a, p. 265-268 e Freud, 1994f, p. 325-327): o drama tem como protagonista o rei Édipo, que foi destinado a matar seu pai e desposar sua mãe e, embora faça de tudo para escapar ao vaticínio do oráculo, acaba por cometer justamente esses dois crimes, ainda que de forma inconsciente, e, ao descobrir o fato, pune-se com cegamento. A obra do dramaturgo ático inicia já muito tempo depois dos crimes, quando uma peste assola Tebas e o oráculo se pronuncia uma terceira vez: a peste cessará quando o assassino de Laio tiver sido banido do país.

> A ação da peça consiste então em nada outro senão no desvelamento, gradualmente potencializado e artisticamente retardado, – comparável ao trabalho de uma psicanálise – de que o próprio Édipo é o assassino de Laio, mas também o filho do assassinado e de Jocasta (Freud, 1994a, p. 266).

Ambas as interpretações mencionam ainda o menosprezo de Jocasta no que diz respeito ao sonho de deitar-se com a própria mãe e afirmam que, embora *Édipo Rei* seja tido geralmente como tragédia do destino, seu efeito comovente e aterrador, tanto para o expectador grego quanto para o moderno, decorreria não da "antinomia entre a supremacia da vontade dos deuses e a vã revolta dos homens ameaçados pela desgraça", mas do sentido e do teor ocultos do mito. O espectador reagiria como se tivesse reconhecido, por autoanálise, o complexo de Édipo em si mesmo e desmascarado a vontade dos deuses e a voz do oráculo como disfarces enaltecedores de seu próprio inconsciente. Ele entenderia a voz do poeta como se esse quisesse dizer-lhe: "Revoltas-te em vão contra a tua responsabilidade e alegas o que fizeste contra essas intenções criminosas. Ainda assim és culpado, pois não conseguiste aniquilá-las; elas ainda persistem inconscientemente em ti" (Freud, 1994f, p. 326).

Szondi (1978, p. 213-218) já mostrou em que medida *Édipo Rei* evidencia exemplarmente a tragicidade e seu modo dialético da unidade dos opostos, da peripécia de algo em seu contrário, da autocisão. Trata-se, antes de tudo, da unidade de salvação e aniquilamento, da peripécia de uma suposta via salvífica em caminho para a mais certa ruína, da cisão do protagonista em salvador e destruidor da cidade de Tebas, da clivagem em investigador de assassinato e assassino e da divisão em desvendador astuto da charada da esfinge em relação ao homem e cego com respeito à própria natureza.

Por sua vez, a análise freudiana da tragédia de Sófocles adequa-se até certo ponto à definição do trágico dada por Simmel. As forças que aniquilam Édipo são as forças pulsionais de destruição e eróticas, provenientes do Id, ou seja, das camadas mais profundas de seu ser. É claro também que com essa destruição se cumpre um destino congênito. Por outro lado, é uma tragicidade que, de certa perspectiva freudiana, comporta saída. Na mesma nota acrescentada ao terceiro dos *Três ensaios sobre a teoria da sexualidade*, citada acima, Freud afirma que a cada ser humano recém-chegado é dada a tarefa de superar o complexo de Édipo. É o famoso "onde estava Id, Eu deve advir" que Freud (1994g, p 516) compara, no final da conferência sobre "A dissecção da personalidade psíquica", ao trabalho cultural do aterro de uma baía do Mar do Norte. Além disso, está menos claro em que sentido as forças aniquiladoras seriam "o desenvolvimento lógico justamente da estrutura com a qual o ser erigiu sua própria positividade". Será preciso esperar a última teoria pulsional freudiana e veremos então que também o estatuto da cultura, do trabalho cultural terá mudado de lado.

A grande maioria dos helenistas não tomou e não toma notícia da interpretação freudiana da tragédia de Sófocles. E quando a exceção acontece, o especialista pronuncia-se, via de regra, de forma crítica. Um dos casos mais conhecidos nesse sentido é, sem dúvida, o ensaio de Jean-Pierre Vernant, intitulado "Édipo sem complexo". O que Vernant reprova na análise freudiana é que ela é fundada, a seu ver, num círculo vicioso e procede por simplificação e redução sucessivas. Ou seja, por um lado, o efeito trágico sobre um público não situado sócio-historicamente, na medida em que não se distingue entre o público moderno e aquele do século V a.C., constitui, ao mesmo tempo, ponto de partida e chave de deciframento da interpretação. Por outro, Freud reporta-se de todas as versões em torno do mito de Édipo apenas àquela veiculada pelo drama de Sófocles e, ao derivar o efeito trágico do material usado pelo dramaturgo, i. e., do assassinato do pai e do sonho da união com a mãe, em detrimento da constelação estrutural de um embate de cunho religioso e moral entre uma nova autonomia humana e as antigas forças divinas, embate esse próprio da pólis do século V a.C., o psicanalista reduz na prática todo corpus da tragédia grega a apenas uma peça (Vernant, 2001a, p. 77-83).

Ora, escapar ao círculo vicioso, quer dizer, deixar de projetar visões contemporâneas na abordagem de tempos passados é um dos principais problemas de toda hermenêutica. E o próprio Vernant (2001b, p. 79-90) faz concessões nesse sentido ao refletir em outro ensaio, publicado no volume dois da mesma coletânea *Mito e tragédia na Grécia antiga*, sobre um "homem trágico" trans-histórico. Já a questão de derivar o efeito trágico de um único elemento temático parece ser realmente um dos pontos fracos da interpretação freudiana. Ele deve-se, a meu ver, menos à sua concepção de arte e às eventuais deficiências de dramas como *A mulher ancestral* de Grillparzer, obra elencada por Freud em sua argumentação, do que à vontade e necessidade de corroboração da práxis analítica por meio de formações culturais como mito e literatura, e a seu embate interior para alcançar uma posição radicalmente secularizada em meio às múltiplas influências da tradição judaico-religiosa que o circunda e perpassa.

É curioso observar, no entanto, que os termos que Vernant usa para designar o que seria o sentido da tragédia a partir da perspectiva de uma psicologia histórica, i. e., que situasse o fenômeno corretamente nas particularidades de seu contexto sócio-histórico, sejam absolutamente congruentes aos ensinamentos da psicanálise:

> [...] em que medida o homem é realmente a fonte de suas ações? Mesmo quando ele parece tomar a iniciativa e assumir a responsabilidade por elas, não têm elas em outro lugar que nele sua verdadeira origem? Sua significação não permanece em grande parte opaca àquele que as comete, de sorte que é menos o agente que explica o ato, mas antes o ato que, revelando a final de contas seu sentido autêntico, volta ao agente, esclarece sua natureza, revela o que ele é e o que realmente realizou sem o saber. (Vernant, 2001a, p. 80)

Ainda mais interessante do que essas linhas, porém, é para o nosso propósito o trecho com que conclui o sentido histórico da tragédia grega, na medida em que ele se adequa à definição de Simmel do trágico enquanto positividade que se revela aniquilamento:

> Ao contrário da epopeia e da poesia lírica em que o homem jamais é presente enquanto agente, a tragédia situa o indivíduo de saída na encruzilhada da ação, face à decisão que o engaja inteiramente [...] *O homem crê optar pelo bem; aferra-se a essa opção com toda sua alma; e é o mal que ele escolheu, revelando-se, pela mácula da falta cometida, um criminoso.* (Vernant, 2001a, p. 81-82, grifos meus)

Veremos que esse sentido não é muito diferente daquele que Freud aventa para a ação humana a partir de uma perspectiva macro-histórica em seus ensaios tardios como, por exemplo, *O mal-estar na cultura*. Ou seja, se Vernant propõe, no final de seu artigo "Édipo sem complexo", aos psicanalistas que se tornem historiadores e tirem seus proveitos disso, é igualmente possível sugerir aos críticos da psicanálise uma leitura mais do que apenas localizada da obra freudiana.

É bastante conhecida a inflexão importante que significa para o pensamento freudiano a assunção de uma pulsão de morte com a publicação de *Além do princípio do prazer*. Os motivos que levaram a essa assunção são diversos e igualmente conhecidos, de maneira que não precisam ser esmiuçados aqui: por um lado, os fenômenos que sugeriam uma compulsão à repetição, observados na clínica de traumatizados pela Primeira Guerra Mundial, mas também em pacientes sem essa forma de trauma, e que dificilmente poderiam ser reduzidos à busca de uma satisfação libidinal ou à tentativa de dominação de experiências desprazerosas; por outro, as experiências clínicas e as teorizações sucessivas em torno de sadismo, masoquismo e narcisismo, no âmbito da neurose obsessiva e da melancolia, que permitiram reconhecer o caráter libidinoso das pulsões de autoconservação e levaram à presunção de um masoquismo primário.

Fato é que, a partir de 1920 e até o final de sua obra, Freud admitirá, para além da pulsão libidinosa, designada também como Eros ou pulsão de vida, cuja tendência é agora descrita como a manutenção da substância viva e a sua constituição em unidades cada vez maiores, uma pulsão antagônica, chamada de pulsão de morte, destinada a dissolver essas unidades e de levar a substância viva de volta a seu estado anterior anorgânico. Mas, na conjunção da referida compulsão à repetição e das noções de entropia e morte térmica ligadas ao segundo princípio da termodinâmica, Freud não entrevê apenas a tendência dos organismos vivos voltarem a seu estado inanimado, como também o caráter regressivo de qualquer pulsão. Evidentemente, esse novo caráter conservador das pulsões não deixa de apresentar problemas para a concepção das pulsões libidinosas. O que fará Freud em *Além do princípio do prazer* primeiro flertar com certo monismo, aventando se as pulsões libidinosas não se subsumiriam, se não estariam inteiramente ao serviço da pulsão de morte, e depois recorrer ao que ele próprio chama de um mito, a teoria veiculada por Aristófanes em *O banquete* de Platão de acordo com a qual a união sexual procuraria restabelecer a unidade perdida de um ser originariamente andrógino (Freud, 1994g, p. 246-249 e 266-269). Em textos posteriores como *O problema econômico do masoquismo*, Freud tenta dar conta da dificuldade pela diferenciação entre as perspectivas qualitativa e econômica, mas até o fim de sua vida a questão permanece problemática e o espectro do monismo pulsional, representado por uma pulsão de morte que sobrepuja tudo, continua a rondar, apesar de todas as reafirmações enfáticas do dualismo entre Eros e Tânatos.

O que dificulta também a diferenciação das duas categorias pulsionais é que elas raramente se manifestam de forma isolada, mas antes enquanto amálgamas com cambiantes relações de mistura. Um dos exemplos paradigmáticos é o sadismo em que se unem de forma especialmente clara as pulsões libidinosas e de destruição, enquanto em seu par oposto, o masoquismo, há uma ligação da destruição introvertida com a sexualidade. Aliás, é parte também da teoria pulsional modificada depois de 1920 que a pulsão agressiva ou de destruição é descendente da pulsão de morte, que essa pulsão destrutiva é originalmente vertida contra o próprio indivíduo

– daí o termo masoquismo originário – e só depois contra o entorno. Nesse sentido torna-se também plausível que uma inibição da agressividade voltada para o exterior reforce a autodestruição já em curso pela tendência da pulsão de morte.

A nova teoria sobre as pulsões ligada ao complexo de Édipo, de que tratamos antes, forjará a teoria cultural de Freud em seus últimos escritos. Já em 1913, no quarto dos ensaios que compõem *Totem e tabu*, Freud havia formulado a tese de que no mítico assassinato do pai da horda pela união dos irmãos, ou seja, em um ato motivado pelo complexo de Édipo, jazeriam os inícios de religião, moralidade, sociedade e arte. Nesse mesmo texto, dá também uma instigante interpretação da tragédia grega, dizendo que, numa inversão da cena mítico-histórica, o protagonista, enquanto representante do pai ancestral, expiaria o crime cometido pelos filhos que, por sua vez, na voz do choro, o acompanhariam e chorariam compassivos, uma ideia que em muito se assemelha à noção de sacrifício veiculada por Benjamin (Freud, 1994d, p. 439).

Essa noção do início da cultura, adensada pela nova teoria pulsional, é retomada nos escritos tardios como *Moisés e o monoteísmo* e, principalmente, *O mal-estar na cultura*. Nesse último texto, Freud retraçará o caminho do desenvolvimento da cultura, do assassinato do pai, passando pela união dos irmãos e pela família, até chegar a agrupamentos maiores. Guiados pela necessidade e pela experiência de que uma união pode ser mais forte do que o homem isolado, e pelo desejo de uma satisfação genital mais do que esporádica, os nossos ancestrais teriam constituído as primeiras famílias, cujos integrantes não apenas se ajudavam na sobrevida, mas também eram ligados por laços libidinosos, por um lado propriamente sexuais, por outro inibidos na meta. Eros e Ananke seriam, portanto, os pais da cultura. Acontece que um dos maiores obstáculos para a convivência do homem em grupos é justamente sua tendência à agressividade. De maneira que o processo cultural também pode ser descrito como constante luta entre Eros e a pulsão de morte, enquanto herdeiros do conflito de ambivalência no âmbito do complexo de Édipo. O meio mais eficaz de que a cultura ou a sociedade dispõem para inibir essa agressividade é sua introjeção, ou seja, mandá-la de volta à sua origem no interior do indivíduo, onde ela é acolhida pela instância do Super-eu e exercerá enquanto consciência toda aquela agressividade que o eu gostaria de ter satisfeito em outros indivíduos. Isso, porém, equivale a dizer que o progresso cultural, a inibição da vivência imediata de uma violência congênita, tem de ser pago pelo preço mediato de uma infelicidade do indivíduo devido ao sentimento constante de culpa. Além disso, lembramos, a introjeção da pulsão agressiva só reforça o vetor da pulsão de morte em curso.

Ora, esse modelo não é absolutamente congruente com a definição do trágico dada por Simmel segundo à qual a destruição do indivíduo, enquanto destino congênito, é o desenvolvimento lógico da estrutura com que o eu erigiu sua própria positividade, cujo nome aqui é cultura ou progresso cultural? E entendemos agora também melhor o papel das pulsões libidinosas em relação a essa positividade. Do ponto de vista coletivo, elas trabalham a favor do processo cultural, na medida em que têm a tendência de juntar a espécie humana em unidades cada vez maiores. Do ponto de vista individual, porém, elas minam o referido processo, já que, como lembra Freud na parte VIII de o *Mal-estar na cultura*, não é possível levar a dominação do Id mais além de determinados limites (Freud, 1994i, p. 268). Frase que, aliás, projeta uma luz um tanto diferente sobre aquela da relação entre Eu e Id citada acima, e, com isso, também sobre possibilidade e sorte da terapia analítica.

Szondi lembra em seu *Ensaio sobre o trágico* que em Hegel a dialética redime do dualismo enquanto em Benjamin o paradoxo, que também não nega sua estrutura dialética, livra da ambiguidade. O que poderia redimir no pensamento de Freud o dualismo entre pulsão de vida e pulsão de morte? Penso que uma resposta possível seria a arte em geral e a literatura de vertente trágica em particular. Tanto mais estranho que Freud não as tenha visto jamais senão sob o prisma do princípio do prazer. Embora em sua leitura do *Rei Lear* de Shakespeare, para citar apenas um exemplo, a pulsão de morte estivesse mais do que palpável por trás da terceira das Parcas necessariamente escolhida (Freud, 1994e, p. 190-193). É evidente que a literatura não pode tampouco oferecer nenhuma salvação, numa trajetória em cujo fim aguarda o aniquilamento tão certo quanto inexorável. Mas, em seus melhores exemplares e para os seus leitores mais atentos, ela pode proporcionar o reconhecimento de que o homem caminha para a ruína com suas próprias pernas, e junto com esse reconhecimento algum perdão a si mesmo pela falha inevitavelmente cometida. Nenhum processo psicanalítico poderia fornecer mais do que isso.

# Referências bibliográficas

ADORNO, Th.W. & HORKHEIMER, M. *Dialektik der Aufklärung. Philosophische Fragmente.* Frankfurt a. M.: Fischer, 1988.
BENJAMIN, W. *Ursprung des deutschen Trauerspiels.* Frankfurt a. M.: Suhrkamp, 1991. (Gesammelte Schriften I.1).
FREUD, S. *Die Traumdeutung.* Frankfurt a. M.: Fischer, 1994a. (*Studienausgabe II*).
_____. *Drei Abhandlungen zur Sexualtheorie.* Frankfurt a. M.: Fischer, 1994b. (*Studienausgabe V*).
_____. *Psychopathische Personen auf der Bühne.* Frankfurt a. M.: Fischer, 1994c. (*Studienausgabe X*).
_____. *Totem und Tabu.* Frankfurt a. M.: Fischer, 1994d. (*Studienausgabe IX*).
_____. *Das Motiv der Kästchenwahl.* Frankfurt a. M.: Fischer, 1994e. (*Studienausgabe X*).
_____. *Vorlesungen zur Einführung in die Psychoanalyse.* Frankfurt a.M.: Fischer, 1994f. (*Studienausgabe I*).
_____. *Jenseits des Lustprinzips.* Frankfurt a. M.: Fischer, 1994g. (*Studienausgabe III*).
_____. *Das ökonomische Problem des Masochismus.* Frankfurt a. M.: Fischer, 1994h. (*Studienausgabe III*).
_____. *Das Unbehagen in der Kultur.* Frankfurt a. M.: Fischer, 1994i. (*Studienausgabe IX*).
_____. *Neue Folge der Vorlesungen zur Einführung in die Psychoanalyse.* Frankfurt a. M.: Fischer, 1994j. (*Studienausgabe I*).
_____. *Der Mann Moses und die monotheistische Religion: drei Abhandlungen.* Frankfurt a. M.: Fischer, 1994k. (*Studienausgabe IX*).
_____. *Briefe an Wilhelm Fliess 1887-1904: Ungekürzte Ausgabe.* Frankfurt a. M.: Fischer, 1999.
FRICK, W. (Ed.). *Die Tragödie. Eine Leitgattung der europäischen Kultur.* Göttingen: Wallstein Verlag, 2002.
GELFERT, H.-D. *Die Tragödie. Theorie und Geschichte.* Göttingen: Vandenhoeck & Ruprecht, 1995.
KOMMERELL, M. *Lessing und Aristoteles. Untersuchung über die Theorie der Tragödie.* Frankfurt a. M.: Vittorio Klostermann, 1984.

MENKE, C. *Die Gegenwart der Tragödie. Versuch über Urteil und Spiel.* Frankfurt a. M.: Suhrkamp, 2005.

NIETZSCHE, F. *Die Geburt der Tragödie.* München: dtv; Berlin: Walter de Gruyter, 1988. (Kritische Studienausgabe 1).

SANDER, V. (Ed.). *Tragik und Tragödie.* Darmstadt: Wissenschaftliche Buchgesellschaft, 1971.

SEEK, G. *Die griechische Tragödie.* Stuttgart: Philipp Reclam, 2000.

SIMMEL, G. "Der Begriff und die Tragödie der Kultur". In: *Philosophische Kultur.* Leipzig: Alfred Kröner, 1923, pp. 223-253.

STEINER, G. *A morte da tragédia.* Trad. Isa Kopelman. São Paulo: Perspectiva, 2006.

_____. *The Death of Tragedy.* New Haven & London: Yale University Press, 1996.

SZONDI, P. *Ensaio sobre o trágico.* Trad. Pedro Sussekind. Rio de Janeiro: Jorge Zahar, 2004.

_____. *Versuch über das Tragische.* Frankfurt a. M.: Suhrkamp, 1978. (Schriften I).

VERNANT. J.-P. "Œdipe sans complexe". In: VERNANT. J.-P. & VIDAL-NAQUET, P. *Mythe et tragédie en Grèce ancienne* – I. Paris: La Découverte & Syros, 2001a, p. 75-98.

_____. "Le sujet tragique: historicité et transhistoricité". In: VERNANT. J.-P. & VIDAL-NAQUET, P. *Mythe et tragédie en Grèce ancienne* – II. Paris: La Découverte & Syros, 2001b, p. 79-90.

WILLIAMS, R. *Modern Tragedy.* Toronto: Broadview Press, 2006.

_____. *Tragédia moderna.* Trad. Betina Bischof. São Paulo: Cosac & Naify, 2002.

# SOBRE A IDEALIDADE DO TRÁGICO E A SUBLIMAÇÃO DO LUGAR COMUM NA *ÉTICA DA PSICANÁLISE*

Bruno Guimarães[1]

## Por uma ética do real

Em seu *Seminário VII: A ética da psicanálise*, realizado durante os anos de 1959-60, o psicanalista Jacques Lacan (1991, p. 350) se propõe a analisar o campo da ética a partir dos conceitos freudianos para saber quais seriam as consequências éticas gerais que a relação com o inconsciente comportaria. Lacan (1991, p. 21) se preocupa em salientar, desde o princípio, que o verdadeiro desafio seria seguir, com Freud, toda uma exploração da ética incidindo não sobre o domínio do ideal, mas, ao contrário, sobre um aprofundamento da noção de real. Sem nenhum obscurantismo em relação ao significado desse termo, devemos entender o real como o que diz respeito ao impulso que foge à autoridade das representações conscientes e voluntárias.

A tese fundamental desenvolvida ao longo do seminário é a de que o mandamento moral se afirma contra o prazer, como também o faz a pulsão de morte. Freud teria se dado conta do paradoxo da exigência de um dever que retira sua energia da própria pulsão de morte, pois o indivíduo reproduz uma exigência sempre maior de renúncia quanto mais a atende, sem que esse processo jamais se faça conhecer pela própria consciência moral. Com a introdução da hipótese da pulsão de morte em sua teoria, Freud (1987c, p. 149) retomou em mais de uma ocasião o mesmo argumento "quanto mais virtuoso um homem é, mais severo e desconfiado é o seu comportamento".

Em *O problema econômico do masoquismo*, por exemplo, Freud observa que se poderia esperar o contrário: que um homem que tem o hábito de evitar atos de agressividade, indesejáveis de um ponto de vista cultural,

---

[1]. Professor do Departamento de Filosofia e do mestrado em Estética e Filosofia da Arte da Universidade Federal de Ouro Preto. Coordenador do GT de Estética da ANPOF no Biênio 2015-16, membro do GT de Filosofia e Psicanálise da ANPOF e da *International Society for Psychoanalysis and Philosophy* (ISPP).

teria, por isso mesmo, uma boa consciência e vigiaria seu ego com menos suspeita. Entretanto, não é o que acontece. A explicação seria muito simples, uma vez que aquele que renuncia à pulsão continua a exigir de si cada vez mais renúncias. Ou seja, quanto mais renúncias, mais frustrações, e quanto mais frustrações, mais tentações, e quanto mais tentações, mais duro ele precisará ser consigo mesmo. É preciso observar que essa estratégia não elimina o impulso agressivo, apenas o desloca em direção a si mesmo (Freud, 1987d, p. 212).

## A idealidade trágica do desejo puro

Os impasses desse paradoxo levam Lacan a retornar ao texto trágico procurando resgatar uma ética anterior à formulação filosófica do bem. Dedicando um longo comentário sobre a *Antígona* de Sófocles, Lacan procura definir o que seria a essência da tragédia e, a partir daí, extrair uma formulação de o que poderia ser entendido como a dimensão trágica da experiência psicanalítica.

Lacan é sensível a toda controvérsia que recai sobre o tema da *katharsis* da *Poética* de Aristóteles. O problema já revisitado por inúmeros autores desde o Renascimento é saber como se pode sentir prazer ao suscitar e expurgar ao mesmo tempo os sentimentos de terror e piedade. Como compreender a aparente contradição colocada na exigência de que algo destinado a suscitar emoções desprazerosas como o terror e a piedade possa gerar prazer por meio do teatro (Lacan, 1991, p. 297-298)?

Seus comentários sobre a *katharsis* aristotélica e sobre a beleza sublime da personagem Antígona de Sófocles são apresentados, respectivamente, como a "purgação do imaginário" e a experiência estética que, "pelo intermédio de uma imagem entre outras" (Lacan, 1991, p. 301), é capaz de produzir uma percepção avançada sobre esse campo sempre evitado do além do princípio do prazer, que coincide com o que Freud chamou de *das Ding*, ou a Coisa originária do desejo.[2]

---

[2]. Se nos lembrarmos de que a visada do desejo se dirige à Coisa freudiana, concluiremos que Lacan não faz mais que extrair daí consequências necessárias de seu retorno a Freud. Sabemos, desde o *Projeto para uma psicologia científica* de Freud, que a Coisa é o que produz o desejo. Mas, se a Coisa representa algo incomparável para sempre perdido e eternamente buscado por meio dos objetos de desejo, e se, finalmente, esse processo do desejo é regido pelo princípio do prazer, a descoberta freudiana tardia de algo além do

Segundo Lacan, Antígona nos fascina em sua claridade insuportável. Ao enterrar o irmão, indo ao encontro de seu destino e de sua própria morte, Antígona nos apresenta a visada do desejo. A beleza de um brilho ofuscante surge da imagem depurada de uma paixão repulsiva. Antígona não se detém diante dos apelos de todos os seus, nem diante das ofertas de bens prazerosos, das núpcias, das riquezas, do conforto etc., demonstrando a irredutibilidade de seu desejo singular. Daí Lacan (1991, p. 342) concluir que ela nos apresenta esse desejo puro, um desejo que não se detém diante de nenhum bem. Contudo, ao extrair daí a chamada dimensão trágica da experiência da psicanálise, Lacan volta a estabelecer, contra sua própria orientação inicial, uma exemplaridade idealizada para a ética da psicanálise. Segundo ele, seu objetivo teria sido mostrar que "a função do desejo deve permanecer numa relação fundamental com a morte". Afinal, pergunta-se: acaso o término de análise de qualquer um não deveria confrontá-lo com a realidade da condição humana, ou seja, com sua *Hilflosigkeit*, sua condição de desamparo, "onde o homem, nessa relação consigo mesmo que é sua própria morte, não deve esperar a ajuda de ninguém" (Lacan, 1991, p. 364)?

Tudo indica que o verdadeiro desafio colocado para a ética da psicanálise fosse o de enfrentar a ética utilitarista com um poderoso recurso de tipo transcendental do desejo puro.[3] Nesse sentido, o comentário sobre Antígona visaria, sobretudo, ilustrar uma ação exemplar governada pelo desejo puro como única saída capaz de barrar a determinação da ação pelo cálculo utilitário.

---

princípio do prazer, de um princípio ainda mais radical que busca "restaurar um estado anterior de coisas" (Freud, 1987b, v. XVIII, p. 54), tal descoberta, exatamente, faz desse prazer levado às últimas consequências algo que se confunde com a própria pulsão de morte. Em última análise, a hipótese freudiana do além do princípio do prazer poderia ser observada no texto de *Antígona*. Ela estaria confirmada exatamente no momento do desejo tornado visível, momento de aproximação do campo da Coisa, campo esse que é indicado ou tangenciado, mas não transposto pelo fenômeno estético da beleza, que corresponde na peça àquele momento em que Antígona se encaminha para sua tumba.
3. Safatle (2003, p. 193) propõe que a operação lacaniana de purificação do desejo esconderia uma estratégia maior: "tudo se passava como se Lacan projetasse a função transcendental própria ao conceito moderno de sujeito em uma teoria do desejo". Portanto, a aproximação que Lacan faz entre o sujeito do inconsciente e o *cogito* cartesiano seria, no fundo, uma consequência de tal estratégia.

## Da ética à estética da psicanálise

Com o tempo, percebeu-se que toda essa última articulação tinha graves consequências e que talvez precisasse ser revista. A partir do *Seminário XI: Os quatro conceitos fundamentais da psicanálise* [1964], Lacan opera, pouco a pouco, uma tomada de distância da ética do desejo em direção à experiência da pulsão. Ele alerta para o fato de que se mantivermos a pureza até o fim podemos ser levados a algo desastroso como um sacrifício a um Deus obscuro (Lacan, 1988, p. 259). Disso, concluiria que "a Lei moral, examinada de perto, não é outra coisa senão o desejo em estado puro" e que "o desejo do analista [ou o desejo daquele que chega ao término de uma análise] não é um desejo puro" (Lacan, 1988, p. 260).

Voltando ao contexto do próprio seminário da ética, ainda que a demonstração da dimensão trágica da experiência psicanalítica tenha sido mal sucedida em seu intuito de nos apresentar toda uma exploração da ética incidindo não sobre o domínio do ideal, mas, sobre um aprofundamento da noção de real, indicaremos a seguir a presença de uma abordagem alternativa, no mesmo *Seminário VII*, muito melhor sucedida que pode ser acompanhada pela discussão estética da criação e crítica contemporâneas de arte.

Esse procedimento se torna possível na medida em que o próprio Lacan se dispõe a examinar, por meio do tema da sublimação, uma alternativa de satisfação ligada à capacidade que alguns artistas têm de manipular as representações de modo a apresentar-nos um real diferente dos ideais.

A princípio, Lacan aproximará a ideia de sublimação à de idealização. Tal proximidade diria respeito à maneira como nos relacionamos com os objetos libidinais, sejam eles reais ou idealizados. Comenta, por exemplo, a semelhança que há na maneira como o trovador do amor cortês dos séculos XI e XII idealizava sua Dama e o modo como muitas vezes idealizamos o objeto de arte.

Quando o poeta do amor cortês torna a mulher inatingível, ele revela que a essência de seu desejo é a impossibilidade de satisfação. Esse objeto sustenta o "prazer de desejar", ou ainda, "o prazer de experimentar o desprazer". Elevada à dignidade de *das Ding*, a Dama deixa de ser uma mulher comum.[4] O amor cortês seria um "artifício", uma "organização artificiosa", capaz de produzir a solução refinada de mostrar como uma mulher de carne

---

4. Pois a Dama é sempre apresentada com caracteres despersonalizados (Lacan, 1991, p. 186).

e osso poderia satisfazer o desejo pelo objeto incomparável de *das Ding* no curto-circuito que une um desejo insaciável a um objeto inatingível, ou seja, à Dama, cujo traço principal é ser intocada (ou intocável) e apresentar uma perfeição ideal capaz de manter viva a adoração do poeta.

Apesar da poesia do amor cortês ser um exemplo paradigmático (Lacan, 1991, p. 160) de como a pulsão pode encontrar seu alvo em outro lugar que não seja aquele que é seu alvo inicial, ela não chega a demonstrar uma maneira não sintomática de lidar com os objetos. Talvez ela seja até mesmo um indício de que a pulsão desagregadora que busca o desprazer pode, de um modo ou de outro, sempre estar presente no que normalmente chamamos de sublimação. De todo modo, não se pode negar, nesse caso, a existência de uma espécie de supervalorização fetichista do objeto e, portanto, de uma idealização.

Entretanto, para Lacan, há uma diferença entre a verdadeira sublimação e a idealização. Apesar de percebermos que, em ambos os casos, um objeto é elevado à dignidade de Coisa, Lacan (1991, p. 139) diz que "a idealização faz com que a identificação do sujeito ao objeto intervenha, enquanto que a sublimação é coisa bem diferente". Essa distinção começa a ficar mais clara quando confrontamos dois exemplos apresentados. De um lado, temos a Dama do amor cortês, de outro, uma coleção de caixas de fósforos que Lacan observa na casa de seu amigo Jacques Prévert. Assim, enquanto na idealização temos esse verdadeiro culto ao objeto na figura elevada e fria da Dama inatingível, no objeto elevado à dignidade de Coisa da sublimação temos um objeto qualquer que pode ser encontrado no cotidiano de nossas vidas. Nesse sentido, a sublimação seria o oposto da idealização (Lacan, 1991, p. 144).

## A sublimação do lugar comum

No caso da coleção de caixas de fósforos, poderíamos dizer que temos aí o que Danto chamaria de uma transfiguração do lugar comum. A associação sugerida entre a sublimação pensada como elevação de um objeto à dignidade de Coisa e a transfiguração do lugar comum não passará despercebida para o leitor esteticamente avisado. Danto relata como, ao ser confrontado com a exposição da *Brillo Box* de Warhol em 1964, tomou os objetos indiscerníveis, ou seja, a indistinção perceptiva entre arte e objetos banais como enigma a ser resolvido. A revolução da arte contemporânea realizada por Warhol e *a pop art* nos anos de 1960, e precedida pelos *ready-mades* de Duchamp, no início do século XX, havia tornado possível apresentar como arte um objeto qualquer de nosso cotidiano.

O tema central da obra de Danto, como o próprio título sugere, seria saber como os objetos comuns, banais, podiam ser transfigurados em obras de arte. Danto (2005, p. 218) mostrou que o problema não seria resolvido antes de se aprofundar a compreensão que se tinha até então da relação entre representação e interpretação. A obra de arte usaria a maneira como a não obra de arte apresenta seu conteúdo para propor uma ideia relacionada com a maneira pela qual esse conteúdo é apresentado.

No seu famoso artigo sobre o *Mundo da arte* de 1964, que deu origem a toda a sua investigação sobre os objetos indiscerníveis, Danto (2006b, p. 18) já havia sugerido que ao se apontar um objeto qualquer como sendo arte, "o 'é' da identificação artística" revelaria uma capacidade de se fazer um uso metafórico das palavras, ou seja, um uso comum dominado pelas crianças, ou ainda, como sugere nossa colega Debora Ferreira (2014, p. 86), uma capacidade de "fazer de conta".

A partir dessa sugestão poderíamos avaliar o significado da intuição de Lacan sobre a capacidade de alguns artistas nos apresentarem um real diferente dos ideais. Porém, antes de passarmos diretamente a isso, gostaríamos de lembrar a contribuição de outro colega, Guilherme Massara Rocha, no texto: "Figuras do deslocamento: Danto, Freud, Duchamp", apresentado em 2007, durante a oitava edição de nossos eventos de estética, *Estéticas do deslocamento*, também organizado pela ABRE. Nesse texto, Rocha lembra muito bem que Freud, em 1905, em seus estudos sobre os chistes, havia notado que

> Há inúmeros modos possíveis – quantos, é praticamente impossível dizer – pelos quais a mesma palavra ou o mesmo material verbal pode prestar-se a múltiplos usos em uma sentença [...] as palavras são como um *material plástico*, que se presta a todo tipo de coisas. (Freud, 1987e, p. 48-49)

É possível que passagens como essas tenham sido responsáveis por determinar a afirmação de Lacan sobre sua tese fundamental de que "o inconsciente é estruturado como uma linguagem" já estava presente desde muito cedo nos textos iniciais de Freud sobre a interpretação dos sonhos, sobre a vida cotidiana e sobre os chistes.

O processo que Lacan chamou de metáfora e que Freud inicialmente identificou como *deslocamento*, uma das principais formações do inconsciente, na verdade apenas revelava como é possível transferir o investimento pulsional de certas representações para outras. Acontece que, a partir daí, como sugere Freud (1987a, p. 541) mais uma vez, essas representações passariam a manter entre si "as mais frouxas associações", mesmo aquelas que seriam impensáveis pelo nosso pensamento normal. Em última análise, é isso que nos faria rir quando nos damos conta da formação de um trocadilho.

É verdade que o próprio Danto (2005, p. 183 *et seq*) não concordaria com a ideia de que essas associações pudessem ser tão frouxas na transformação de objeto qualquer em uma obra de arte. Afinal, o elemento interpretativo que faz parte de sua distinção ontológica da arte exige uma postura antirrelativista, pois, para ele, seria possível reconstruir um contexto de significado e dizer da intenção do artista.

Devemos admitir ainda que Danto (2006a, p. 219) reconhece que objetos idênticos podem ser obras distintas e terem significados diferentes. Mas mesmo sua tese pluralista de que em arte tudo é possível haveria de ser acrescida da observação de Heinrich Wölfflin de que "nem tudo é possível em todos os momentos".

## A transfiguração ampliada por Duchamp

Já em uma perspectiva diferente daquela de Danto, o próprio Duchamp (1964), que de fato experimentou a reversão do tempo na assimilação de sua arte, concluiria:

> O ato criador não é executado pelo artista sozinho; o público estabelece o contato entre a obra de arte e o mundo exterior, decifrando e interpretando suas qualidades intrínsecas e, desta forma, acrescenta sua contribuição ao ato criador. Isto torna-se ainda mais óbvio quando a posteridade dá o seu veredicto final e, às vezes, reabilita artistas esquecidos.

A observação de Duchamp (1964) admite uma relatividade que dá uma vivacidade dinâmica às obras de arte. Uma mesma obra pode ter significados diferentes a partir das diferentes recepções a que está sujeita. Segundo ele, no ato criador o artista passa da intenção à realização por meio de uma cadeia de reações totalmente subjetivas que não podem e também não devem ser totalmente conscientes, pelo menos no plano estético. Na cadeia de reações que acompanhariam o ato criador, seria o caso de se acrescentar a inabilidade do artista em expressar integralmente a sua intenção, pois a diferença entre o que quis realizar e o que na verdade realizou seria o "coeficiente artístico" pessoal contido na sua obra de arte.

Além da posição de Duchamp nos parecer mais precisa em relação ao testemunho histórico da recepção de sua própria obra, ela talvez produza consequências mais libertadoras tanto para a perspectiva estritamente estética quanto para a psicanalítica. Em primeiro lugar, porque o próprio Duchamp parece estar mais interessado em expandir a interpretação de suas obras e seus *ready-mades* do que propriamente em determinar um único significado para elas. Em segundo lugar, levando em consideração uma possível experiência "terapêutica" da psicanálise, porque a sublimação poderia ser o suporte de representações carregadas de investimento pulsional destinadas a nos fazer experimentar uma realidade diferente daquelas condicionadas pelos nossos sintomas neuróticos.

Resta dizer que os comentários finais do ensino de Lacan sobre a arte de James Joyce e do seu *savoir y faire* (*saber fazer* com a língua) irão manifestar exatamente esse tipo de preocupação de abrir a significação estagnada e enrijecida pelos sintomas neuróticos a uma multiplicidade não conclusiva de interpretações. Segundo ele, o Joyce de *Finnegans Wake* teria feito algo semelhante ao que nós estetas podemos reconhecer no próprio Duchamp, ou seja, ele também teria produzido o acesso a uma satisfação pulsional ao operar com o simbólico sem produzir a captura neurótica do sentido, uma vez que a tradução completa de seu significado haveria de se tornar impossível em razão da multiplicidade de referências, associações e códigos implicados em uma mesma expressão artística.

## Referências bibliográficas

ARISTÓTELES. "Poética". In: *Aristóteles II* (Col. Os Pensadores). Trad. Eudoro de Souza. São Paulo: Nova Cultural, 1987.

DANTO, A. *A transfiguração do lugar-comum*. Trad. Vera Pereira. São Paulo: Cosac Naify, 2005.

_____. *Após o fim da arte: a arte contemporânea e os limites da história*. Trad. Saulo Krieger. São Paulo: Odysseus-Edusp, 2006a.

_____. "O mundo da arte". Trad. Rodrigo Duarte. In: *Artefilosofia*, Ouro Preto, n. 1, jul. 2006b.

DUCHAMP, M. *O ato criador*. 1965. Disponível em: <https://asno.files.wordpress.com/2009/06/duchamp.pdf>.

FERREIRA, D. *Investigações acerca do conceito de arte*. Tese de Doutorado defendida no Programa de Pós-Graduação em Filosofia da Faculdade de Filosofia e Ciências Humanas da Universidade Federal de Minas Gerais - FAFICH - UFMG, 2014.

FREUD, S. "A Interpretação dos sonhos". In: *Edição Standard Brasileira das Obras Psicológicas Completas de Sigmund Freud*, vol. V, Rio de Janeiro: Imago Editora, 1987a - 2ª edição.

_____. "Além do princípio do prazer". In: *Edição Standard Brasileira das Obras Psicológicas Completas de Sigmund Freud*, vol. XVIII, Rio de Janeiro: Imago Editora, 1987b- 2ª edição.

_____. "O mal-estar na civilização". In: *Edição Standard Brasileira das Obras Psicológicas Completas de Sigmund Freud*, vol. XXI, Rio de Janeiro: Imago Editora, 1987c- 2ª edição.

_____. "O problema econômico do masoquismo". In: *Edição Standard Brasileira das Obras Psicológicas Completas de Sigmund Freud*, vol. XIX, Rio de Janeiro: Imago Editora, 1987d - 2ª edição.

_____. "Os chistes e sua relação com o inconsciente". In: *Edição Standard Brasileira das Obras Psicológicas Completas de Sigmund Freud*, vol. VIII, Rio de Janeiro: Imago Editora, 1987e- 2ª edição.

LACAN, J. *Escritos*. Trad. Vera Ribeiro. Rio de Janeiro: Jorge Zahar, 1998.

_____. *O seminário, livro VII. A ética da psicanálise*. Trad. Antônio Quinet. Rio de Janeiro: Jorge Zahar, 1991.

_____. *O seminário, livro XI. Os quatro conceitos fundamentais da psicanálise*. Trad. M.D. Magno. Rio de Janeiro: Jorge Zahar, 1988.

ROCHA, G. "Figuras do deslocamento: Danto, Freud, Duchamp". In: *Artefilosofia*, Ouro Preto, n. 5, jul. 2008.

SAFATLE, V. "O ato para além da lei: Kant com Sade como ponto de viragem do pensamento lacaniano". In: *Um limite tenso: Lacan entre a filosofia e a psicanálise*. São Paulo: Editora UNESP, 2003.

SÓFOCLES. *A trilogia tebana: Édipo Rei, Édipo em Colono, Antígona*. Trad. do grego, Introdução e notas de Mario da Gama Kury. Rio de Janeiro: Jorge Zahar, 1991.

# DIALÉTICA, PARADOXO OU IRONIA – O QUE É O TRÁGICO?

Pedro Duarte[1]

O título deste artigo se pergunta sobre o que é o trágico. Na verdade, porém, não é o trágico, em si, o que interessa aqui, mas o pensamento. Na filosofia moderna surgida na virada do século XVIII para o XIX, Hegel abordou o trágico pela dialética, Hölderlin o fez pelo paradoxo, e Friedrich Schlegel pela ironia, mas, através disso, eles estavam, de modo consciente ou não, determinando pura e simplesmente o que significa pensar. Se, para Hegel, o pensamento é dialético, para Hölderlin ele é paradoxal e, para Schlegel, é irônico. Nesse sentido, o título deste artigo poderia ser lido também: Hegel, Hölderlin e Schlegel – o que significa pensar? Portanto, meu objetivo, ao adentrar no que se tornou conhecido como "filosofia do trágico" na história intelectual do Ocidente, não é tanto o esclarecimento maior de algum ponto específico, mas explicitar que ali o que estava em jogo eram menos as tragédias propriamente ditas, ou algum tema de curiosidade estética e literária, do que o significado do próprio pensamento. Nesse sentido, se a filosofia do trágico é uma discussão eminentemente estética, ela não deixa de ser, simultaneamente, uma discussão ontológica, e é nessa junção que reside o seu maior interesse.

Feita essa breve introdução, vale ainda, antes de começar, completá-la com uma ressalva. Não entrarei aqui em maiores aprofundamentos sobre as minúcias envolvidas no modo como cada um desses autores concebeu o trágico ao longo de suas obras, o que escaparia ao escopo deste artigo e, sobretudo, prejudicaria o delineamento comparativo que pretendo. O caráter um pouco esquemático dessa comparação tem em vista destacar como, sob

---

1. Pedro Duarte é Professor Doutor de Filosofia da PUC-Rio, membro do GT de Estética da ANPOF e autor de *Estio do tempo: Romantismo e estética moderna* (Zahar, 2011) e *A palavra modernista: vanguarda e manifesto* (Casa da Palavra, 2014).

o fundo de um problema comum e de formulações aparentemente próximas, surgiram formas bem distintas de se analisar as tragédias e, especialmente, como já foi dito, de se conceber o próprio significado do pensamento. Na discussão histórica acerca da filosofia do trágico, a posição de Hegel sem dúvida foi predominante e a posição de Hölderlin tem sido considerada um contraponto importante a ela, mas pretendo, além de apresentá-las, situar outra, que recebeu menos atenção até hoje: a posição adotada pelos primeiros românticos alemães, em especial Schlegel. Os três, contudo, elaboraram suas interpretações a partir do horizonte histórico e filosófico comum da era moderna.

Os antigos personagens da tragédia grega tornaram-se depois, durante a filosofia moderna, protótipos para pensar na essência trágica dos homens. Os dois – personagens e homens – seriam marcados pelo extraordinário: quer seja das suas ações, ou do seu ser mesmo. Embora a composição formal das tragédias exponha uma beleza equilibrada do enredo e dos seus elementos, conforme diagnosticara Aristóteles, ela guarda, em si, algo mais: um vigor sublime daquilo que, escapando a toda medida, desequilibra e aterroriza. Raro em seu advento, o personagem trágico, tipificado pela poesia da antiguidade grega, e o homem trágico, tipificado pela filosofia moderna, são não só o extremo do ser, mas o ser do extremo em todo o homem. O horror e a atração – que desde os primórdios são despertados em nós por tal tipo – vêm da sua ausência de equilíbrio medido. Homens do mundo que somos, sentimos, paradoxalmente, horror pela atração e atração pelo horror diante do extraordinário, ou seja, daquilo que excede a razoabilidade cotidiana, daquilo que transcende o nosso morno meio-termo habitual, daquilo que quebra o hábito e põe a alma em contato com uma existência ao mesmo tempo próxima e distante de todos nós, ao mesmo tempo familiar e estranha, entre a vida e a morte.

Se esse "homem do mundo vive nas nuanças, nas gradações, no claro-escuro, no encantamento confuso ou na mediocridade indecisa: no meio", como observou Maurice Blanchot, é precisamente desse seu lugar que ele sente atração e horror pelo diferente de si, ou seja, por aquele "homem trágico que vive na tensão extrema entre os contrários, remonta do sim e não confusamente misturados aos sim e não claramente mantidos em sua oposição" (Blanchot, 2007, p. 30). O razoável homem mundano, entre medo e admiração, encanta-se com o seu outro, com a sua alteridade. Sublinhe-se, aqui, o "seu", e não somente o "outro", pois o poder da representação trágica é expor o mais alheio ao homem mundano que, porém, o habita. É o outro que também mora nele, nem que seja virtualmente. É o estranho que é familiar. Freud chegou a chamar isso, num vocabulário psicanalítico, de "sinistro". É, de fato, sinistro. É, enfim, a própria alteridade, mas vista como o avesso de si, dentro e fora de nós ao mesmo tempo, portanto. Seja como for, essa possibilidade contemporânea de falar – como fez Blanchot – de um homem trágico, não mais somente de um personagem trágico, foi aberta principalmente a partir da filosofia moderna, no século XVIII, que investigou a ideia mesma do trágico, para além daquilo que caracterizara a abordagem – empírica e prescritiva – antiga, que procurava decifrar a composição formal das tragédias e de seus heróis.

Nas considerações poéticas aristotélicas, a dimensão filosófica das tragédias foi apenas timidamente indicada. Num certo sentido, não se pode falar do trágico na Grécia antiga, mas só de tragédia, pois não se desenvolveu ali uma reflexão ontológica sobre o ser trágico, mas sim uma descrição da estrutura e dos efeitos dos enredos das tragédias. "Desde Aristóteles há uma poética da tragédia; apenas desde Schelling, uma filosofia do trágico", assinalou Peter Szondi (2004, p. 23), numa passagem célebre. Mais ainda, ele diagnosticou que, em geral, a estética moderna ficou presa aos ensinamentos do filósofo grego, com constatações voltadas à aplicação na própria poesia, sem ter uma autonomia de reflexão independente e cujo valor estaria em si mesma. Nesse contexto, destacou-se – como uma "ilha", na opinião de Szondi – a filosofia do trágico, escapando da zona de influência tradicional aristotélica. Só aqui a tragédia deixara de ser avaliada com um enfoque sobre si, dando asas para os voos especulativos acerca de vida e morte, liberdade e necessidade, homem e mundo, cultura e natureza, ser e nada. Empregando a expressão de Jacques Taminiaux (1995, p. 6), a tragédia passava então a ser vista como "documento ontológico" na era moderna.

Essa virada histórica assinalada por Szondi foi detalhada por Roberto Machado, ao apontar "o nascimento do trágico" na era moderna, segundo paráfrase de Nietzsche, que já estudara "o nascimento da tragédia" na era antiga (Machado, 2006). Machado considera seis etapas – a representação da liberdade, em Schiller; a intuição estética, em Schelling; a manifestação sensível da ideia, em Hegel; o afastamento do divino, em Hölderlin; a negação da vontade, em Schopenhauer; e a representação do dionisíaco, em Nietzsche. Eu gostaria de indicar, aqui, uma etapa a mais nessa narrativa. Na virada do século XVIII para o XIX, além dos autores já citados, outros também constituíram uma filosofia do trágico – como Friedrich Schlegel, na origem do Romantismo alemão. Era o chamado Romantismo de Iena, posto que o grupo de pensadores que o formou reuniu-se especialmente nesta cidade e gestou, ali, um movimento fundador da filosofia da arte – como explorei em meu livro *Estio do tempo: Romantismo e estética moderna*. Por ora, pretendo tirar consequências daquele trabalho para esboçar o que seria uma filosofia do trágico romântica. Em seu centro, está a ideia de que o trágico é irônico. Para apresentar essa ideia, vou diferenciá-la de outras filosofias do trágico que lhe são aparentemente – mas só aparentemente – próximas: as de Schelling e Hegel, que entendem o trágico por meio da dialética; e a de Hölderlin, que entende o trágico por meio do paradoxo.

Schelling – que escreveu um dos mais importantes textos de filosofia do trágico, a décima de suas *Cartas sobre o dogmatismo e o criticismo* – sentenciara que o homem moderno vivia em um "exílio do absoluto" (Schelling, 1973, p. 184). Entre o eu e o mundo, pensamento e ação, entendimento e intuição, homem e natureza, enfim, entre o sujeito e o objeto, eis que emergia a dolorosa distância em que os primeiros românticos se instauraram, bem como o próprio Schelling, Hegel e Hölderlin, jovens companheiros de seminário. Todos se debruçam sobre as tragédias gregas por enxergar nelas não só documentos ontológicos, mas também testemunhos históricos cronologicamente antigos do que seria espiritualmente moderno, na verdade. Na tragédia está anunciado o "exílio do absoluto" que caracteriza a solidão do homem moderno na sua realidade. É por isso que a tragédia será não apenas examinada literariamente por eles, mas também tomada como um modelo para os seus próprios pensamentos. Quando abordam as tragédias, os autores identificam nelas a estrutura básica de seus modos de pensar.

Schelling e, sobretudo, Hegel acharam na tragédia o modelo para o pensamento dialético: toda colisão de contrários – liberdade e submissão, privado e público, vontade e destino, finito e infinito, parte e todo – seria apresentada para promover esteticamente uma harmonia final, restaurando o equilíbrio perdido. Como orienta a dialética, a tese e a antítese se chocariam para produzir um terceiro termo – a síntese. Os opostos seriam superados pelo progresso trágico em três atos, carregando até a solução final. Embora o jovem Schelling (escritor das *Cartas sobre o dogmatismo e o criticismo* em 1795) hesite em abraçar a dialética, já em 1800 (no *Sistema do idealismo transcendental*) ele acredita que, na arte, "todas as contradições são suprimidas" (Schelling, 1997, p. 137). Essa dialética dissolve as contradições. Segundo Hegel, é por isso que na *Antígona* a heroína homônima é aniquilada objetivamente através de sua morte, assim como, em *Édipo em Colono*, peça do mesmo autor, Sófocles, o protagonista será exilado e deverá expiar, em isolamento e cego, pelo que fizera em *Édipo Rei*. O sacrifício é, aqui, redentor, não em primeiro lugar para os indivíduos, mas sim para que a ordem total seja recuperada. Em outras palavras, se Antígona opunha-se à lei da cidade, porque queria enterrar seu irmão banido, e Creonte opunha-se à lei da família, por proibi-la de fazê-lo, os dois terão que morrer, pois só assim a unidade harmoniosa é garantida. Se a colisão move as tragédias, se os conflitos empurram as ações, concebe Hegel (2004, p. 211), "o fim, ao contrário, será alcançado quando a solução da discórdia e da intriga tiver ocorrido".

Embora predominante, a interpretação dialética da tragédia, criada por Schelling e Hegel, não foi a única que marcou o nascimento da moderna filosofia do trágico. Isso a tal ponto que talvez devêssemos falar de filosofias do trágico, no plural. É conhecido, por exemplo, o singular caso de Hölderlin. Embora tenha inicialmente contribuído para a abordagem dialética das tragédias junto a seus amigos de seminário Schelling e Hegel, ele tardiamente "pôde se livrar, ou se distinguir desse esquema especulativo e da lógica da dialética" (Lacoue-Labarthe, 200, p. 184). Tal distinção esteve em Hölderlin abrir mão da síntese da filosofia dialética, ao interpretar que "o significado das tragédias se deixa conceber mais facilmente no paradoxo" (Hölderlin, 1994, p. 63). É, antes, a manutenção do paradoxo, e não a solução dialética das contradições, o que constitui o sentido da tragédia, aqui. Por isso, Hölderlin (2008, p. 78), apropriando-se da doutrina aristotélica do efeito catártico da tragédia, postula "que a unificação ilimitada se purifica por meio de uma separação ilimitada", ao fazer suas observações sobre Édipo. Ora, é como se Hölderlin se distanciasse da sanha especulativa e unificadora do saber absoluto de Hegel, seu contemporâneo, aproximando-se mais da prudência crítica do conhecimento transcendental de Kant, seu antepassado – e a partir daí concebesse o sentido da tragédia. Sua situação, nessa metafísica no limiar de seu acabamento, seria de uma "crescente estranheza" (Courtine, 2006, p. 39).

Para Hölderlin, a falha trágica de Édipo esteve em, como um proto-Hegel ainda na Grécia antiga, querer tudo saber. Édipo esquece-se da distância que o separa, por ser humano, dos deuses. Mortal. Limitado. Este é Édipo. No entanto, tomado pela pretensão de obter consciência de tudo, investigando tudo, ele transpassa a fronteira que separa os homens dos deuses. Por sua vez, Antígona supõe ter acesso privilegiado à lei divina, se coloca assim em um suposto contato direto com os deuses. Nenhum dos dois respeita o que Hölderlin chamou, certa vez, de "afastamento categórico", embora as tragédias que protagonizam nos ensinem justamente isso. Daí surge a cesura. Daí vem a separação. Por isso, o poeta Hölderlin – que se dedicara a traduzir as tragédias antigas gregas para o alemão na era moderna – afasta-se de Hegel. Não é o absoluto e nem a síntese que ele enxerga nas tragédias, mas, na melhor das hipóteses, um movimento só de aproximação infinita da verdade, de alternância entre os polos contrários. O deus não pode mesmo ser apreendido na sua presença, pois tanta luz cega. É na sua ausência que o apreendemos, ou seja, trata-se de um paradoxo – cuja morada é a poesia.

Teríamos, portanto, duas filosofias do trágico: a lógica-dialética, de Schelling e Hegel; e uma poética, de Hölderlin (Figueiredo, 2007, p. 52). Só que há mais ainda. Conforme eu anunciara no começo, nesse mesmo momento uma outra teoria do trágico estava nascendo. Ela estaria mais próxima de Hölderlin que de Hegel, do paradoxo que da dialética, da poesia que da lógica – embora tenha sua singularidade própria. Trata-se de uma terceira posição, originada no Romantismo de Iena, em particular com Friedrich Schlegel. Para ela, o sentido da tragédia é irônico e reflexivo (daí a grande relevância do coro antigo, da parábase, que oferecia ao drama a autoconsciência depois tornada típica durante a época moderna, adentrando desde então os próprios personagens, como ocorre com Hamlet, na peça homônima de Shakespeare). O nexo – em princípio nada evidente – entre a tragédia e a ironia residiria em que, ao menos "para Schlegel, a situação básica metafisicamente irônica do homem é que ele é um ser finito que luta para compreender uma realidade infinita, portanto incompreensível" (Muecke, 1995, p. 39). Esse caráter irônico da situação metafísica – ou ontológica – do homem, portanto, não deixava de ser também trágico, pois o destinaria a perseguir um objetivo impossível, sem, contudo, que a sua liberdade pudesse nada além de aceitar, romanticamente, essa tarefa inglória.

Ironia é a "alternância constante de autocriação e auto-aniquilamento", pensam os românticos (Schlegel, 1997, p. 54). Tanto autocriação como autoaniquilamento estão na dialética de Hegel – são o "sim" e o "não". Entretanto, enquanto na dialética a alternância entre criação e destruição estava destinada a encontrar o seu acabamento na síntese entre tese e antítese, já na ironia essa alternância é constante, ou seja, ela não dá lugar senão a seu próprio desdobramento, que jamais encontra conciliação final, seja na história, seja na linguagem. Ficamos oscilando entre o sim e o não, a tese e a antítese, o finito e o infinito, a ordem e o caos, a ficção e a realidade, o enredo e a obra, a obra e a arte, a vida e a morte. Nos termos de Schlegel, a ironia "contém e excita um sentimento do conflito insolúvel entre incondicionado e condicionado" (Schlegel, 1997, p. 37). Repare-se que o conflito é insolúvel, sem solução ou, para empregar um vocabulário de Hegel, sem uma síntese. O sentido absoluto incondicionado da verdade não se explicita totalmente jamais para o homem, que é sempre condicionado por sua história e por sua linguagem, pelo seu mundo e pelas suas palavras. Isso é o que, para os românticos, vem à tona nas tragédias – um conflito insolúvel, não um limite bem estabelecido e nem uma síntese fulgurante, ou seja, nem uma posição kantiana e nem uma hegeliana.

Nessa medida, distinguir a ironia da dialética é importante, mas não suficiente. É preciso entender que a ironia não foi a antecâmara romântica da dialética de Hegel, que viria historicamente adiante. Nisso, discordo da posição de Peter Szondi em seu ensaio sobre ironia romântica, pois, para ele, na história intelectual, pode-se dizer que Schlegel prepara o caminho para a dialética hegeliana (Szondi, 1973). Para ele, a ironia seria o modo pelo qual o Romantismo suportara a sua própria incapacidade de, através da ação, superar os conflitos de sua época presente e alcançar a reconciliação futura – justo o que a dialética faria. Minha discordância está em que, para Schlegel, a ironia encerra em si, tragicamente, a manutenção, pela reflexão, dos contrários. Compreender dialeticamente a ironia, como se fosse uma etapa preparatória para a síntese futura, suprime a sua força própria, além de perder uma chance de, ao invés, captar ironicamente a dialética. Szondi pressupõe que a ironia é só momentânea, temporária. Contudo, para os românticos, ela seria permanente. Foi outro autor do século XX, Paul de Man, quem captou o conceito de ironia que os primeiros românticos praticaram, ao apontar que ela não permitia fim nem totalidade (De Man, 2002). Ela se repete, ela volta, ela insiste. Ela bloqueia a dialética – não a prepara. Impede uma significação filosoficamente completa do mundo, uma vez que insiste em sua inelutável precariedade.

Para concluir, seria possível atrelar então a cada uma das maneiras de conceber o trágico por parte de Hegel, Hölderlin e Schlegel a própria definição que cada um deles dá do que significa pensar. Para Hegel, pensar é pensar dialeticamente. Para Hölderlin, pensar é pensar paradoxalmente.

Para Schlegel, pensar é pensar ironicamente. Não é por acaso, então, que também para cada um deles a tarefa que se coloca para a formação da cultura moderna indica instâncias distintas. Para Hegel, é a filosofia. Para Hölderlin, é a poesia. Um procura a clareza do conceito, o outro, a ambiguidade da imagem. No caso de Schlegel, porém, é a irônica alternância entre a filosofia e a poesia que aparece. Não se trata de optar entre uma ou outra, e tampouco de achar uma síntese de ambas, mas de praticar um pensamento no qual a reflexão e a criação alternam-se constantemente. Boa parte da filosofia e arte modernas e contemporâneas talvez estejam, nesse sentido, numa relação de consonância com o que Schlegel romanticamente buscava. O sentido trágico, aqui, torna-se por vezes ironicamente tragicômico.

Referências bibliográficas

BLANCHOT, M. "O pensamento trágico". In: BLANCHOT, M. *A conversa infinita 2: a experiência limite*. São Paulo: Escuta, 2007.
COURTINE, J.-F. "A situação de Hölderlin no limiar do idealismo alemão". In: COURTINE, J.-F. *A tragédia e o tempo da história*. São Paulo: Ed. 34, 2006.
DE MAN, P. "The Concept of Irony". In: *Aesthetic Ideology*. Minnesota: University of Minnesota Press, 2002.
DUARTE, P. *Estio do tempo: Romantismo e estética moderna*. Rio de Janeiro: Zahar, 2011.
FIGUEIREDO, V. "A permanência do trágico". In: ALVES JUNIOR, D. G. (org.). *Os destinos do trágico*. Belo Horizonte: Autêntica; FUMEC, 2007.
HEGEL, G. W. F. *Cursos de estética IV*. São Paulo: Edusp, 2004.
HÖLDERLIN, F. "O significado da tragédia". In: HÖLDERLIN, F. *Reflexões*. Rio de Janeiro: Relume-Dumará, 1994.
_____. *Observações sobre Édipo: observações sobre Antígona*. Rio de Janeiro: Zahar, 2008.
LACOUE-LABARTHE, P. "A cesura do especulativo". In: LACOUE-LABARTHE, P. *A imitação dos modernos*. São Paulo: Paz e Terra, 2000.
MACHADO, R. *O nascimento do trágico*. Rio de Janeiro: Zahar, 2006.
MUECKE, D. C. *Ironia e o irônico*. São Paulo: Perspectiva, 1995.

SCHELLING, F. "Cartas filosóficas sobre o dogmatismo e o criticismo". In: SCHELLING, F. *Escritos filosóficos*. São Paulo: Abril Cultural, 1973.

_____. "Trecho do *Sistema do Idealismo Transcendental*". In: DUARTE, R. (org.). *O belo autônomo*. Belo Horizonte: Ed. UFMG, 1997.

SCHLEGEL, F. *O dialeto dos fragmentos*. São Paulo: Iluminuras, 1997.

SZONDI, P. "Friedrich Schlegel und die romantische Ironie mit einem Beilage über Tiecks Komödien". In: MOHRLUDER, Gustav Adolf *et al* (org). *Ironie als literarisches Phänomen*. Koeln: Kiepenheuer & Witsch, 1973.

_____. *Ensaio sobre o trágico*. Rio de Janeiro: Zahar, 2004.

TAMINIAUX, J. *Le théâtre des philosophes*. Grenoble: Jérôme Milton, 1995.

# SUBLIMIDADE E TRAGÉDIA NO *EMPÉDOCLES* DE HÖLDERLIN

Ulisses Razzante Vaccari[1]

Em *O significado das tragédias*, Hölderlin afirma que o mecanismo mais próprio da tragédia é o paradoxo. Mantendo-se fiel ao hino *Patmos*, no qual escreve que é em sua própria ausência que o deus está mais próximo, Hölderlin, no texto citado, aprofunda teoricamente a ideia de que o original, não podendo aparecer em toda a sua força e originalidade, faz-se presente em sua fraqueza. Nas *Observações sobre Édipo*, de 1804, a ideia do paradoxo, associada ao trágico, retorna, evidenciando que se trata de um modo característico de Hölderlin de pensar a tragédia. Nessa obra, ele afirma que, no trágico, o elemento monstruoso, isto é, o acasalamento entre o homem e deus, "se concebe em virtude do fato de que a unificação ilimitada se purifica por meio da separação ilimitada" (Hölderlin, *Sämtliche Werke*: SW II, p. 856).[2] Não havendo possibilidade de uma unificação imediata, é pela desagregação que a unificação pode ser atingida. Esse paradoxo, de resto característico de um tempo inoperante – do tempo trágico por excelência –, expressa-se na própria forma da tragédia, que procede por oposições: "Por isso o diálogo constantemente antitético, por isso o coro como oposição a ele". Na tragédia de Édipo, afinal, "tudo é fala contra fala, que se anulam mutuamente" (Hölderlin, *Sämtliche Werke*: SW II, p. 856).

Em *Sobre o significado das tragédias*, entretanto, Hölderlin trata da questão de forma mais abstrata e procura pensar o papel do *signo* em meio a essa relação paradoxal. A ideia central do texto é que o original, o aórgico

---

1. Doutor em Filosofia pela USP e professor no Departamento de Filosofia da Universidade Federal de Santa Catarina (UFSC). E-mail: ulisses_vaccari@hotmail.com
2. Salvo quando há indicação contrária, todas as traduções dos textos de Hölderlin são de minha responsabilidade.

ou o Ser apresenta-se quando o signo, no caso o herói (Édipo, Antígona, Empédocles), é sacrificado ou igualado a zero. Nas palavras do fragmento citado: "Se a natureza se expõe propriamente em seu dom mais fraco, então o signo, quando ela se apresenta em seu dom mais forte, será = 0" (Hölderlin, SW II, p. 561). Assim o fundamento do trágico é explicado por Hölderlin: quando a natureza se expõe em seu dom mais fraco, o signo, o herói, está no seu momento mais forte, e quando, pelo contrário, a natureza se apresenta em seu dom mais forte, o signo, o herói, está em seu momento mais fraco e é sacrificado.

Essa concepção do trágico, pensada a partir do paradoxo, remete ao conceito do sublime, em especial em sua acepção kantiano-schilleriana, segundo a qual o mundo moral, racional e livre é exposto por meio do aniquilamento do sensível. Na famosa definição de Schiller (2011, p. 21):

> Sublime denominamos um objeto frente a cuja representação nossa natureza sensível sente suas limitações, enquanto nossa natureza racional sente sua superioridade, sua liberdade de limitações; portanto, um objeto contra o qual levamos a pior *fisicamente*, mas sobre o qual nos elevamos *moralmente*, i.e., por meio de ideias.

Tanto aqui como em Hölderlin, o sublime surge do paradoxo, segundo o qual o mundo moral se apresenta quando o elemento sensível sente suas limitações. O objetivo do presente texto, nesse sentido, é mostrar em que medida o paradoxo da concepção trágica de Hölderlin pressupõe o conceito do sublime, constituindo, assim, o fundamento disso que Peter Szondi (2004, p. 23), no *Ensaio sobre o trágico*, denominou filosofia do trágico. Segundo esse autor, enquanto Aristóteles lida com uma poética do trágico, partindo de uma análise empírica das tragédias, a partir de Schelling (e Hölderlin)[3] instaurar-se-ia uma filosofia do trágico, definida pela determinação da *ideia* mesma do trágico. Embora o próprio Szondi não o afirme categoricamente, a diferença entre a concepção de Aristóteles e a do idealismo reside, a nosso

---

3. Szondi analisa o texto *O significado das tragédias* de Hölderlin no mesmo *Ensaio sobre o trágico* (2004, p. 33-36), mas, além de não mencionar o conceito do sublime, interpreta o paradoxo como "dialético", evidenciando uma interpretação de cunho fortemente hegeliano. O termo que melhor define a poética do trágico em Hölderlin é o paradoxo e não a dialética, no sentido hegeliano, pois, em Hölderlin, é necessário que se mantenha a tensão dos opostos, a qual não é superada numa síntese final. O conceito do sublime é o que melhor expõe essa relação, na medida em que, nele, a oposição e a tensão, o conflito dos termos (sensibilidade e razão) é mantido, assim como ocorre na tragédia.

ver, no fato de que este último fundamenta filosoficamente o trágico no conceito de sublime, tal como desenvolvido por Kant e Schiller, conceito do qual Aristóteles não dispunha e não podia dispor.

## A negatividade do sublime em Kant

A indicação de que o trágico, em Hölderlin, possui uma ligação estreita com o sublime kantiano se sustenta no fato de que, no texto citado anteriormente, de *O significado das tragédias*, o poeta pensa o trágico a partir de uma inversão ou um esvaziamento do padrão numérico-matemático. O original na tragédia pode ser exposto, escreve Hölderlin, quando o signo é esvaziado, isto é, = 0. Essa ideia está ligada à negatividade própria do sublime, tal como Kant desenvolve essa noção na *Crítica da faculdade do juízo*. Ao contrário do belo, cuja harmonia na forma traz em si uma positividade imediata, o sublime é marcado antes por uma ausência ou um aniquilamento da forma ou de toda conformidade a fins (*Zweckmässigkeit*). Assim afirma Kant em duas passagens distintas de sua obra: "o comprazimento no sublime contém não tanto prazer positivo, mas muito mais admiração ou respeito, isto é, merece ser chamado prazer negativo" (Kant, 1998, p. 138); e "o comprazimento no sublime da natureza é (...) somente *negativo* (ao invés no belo é *positivo*)..." (Kant, 1998, p. 167).

Essa negatividade está ligada à concepção de que, ao contrário do belo, o sublime, na medida em que suprime toda forma, não pode mais ser julgado qualitativamente, mas apenas quantitativamente. No belo, a conformidade a fins atesta a harmonia do objeto com as formas do sujeito, logo, essa sua positividade intrínseca garante a possibilidade de um juízo de gosto. Como a marca do sublime, pelo contrário, é a negatividade, pelo movimento que consiste em reduzir a sensação a zero (= 0), torna-se impossível qualquer juízo qualitativo sobre seu objeto, mesmo todo e qualquer juízo de gosto. Antes, o que subsiste no sublime é apenas um sentimento (de respeito ou admiração) provocado pela incapacidade da imaginação em apreender o absolutamente grande numa única intuição.

Em sua capacidade cognitiva, definida na *Crítica da razão pura*, a imaginação atua progressivamente, na medida em que apreende o múltiplo dado no tempo (no sentido interno) e no espaço (sentido externo). Dessa apreensão progressiva, a imaginação fornece um esquema para o entendimento,[4] sem o qual este não é capaz de apreender, em uma síntese do conceito, a matéria proveniente dos sentidos. Em sua função cognitiva, portanto, imaginação e entendimento precisam atuar em conjunto, em uma atividade que consiste em conduzir o múltiplo dado no tempo (progressivamente) à unidade sintética do conceito. Enquanto a imaginação apreende e cria o esquema, o entendimento unifica, e é assim, resumidamente falando, que o conhecimento pode ser explicado. No caso do sublime, entretanto, a imaginação se situa diante de algo absolutamente grande, do grande acima de todas as coisas, como afirma Kant (1998, p. 141). Isso significa que, para a apreensão desse absolutamente grande, a imaginação necessita de uma medida que ultrapassa toda comparação. Pois é possível estabelecer que algo seja grande, comparando-o com um padrão de medida fundamental. Porém, para conceber que algo seja grande acima de todas as coisas é necessário um padrão de medida que ultrapassa toda medida fundamental, toda comparação, logo, toda relação matemática. Como afirma Kant (1998, p. 145-146), torna-se necessário um padrão de medida estético, que pode ser dado à imaginação em uma única intuição:

> Ora, para a avaliação matemática das grandezas, na verdade não existe nenhuma coisa maximamente grande (pois o poder dos números vai até o infinito); mas para a avaliação estética das grandezas certamente existe uma coisa maximamente grande; e desta digo que, se ela é ajuizada como medida absoluta, para além da qual subjetivamente (ao sujeito que ajuíza) nenhuma maior é possível, então ela comporta a ideia do sublime e produz aquela comoção que nenhuma avaliação matemática das grandezas pode efetuar através de números [...].

Sublime é, segundo as palavras de Kant, aquela comoção causada pela aniquilação do padrão de medida matemático, isto é, a comoção causada pelo ajuizamento estético no qual o padrão de medida matemático é levado a zero (= 0). Isso se dá quando a imaginação, ao procurar apreender, em vão, esse objeto grande acima de todas as coisas, que escapa a toda medida, inverte sua função progressiva, ocasionando um descompasso em relação à atividade sintética do entendimento. Quanto mais a imaginação avança em sua tentativa de apreender o absolutamente grande em uma única intuição, menos o entendimento pode acompanhá-la nesse seu esforço, ocasionando assim uma ruptura entre as duas faculdades, condição necessária para o

---

4. Trata-se da argumentação do Capítulo do Esquematismo da *Crítica da razão pura*.

sentimento do sublime, que aqui se mostra em toda a sua oposição em relação ao belo, que proporciona um jogo harmônico entre imaginação e entendimento. Com isso, o sublime, segundo Kant, surge a partir do momento em que o ânimo atinge e ultrapassa o limite do lógico (do matemático), daquilo que o entendimento pode compreender, como é afinal o próprio conceito de algo maior que todas as coisas, o próprio absoluto. Nas *Observações sobre Édipo e Antígona*, Hölderlin (2008, p. 78), referindo-se implicitamente a essa ideia, fala do monstruoso, do formidável e desconhecido (*das Ungeheuer*). Já pensando na aplicação dessa ideia à tragédia, o sublime realiza a passagem da *comprehensio logica*, que se utiliza sempre de um *quantum* comparativo, como na razão pura, para a *comprehensio aesthetica* (Kant, 1998, p. 149), em que o padrão de compreensão deixa de ser o numérico-conceitual, e passa a ser o intuitivo. A partir disso, o sublime, marcado inicialmente apenas pela negatividade, adquire uma positividade (mediada), pois o esforço da imaginação, a princípio vão, de apreender o absoluto progressivamente, desperta no ânimo uma faculdade ilimitada em si mesma, grande acima de todas as medidas: a razão. Nas palavras de Kant (1998, p. 149), por meio do esforço da imaginação, "o ânimo escuta em si a voz da razão, a qual exige a totalidade para todas as grandezas dadas, mesmo para aquelas que na verdade jamais podem ser apreendidas inteiramente...".

Ao esforçar-se por apreender o infinito, o suprassensível, em uma única intuição, a imaginação desperta a razão, a faculdade suprassensível por excelência. Ao ser despertada, por sua vez, a razão amplia a imaginação, que se vê então capaz de apreender o infinito no fenômeno (o infinito dado) ou, como dirá Schiller, "a liberdade no fenômeno". Nas palavras de Kant (1998, p. 150): "a natureza é portanto sublime naquele entre os seus fenômenos cuja intuição comporta a ideia de sua infinitude". Nesse caso, o sentimento inicial de desprazer, gerado pela impotência da apreensão do todo, torna-se um prazer (comoção) na medida em que esta impotência se torna uma concordância – uma conformidade a fins – com uma lei da razão. Para isso, entretanto, a função progressiva da imaginação deve ser reduzida a zero, *conditio sine qua non* do surgimento da totalidade ou, como afirma Kant (1998, p. 155), da pluralidade na unidade (anseio de toda metafísica especial desde Leibniz):

> A medição de um espaço (como apreensão) é ao mesmo tempo descrição do mesmo, por conseguinte movimento objetivo na imaginação e um pro-

gresso; a compreensão da pluralidade na unidade, não do pensamento, mas da intuição, por conseguinte do sucessivamente apreendido num instante é contrariamente um regresso, que de novo anula a condição temporal no progresso da imaginação e torna intuível a *simultaneidade*.

O sublime – entendido aqui como o sentimento de prazer ocasionado pela concordância da dor a fins, ou pela transformação do sentimento inicial de incapacidade de apreensão do todo no tempo no sentimento da capacidade de apreensão do todo numa intuição (a pluralidade na unidade) – surge do regresso da atividade progressiva da imaginação. Em Kant, assim, a anulação do padrão de medida lógico-matemático conduz ao sublime dinâmico, em que a natureza passa a ser medida pela força (*Gewalt*) ou poder (*Macht*) que exerce sobre o sujeito. Na medida em que o poder "é uma faculdade que se sobrepõe a grandes obstáculos" (Kant, 1998, p. 157) e o sujeito, no julgamento estético, procura se opor a esse poder, resistindo a ele, o sublime dinâmico se relaciona com a natureza por meio do sentimento de medo. O sujeito sente medo diante do poder da natureza, diante da força da natureza de vencer os obstáculos, força diante da qual o sujeito procura a todo custo resistir. Quanto maior a força e o poder da natureza, mais insignificante se torna a resistência que o sujeito se lhe opõe, e o sentimento do sublime, contanto que não se transforme em um temor real, nasce precisamente desse sentimento de insignificância de sua força física diante da força física incomensurável da natureza:

> Rochedos audazes e proeminentes, por assim dizer ameaçadores, nuvens de trovões acumulando-se no céu, avançando com relâmpagos e estampidos, vulcões na sua inteira força destruidora, furacões deixando para trás devastação, o ilimitado oceano revolto, uma alta queda d'água de um rio poderoso, etc., tornam a nossa capacidade de resistência de uma pequenez insignificante em comparação com o seu poder. Mas o seu espetáculo só se torna tanto mais atraente, quanto mais terrível ele é, contanto que, somente, nos encontremos em segurança; e de bom grado denominamos estes objetos sublimes, porque eles elevam as forças da alma sobre a sua medida média e permitem descobrir em nós uma faculdade de resistência de espécie totalmente diversa, a qual nos encoraja a medir-nos com a aparente onipotência da natureza. (Kant, 1998, p. 158)

É precisamente dessa passagem que Schiller tira sua definição de sublime como "um objeto frente a cuja representação nossa natureza sensível sente suas limitações, enquanto nossa natureza racional sente sua superioridade". A passagem, contudo, é central também a Hölderlin, que procura pensar o trágico como uma forma de restabelecer o equilíbrio entre a parte e o todo, o presente e a história, a arte e a natureza. Se, no sublime, isso é possível pela limitação da nossa capacidade de resistência, que é tornada insignificante para que a nossa destinação (*Bestimmung*) moral possa vir à tona, no trágico essa capacidade de resistência é representada pelo signo. Entendido como uma mediação necessária, o signo é o elemento que abre para o domínio da aparência, próprio da arte, no qual a natureza se manifesta não naquilo que ela realmente é, em sua força, mas em seu oposto, isto é, em sua fraqueza. Assim, levando em consideração essa questão, quando o signo se apresenta em sua fraqueza, a natureza aparece em sua máxima força e vice-versa. O trágico, em todo caso, ao fazê-lo, restitui, ao menos no mundo da aparência, a igualdade das forças da natureza e do homem, da natureza e da cultura, de modo que "todo poder [seja] justa e igualmente partilhado" (Hölderlin, SW II, p. 561). Enquanto, porém, o texto sobre *O significado das tragédias* procura pensar essa ideia teoricamente, o drama *A morte de Empédocles* busca pô-la em prática. No primeiro, fala-se no signo de modo abstrato; na segunda, esse signo é personificado na figura de Empédocles, que deve ser sacrificado para que a harmonia cósmica possa ser restabelecida, a harmonia entre as forças da natureza e o desejo de saber próprio do homem e da cultura.

### Empédocles: o autossacrifício do signo

> Que um inocente seja inevitavelmente culpado pelo destino, isso é [...] em si a mais alta infelicidade concebível. Mas que esse culpado inocente assuma voluntariamente a punição, isso é o *sublime* na tragédia. (Schelling, *Filosofia da arte*, p. 320)

Com o que foi mostrado anteriormente, parece não restar dúvidas que Hölderlin, em especial em sua tragédia *A morte de Empédocles*, bem como nos textos poetológicos sobre o trágico em geral, tenha usado o mecanismo do sublime para pensar a essência da tragédia. Tal como desenvolvido no *Empédocles*, contudo, a passagem do sublime para o trágico pressupõe dois pontos essenciais: a) os desenvolvimentos em torno do sublime realizados por Schiller, por meio dos quais este pode ser pensado em uma relação com a arte (em especial com a tragédia), e não apenas na natureza, como em Kant; b) a filosofia da história desenvolvida por Hölderlin, na qual o sublime e a própria tragédia desempenham uma função primordial.

No que se refere ao primeiro item, é preciso notar que, ao contrário de Kant, para quem o sublime possui necessariamente uma relação com um objeto exterior (o mar revolto, uma cadeia de montanhas etc.), para Schiller o sublime é caracterizado apenas pela ativação da faculdade prática do homem, mantendo-se numa relação interior das faculdades do sujeito. Ao transferir o sublime do domínio da natureza para o interior do homem, aquilo que o permitirá aplica-lo posteriormente à arte, Schiller (2008, p. 248) acentua o seu caráter estritamente moral, tal como se pode ler na seguinte passagem de *Sobre o fundamento do prazer em objetos trágicos*:

> Nenhuma finalidade nos concerne mais do que a finalidade moral, e nada ultrapassa o prazer que nós sentimos em relação a ela. Quanto mais problemática nos é a finalidade da natureza, mais a finalidade moral nos é provada. A finalidade moral se funda apenas sobre nossa natureza racional e sobre uma necessidade interna. Ela nos é a mais próxima, a mais importante e também a mais passível de ser conhecida, porque não é determinada por nada de exterior, mas antes por um princípio interno de nossa razão. É o palácio de nossa liberdade.

Não é propriamente o objeto da natureza em seu poder e força que desperta a destinação moral do homem, mas "a finalidade moral se funda apenas sobre nossa natureza racional". Em outros termos, o sentimento do sublime não consiste tanto no temor diante de um objeto natural poderoso, mas antes no sentimento de impotência diante da apreensão do objeto pela sensibilidade, ou na impotência de imaginá-lo, e é esta impotência que desperta a finalidade moral, caracterizada pela ultrapassagem suprassensível do sensível. O único elemento que permanece da sensibilidade, no sublime, é a sua negatividade, a sua ausência, a sua impossibilidade como tal, ao mesmo tempo em que o mundo prático se abre em toda a sua possibilidade e positividade, gerando o prazer próprio do sublime. Com isso, Schiller conclui que o sublime não possui uma relação efetiva com o objeto sensível exterior, mas se produz apenas interiormente no sujeito, em uma relação a princípio negativa entre suas faculdades, que se revela posteriormente conforme a fins (racionais).

É precisamente esse processo de interiorização da causa do sublime que permitirá a sua aplicação ao trágico (à arte). Essa transferência, entretanto, traz consequências para a concepção de tragédia em Schiller. Como na tragédia grega o conflito era, de um modo geral, um conflito entre o homem e o mundo exterior, que se lhe opunha como destino, a concepção de tragédia de Schiller, calcada agora num sublime moral, interiorizado, não pode mais ter a tragédia grega como modelo supremo (Taminiaux, 1995, p. 240-247). Em seus textos sobre o sublime e o trágico do início da década de 1790, Schiller não fornece exemplos da tragédia grega, mas, sobretudo, da tragédia romana, de Plutarco, por exemplo, bem como da tragédia moderna, de Shakespeare e Corneille. Tanto a tragédia romana como as modernas, afinal, procuram dar uma ênfase maior ao caráter moral da tragédia, bem como ao aspecto psicológico dos afetos, de modo que o prazer suscitado pela tragédia, para Schiller, repousa mais numa lei psicológica do que propriamente objetiva, referente ao objeto, tal como pretendia Kant. Sentir prazer com a dor, com o sofrimento e com a tristeza alheios, para Schiller, é uma atração psicológica natural do homem e é essa atração essencialmente psicológica que a tragédia expõe. Diferentemente de Ésquilo ou Sófocles, a tragédia não representa o embate da liberdade humana contra uma força natural objetiva, o destino, mas antes o embate interior que o homem trava consigo mesmo, no interior de sua consciência, tal como se pode ver claramente no *Hamlet* de Shakespeare.

Em *A morte de Empédocles*, não há dúvida que Hölderlin se torne um herdeiro dessa mudança operada por Schiller a partir de seus estudos sobre o sublime e o trágico. Como se verá a seguir, também o seu *Empédocles* se desenvolve mais no plano da interioridade psicológica. O mais difícil de sua tragédia moderna, entretanto, é compreender em que sentido Hölderlin vai ainda além de Schiller, ao atribuir a Empédocles um papel de guia na passagem histórica do tempo, na transição (*Übergang*) de épocas históricas. Com isso, Hölderlin não apenas se diferencia de Kant e Schiller, mas também da concepção aristotélica da catarse, pois o sacrifício representado na tragédia não objetiva apenas a purificação dos sentimentos do espectador, mas funciona ao mesmo tempo como purificação de uma época, de um povo e de uma cultura como um todo.

Acima de tudo, Hölderlin, ao longo das três diferentes versões de seu drama, desenvolve uma concepção de que a tragédia moderna deve representar um longo e doloroso processo de tomada de consciência do ato de autossacrifício do herói em prol de seu povo e sua pátria. Ao se observar de perto o projeto de *A morte de Empédocles*, percebe-se, ao longo das três versões inacabadas do drama hölderliniano, que o seu tema central consiste na exposição das angústias interiores do personagem após ter ele chegado à decisão de que seu ato derradeiro deveria ser o autossacrifício – e nesse ponto específico Hölderlin se torna devedor das investigações de Schiller sobre o sublime e o trágico, bem como do drama moderno de forma geral. Com isso, o drama não representa uma ação propriamente dita, no sentido exigido por um Aristóteles ou um Lessing da tragédia. Quando o drama inicia, a ação propriamente dita ficou para trás, o que o remete mais ao *Édipo em Colono* do que ao *Édipo Rei* (em que a ação acontece). No início da tragédia, Empédocles já foi expulso de Agrigento por seu próprio povo e, de agora em diante, medita sobre a decisão de lançar-se espontaneamente nas chamas do Etna, decisão ainda pouco clara para ele. Assim como já acontecia no *Hipérion*, a tragédia de Empédocles se passa toda ela no plano interior da consciência individual do personagem principal, em sua luta e em sua busca pela legitimidade do ato final. Ao contrário da concepção de Schiller, entretanto, este ato final, o seu suicídio, representará uma nova passagem do plano interior, subjetivo e psicológico, para o plano objetivo-histórico. O ato do autossacrifício, assim, tendo sido resolvido e legitimado no interior de sua consciência, cristalizará e fixará sua sabedoria na história, ao mesmo tempo que efetuará a transição entre duas épocas distintas.

Se, ao longo das três versões inacabadas de sua tragédia, não resultam tão claros os motivos pelos quais Empédocles deve se sacrificar, nos textos teóricos sobre os fundamentos do trágico Hölderlin procura como que esclarecer para si mesmo esses motivos. O texto analisado na primeira parte deste artigo, *O significado das tragédias*, pertence a essa série de ensaios em que Hölderlin sai em busca do fundamento filosófico por trás dessa decisão de Empédocles. Se, em *O significado das tragédias*, esse fundamento é o conceito do sublime, como se viu, nos outros textos desse mesmo período essa aplicação do sublime ao personagem principal fica ainda mais evidente. Entretanto, no texto *Sobre o trágico*, por exemplo, escrito entre a segunda e a terceira versão do drama, o sublime, aplicado ao trágico, é pensado já em sua relação com o tempo e a história. Em *O significado da tragédia*, o herói era apenas um signo abstrato que deveria ser sacrificado para que o original pudesse surgir em toda sua força. Em *Sobre o trágico*, pelo contrário, aprendemos que esse signo é Empédocles, personagem que efetivamente viveu numa determinada época e desempenhou um papel fundamental na história.

Nesse texto, Hölderlin define Empédocles ao mesmo tempo como filho de seu tempo e vítima de sua época. Por um lado, ele sentiria como ninguém as "oposições violentas" de sua época e de sua pátria, as oposições "entre natureza e arte", "orgânico e aórgico", "sujeito e objeto"; por outro, ele seria aquele em quem "aquelas oposições se unem de modo *tão* íntimo que elas se tornam *Um* nele" (Hölderlin, SW II, p. 431). Ao mesmo tempo em que sente como nenhum outro as contradições de seu tempo, Empédocles é o escolhido para unificá-las. E aqui podemos lembrar do hino tardio *O Único* (*Der Einzige*), em que o poeta canta essa escolha de um único homem pela época, pelo destino, para realizar a unificação das oposições. Para isso, entretanto, para que essa unificação das oposições perdure e se perpetue num universal verdadeiro, para que não se perca com o sujeito que as unificou, o indivíduo, nesse caso Empédocles, *deve* perecer. Assim como a sentença e a morte de Sócrates acabaram por torná-lo um mártir, perpetuando seus ensinamentos para a posteridade, também a morte de Empédocles terá como efeito disseminar sua sabedoria, que consiste na compreensão das tensões e das peculiaridades de sua época, de seu povo e de sua pátria. Em *Sobre o trágico*, afirma Hölderlin:

> Quanto mais poderoso o destino, as oposições entre arte e natureza, maior seu apelo de individualização, de conquista de um ponto fixo, de uma sustentação; uma tal época apodera-se dos indivíduos com tanta intensidade, exige deles uma solução, até que eles encontrem uma ao expor sua necessidade desconhecida e sua tendência secreta de modo seguro e tangível e é a partir de um tal indivíduo que primeiramente a solução encontrada deve passar ao universal. Assim seu tempo se individualiza em Empédocles e quanto mais ele se individualiza nele, mais o enigma aparece resolvido de modo esplêndido e real e visível, e mais necessária se torna sua queda. (Hölderlin, SW II, p. 434)

Quanto mais as oposições da época se individualizam em Empédocles, mais fatal se torna seu declínio; mais certo é seu sacrifício já iminente. Escolhido para fixar e mediar as oposições excêntricas de seu tempo, a tragédia expõe a luta que Empédocles trava em seu interior no sentido de aceitar e compreender esse seu destino, descrito do seguinte modo ainda na primeira versão do drama:

É de homens que, com frequência, a divina Natureza
Se serve para se revelar divina, e assim a reconhece
A raça em sôfrega busca.
Mas uma vez que o mortal, cujo coração
Com suas delícias ela encheu, a anuncie,
Ó! Deixai-a então quebrar o vaso,
Para que ele a outros fins não sirva,
E o divino em obra do homem não se torne.
Deixai então morrerem esses felizes, deixai-os,
Antes que por capricho, ignomínia e vaidade
Eles se percam, em bom tempo, livres,
Por amor aos deuses se imolarem.
(*apud* Courtine, 2006, p. 99)

É por meio do sacrifício do homem que a natureza se serve para se revelar em toda a sua divindade; é por meio do sacrifício do homem que os deuses, em si mesmos carentes de *pathos*, tornam-se sensíveis. Apenas quando o divino, em si mesmo eterno e pleno, sofre por meio do sacrifício humano, é que ele desce à terra e se transforma em seu oposto, no puro passar do tempo, em tempo e espaço puros. Esse é o momento da plenitude, em que o original se reúne com o novo, a parte com o todo, o presente com a história. Consequentemente, esse é o momento em que o moderno compreende sua singularidade frente ao antigo, libertando-se do jugo que este sempre exerceu sobre o moderno. Nos versos anteriores, Hölderlin define esse humano como um vaso que, após receber o divino ou a natureza divinizada, deve necessariamente se quebrar para que esse divino permaneça entre os homens. Esse vaso, esse homem capaz de receber o divino, é o poeta. Não um poeta qualquer, mas o poeta que, como Empédocles, formou sua consciência por meio do longo conflito interior representado no drama, e agora sabe e aceita que seu destino consiste em cantar o retorno ou a sensificação do divino. Para que esse divino se mantenha sagrado, ele, o vaso que o acolheu, não podendo suportar seu excelso conteúdo, deve se partir necessariamente, tal como canta Hölderlin nos famosos versos de *Pão e vinho*: "Pois nem sempre consegue um vaso fraco prendê-los [os divinos], / Só de tempo a tempo o homem suporta a plenitude divina" (Hölderlin, SW I, p. 289).

Esse autossacrifício, ou mesmo esse suicídio inevitável de Empédocles, por mais contraditório que pareça, é necessário do ponto de vista da história: essa desmedida, essa soberba do poeta ou pensador que se arroga ver o que os seus contemporâneos não são capazes de ver, essa sua presunção de se autonomear o escolhido para se comunicar com o deus retraído, esse arriscar-se individual além do limite é a mola propulsora das verdadeiras mudanças históricas. Ao sintetizar as tendências de seu próprio tempo, o poeta ou pensador lança-se num ato suicida, tornando-se o elo, o meio pelo qual se dá a passagem de uma época a outra. Nessa passagem, é invariável que o próprio elo se rompa, que seja ele próprio destruído, como uma forma de não se voltar atrás, de evitar a regressão do tempo e da história. Assim como acontece ao final da elegia *Pão e vinho*, que termina numa referência ao Sírio, também no Empédocles é patente a semelhança com o Cristo, que é crucificado num ato ao mesmo tempo de purificação e de perdão dos homens. Não se trata, evidentemente, de um retorno puro e simples ao cristianismo, mas de um sincretismo, marca, aliás, de toda a produção poético-filosófica de Hölderlin, presente no *Hipérion*, no *Empédocles* e também nos hinos tardios; essa tentativa de pensar o moderno como o produto de uma síntese histórica entre o paganismo grego e o cristianismo, entre Dionísio e Apolo ou ainda entre Empédocles e Cristo.

### Referências bibliográficas

COURTINE, J.-F. *A tragédia e o tempo da história*. Trad. Heloisa B. S. Rocha. São Paulo: Editora 34, 2006.

HÖLDERLIN, F. *Sämtliche Werke* (SW). Ed. Jochen Schmidt. Deutscher Klassiker Verlag: Frankfurt am Main, 1992.

KANT, I. *Crítica da faculdade do juízo*. Trad. António Marques e Valério Rohden. Lisboa: Imprensa Nacional – Casa da Moeda, 1998.

SCHELLING, F. W. J. *Filosofia da arte*. Trad. Márcio Suzuki. São Paulo: Edusp, 2002.

SCHILLER, F. *Do sublime ao trágico*. Trad. Pedro Süssekind e Vladimir Vieira. Belo Horizonte/São Paulo: Ed. Autêntica, 2011.

_____. *Theoretische Schriften*. Frankfurt am Main: Deutscher Klassiker Verlag, 2008.

SZONDI, P. *Ensaio sobre o trágico*. Trad. Pedro Süssekind. Rio de Janeiro: Jorge Zahar, 2004.
TAMINIAUX, J. *Le théâtre des philosophes. La tragédie, l´être, l´action*. Grenoble: Jérôme Millon, 1995.

0 SUBLIME

# CRÍTICA DA FANTASIA MORAL
Günther Anders e a cegueira moderna ao apocalipse[1]

Christian Bauer[2]

O princípio esperança vs. o princípio desespero

O escritor britânico W. H. Auden conferiu, à nossa época, com sua obra *The Age of Anxiety* (1947), um título não totalmente correto. De fato, os contemporâneos vivem, desde o início da Primeira Guerra Mundial, uma ampliação contínua das zonas de medo. Mesmo a marcha triunfal global do capitalismo não pôde mudar esse sentimento básico diante da realidade. De modo surpreendente, não é, porém, o medo que se senta no carro triunfal do capitalismo, mas a alegria desenfreada: ela anuncia diligentemente que não podemos mais ser pastores que devem apascentar suas ovelhas, pois, como ele, chegamos tão longe, especialmente na técnica e nos meios de comunicação.

A "triste ciência" (Adorno, 2001, p. 7) da filosofia não tem qualquer facilidade para se afirmar diante do consciencioso *fun* (Horkheimer & Adorno, 2002, p. 149). Também o *fun* é trabalho: tanto na nova quanto na velha Europa, ele é produzido em escala cultural-industrial e, assim, com o humor mantido diante de uma "predileção perversa das massas pelo renitente e desprovido de gosto" (Benn, 2003, p. 1.830). Sobre isso, a filosofia

---
1. Tradução de Rodrigo Duarte.
2. Christian Bauer é doutor em Filosofia, professor de Ciências da Arte na Staatlichen Hochschule für Gestaltung Karlsruhe e de Filosofia e Design da informação na FH Würzburg-Schweinfurt.

*pode* e, onde for possível, *deve* ser mal-humorada, espalhar o pó fino da *tristesse* antropo-pessimista. Essa filosofia da desgraça coloca para si o perigo de desencadear irritações e ansiedades naquele indivíduo intrinsecamente tendente à reflexão. Impõe-se a ele, orgulhoso do conhecimento, a dúvida quanto a saber se ele se abandona à participação no ridículo ou se gostaria de se arriscar a um adiamento: um momento de retardo, que se ajusta ao pensamento não sobre o que *ocorreu ao ser humano* no século XX, mas sobre o que *foi feito do ser humano* no século XX.

Se se pôde até agora captar categorialmente, em geral, que consequências tiveram as catástrofes da humanidade e os monstruosos alargamentos das zonas de guerra, como se pode avaliar, por exemplo, a extinção da categoria do trágico em um tempo determinado pela possibilidade do holocausto nuclear? Nunca, na história da humanidade, ocorreu tão grande desgaste de pessoas, de máquinas e de pessoas como máquinas. Especialmente na junção de engenharias e artes da guerra, foi considerável o empenho de matérias-primas e energias mentais. Faz parte do legado intelectual da Teoria Crítica saber que a lógica da produção e da reprodução se tornou idêntica à lógica da destruição. Essa identidade de produção e destruição é o emblema da Modernidade e constitui a senha nos seus movimentos de modernização em curso.

No essencial, eu gostaria de lhes argumentar não sobre a Teoria Crítica e seus representantes, mas sobre Günther Anders.[3] Günther Anders nasceu como Günther Siegmund Stern, em 1902, em Breslau, filho do psicólogo William Stern. Estudou Filosofia e História da Arte em Hamburgo, com Ernst Cassirer e Erwin Panofsky, e depois se doutorou sob a orientação de Edmund Husserl em Freiburg (Dries, 2009, p. 11). Lá ele se aproximou também de Martin Heidegger, do qual "raptou" a amante, Hannah Arendt, casando-se com ela. Deve-se observar que ele não encontrou, em nenhuma dessas pessoas, uma filosofia, da qual ele tenha se sabido tributário de modo especial. Günther Anders foi, ainda que no seu tempo condicionado por difíceis circunstâncias de vida, por demais independente e original para procurar a proximidade do pensamento de outros.

Seus diagnósticos sobre o estado anímico dos seres humanos na Modernidade pós-guerra não são exatamente aqueles que ofereceriam muito espaço para a esperança. Nele predomina não o princípio da espe-

---

3. "Na história da Teoria Crítica a relação entre Theodor Adorno e Günther Anders constitui, sob todos os aspectos, um desiderato" (Liessmann, 1998, p. 29).

rança, mas o princípio do desespero. A pesquisa sobre Anders fala, nesse contexto, de uma "ontologia negra" (Siehe Lütkekaus, 2002), que, à primeira vista, é mais semelhante à filosofia de Schopenhauer do que à de Marx. As filosofias da esperança, das quais o marxismo foi a última grande, foram precarizadas, e aquelas signatárias da equação "modernização = emancipação" ostentaram pelo mundo a alegre mensagem da *parousia*. Sabemos sobre o autoengano histórico e que nenhuma eletrificação dos atingidos pela revolução de 1917, em São Petersburgo, poderia ter evitado o colapso do sistema ocorrido bons setenta anos depois, enquanto "adiamento da parousia" (Luhmann, 1997, v. 2, p. 1.084).

Expresso de modo menos patético: nas sociedades modernas, continuamente são deflagradas irritações, que devem ser integradas nos sistemas sociais. Comportamo-nos, no entanto, como se a integração de irritações já fosse esperança, como se reservas coletivas ainda pudessem ser formadas, se cada nação iniciasse o seu dever de casa moral. Se alguém forma reservas morais, não são nações, mas indivíduos. De fato, a subjetividade se afirma tanto emocional quanto – principalmente – moralmente contra o fato objetivo, de modo que a "incapacidade de acertar as contas com o futuro" (Anders, 1982, p. 15) faz parte da insígnia de nossa época. À carga pesada do real deve se escapar ou pela demência ou pela convicção: enquanto a demência se conserva na dádiva coletiva de poder se representar menos do que se produz, a convicção está naqueles que em sua reflexão filosófica elevam a tema fundamental o domínio linguístico do que é tecnicamente fabricado. Günther Anders (1982, p. 75) sempre quis saber demonstrar que "não somos mais up to date em termos de linguagem" e que existe um imenso "*lag* entre nossa realidade e o seu domínio linguístico", o qual "hoje se tornou intransponível". Correspondo, em minha exposição, à ênfase axiológica anunciada aqui por Anders, trazendo à fala tanto instantâneos poético-literários quanto aspectos mediáticos da história cinematográfica.

### Mentira iluminadora e verdade obscura

Ainda que, desde a Idade Moderna, a formalização do conhecimento e, sob o signo da ciência natural, também a naturalização do ser avance (o que, pensado às últimas consequências, significará o apagamento da dimensão histórica da existência humana), não se deve, no entanto, reportar à natureza a dimensão colossal de destruição no século XX. Se se olha para a monstruosa paisagem da Modernidade, então ela não oferece visões do *sublime dinâmico*, no sentido de Kant. A paisagem da Modernidade se apresenta, mais do que nunca, como uma fotografia aérea tirada de grande altitude, na qual as zonas culturais são distribuídas por planos de comando programáticos e mobilizações estratégicas de massa. O sublime, tal como existe na era da tecnocracia, é o "sublime matemático", do qual consta, do parágrafo 25 da *Crítica da faculdade do juízo*, que ele surge por meio de "comparação" e que é "grande em relação a qualquer comparação" (Kant, 2001, B 81, p. 110). No âmbito do "sublime matemático", pode ser encontrada uma "avaliação de grandeza das coisas naturais, que é necessária para a idéia do sublime" (Kant, 2001, B 86, p. 114). Do parágrafo 26 consta que "um objeto é monstruoso, quando ele, por meio de sua magnitude destrói o propósito que perfaz o seu conceito" (Kant, 2001, B 89, p. 117). O objeto, sobre o qual Günther Anders deveria filosofar por metade de sua vida, livra-se da determinação de propósito por meio da destruição: é a bomba atômica, a bomba de hidrogênio, a bomba de nêutrons, enquanto motivos da absoluta destruição. A bomba não é, de fato, uma coisa natural dada, positiva; mas, em contrapartida, uma coisa que pode destruir toda a natureza. Ela já contaminou nossa faculdade de conceitos. Agora, trata-se de que nossa imaginação, por sua parte, incorpore as possibilidades de destruição em massa e não se deixe cegar e levar a comparar o terrível com o mais terrível ainda, como escreveu a poeta dinamarquesa Inger Christensen, em 1980: "Comparar guerra atômica limitada com guerra atômica total e a comparação nos rouba o último resto de indignação natural" (Christensen, 1993, p. 183).

O trabalho literário, assim como o filosófico, do conceito sobre o objeto da *ultima ratio* é uma tarefa colossal. Ele exige pensar o todo como aniquilado, a totalidade a partir da *reductio ad nihil* (Anders, 1980, p. 404). Na possibilidade real da *annihilatio ex nihilo* (Anders, 1980, p. 68) se esvai a visão da natureza como "a ideia de sua infinitude" (Kant, 2001, B 81, p. 120); ainda assim, a realização dessa ideia quer se desempenhar no ser humano. No entanto, ele parece querer pôr fim, com meios violentos, em sua finitude e, com isso, em qualquer ideia de si mesmo. A isso se adiciona que a equidistância segura do terror, que, para Kant era uma característica determinante da experiência do sublime, implodiu com a telemediatização global: por um lado, o terror se ampliou entropicamente já para a esfera cósmica; por outro, a pessoa privada também foi aprisionada na sala de televisão à prova de sofrimento. E isso na figura do terror telemediatizado enquanto experiência do que é sempre o mesmo: "uma tragédia ocorreu", anuncia o noticiário, certamente uma tragédia "humana" – tantas e quantas pessoas perderam a vida em um desastre. Se já é suficientemente ruim que a *philosophia perennis* dos contemporâneos formatados pela TV e pelos portais de notícias seja designada como experiência sem experiência, nisso o "drama", mesmo o "drama do destino", com alguma qualidade operística, se degradou ao nível primitivo dos "jingles" da propaganda. A notícia do golpe do destino quase não se distingue do texto publicitário: a dispensa da expressão subjetiva é o selo da completa usurpação da imaginação humana.

O que, como reverbera um trecho de *Minima Moralia* de Theodor Adorno, é também a esfera do espírito, a partir da qual Günther Anders produziu. Na Segunda Guerra Mundial, alemães de descendência judaica buscaram refúgio na Costa Oeste dos Estados Unidos. Como muitos descendentes judeus do *Reich* alemão, Anders foi desprendido de seu contexto de realidade original e, com isso, caiu em um imaginário existencial. Em oposição a alguns escritores e literatos de sua geração, os quais puderam, em um meio intelectual próprio, ajudar a assegurar a própria sobrevivência espiritual, Anders esteve, durante a emigração, em uma posição de isolamento social. Relegado à aceitação de "*odd jobs*" (Dries, 2009, p. 14), ele conheceu tanto a produção da aparência coletiva nos bastidores de Hollywood quanto a *vita activa* na linha de montagem da fábrica. A partir de conhecimentos totalmente disponíveis daquilo que, nos tempos modernos, foi produzido e demandado, ele inseriu notas pessoais nas memórias. Ele traduziu suas experiências ao longo de décadas em estudos filosóficos e sempre novamente perguntou: de que tipo foi essa experiência? Posso, de algum modo, trazê-la à expressão e elevá-la conceitualmente a objeto de trabalho filosófico? O que significa mesmo trabalho, se as chamadas "massas obreiras" há muito não representam os atores principais "na empresa", nem mesmo são "obreiras" em sentido literal? São elas, ainda, portadoras de ações ou apenas de acontecimentos descontínuos, que não dão a conhecer qualquer consequência e, portanto, qualquer repercussão? E o que significa *fun*, se impera uma proibição à tristeza, que significa que os melancólicos entre os sujeitos se tornaram objetos de desconfiança e de suspeição?

Que a tristeza poderia ser a reação adequada às condições da finitude da existência no estado completo do niilismo apresenta um programa que, antes, é atribuído aos poetas modernos e, mais recentemente, aos roteiristas. Até o dia de hoje conta-se uma boa dúzia de casos, em que, por meio de acidentes, bombas atômicas e de hidrogênio, poder-se-iam ocasionar devastações de grande monta. Alguns desses casos poderiam ter anunciado o tempo final, aquele tempo sobre o qual Kant (1999, p. 62) escreve em *O fim de todas as coisas* como "terrivelmente sublime".

Pode não ser por acaso que a antropologia (ao lado da estética) conta entre as disciplinas no seio da filosofia que ainda têm poder de fala. Isso vale particularmente para aquelas antropologias afins à técnica (Bruno Latour) ou estudos antropo-técnicos (Peter Sloterdijk), que, à sua moda, dão a conhecer que chegou a "antropologia filosófica na era da tecnocracia" (Anders, 1980, p. 9). Com isso, chegamos – não totalmente sem mediações – às premissas da obra principal de Günther Anders, *A antiguidade do homem* (primeiro volume de 1956, segundo volume de 1980). Nela consta, no "prefácio", que

> o mundo no qual vivemos e que se encontra acima de nós, é técnico – o que vai tão longe que não podemos mais dizer que haja em nossa situação histórica, dentre outras coisas, técnica; antes devemos dizer: no estado do mundo chamado "técnica" se desenvolve a história e a técnica se tornou, então, o sujeito da história, com a qual nós somos apenas "co-históricos". (Anders, 1980, p. 271-298)

Inconfundivelmente aqui está posta a premissa de uma enorme desproporção. Günther Anders chama a atenção para o problema da ordem de grandeza, que se expressa principalmente em uma relação assimétrica de antropologia e técnica. A peculiaridade de nossa percepção atual de mundo consiste em que essa desproporcionalidade não vem claramente à tona. Onde o descompasso entre a ordem humana e a força atualmente explosiva do elemento técnico é abordada, os portadores dessa notícia são imediatamente taxados de inimigos da técnica ou de melhoradores do mundo. A visão de mundo de muitos não admite qualquer "distúrbio de identificação" (Anders, 1980, p. 81), que frearia o empreendimento técnico e o crescimento selvagem a ele associado, mesmo que apenas um pouquinho. O coro daqueles que, a soldo ou por convicção, cantam a apologia à técnica moderna, se dá o direito de reconhecimento do princípio de realidade. Sabemos agora, porém, que não há apenas *uma realidade*, mas aquilo que nós filósofos designamos como realidade é muito carente de interpretação. Mediante a interpretação do real, atingimos o reino intermediário que oscila entre a seriedade gravitacional da objetividade e a leviandade da subjetividade. Isso ocorre também ao contrário: o leviano é componente do objetivo e o luto, como a melancolia, se perfila ao lado do sujeito. Para lá e para cá, entre ambas as "províncias vivenciais" do ser, ocorre um trânsito local, no qual a metáfora linguística serve de meio de transporte (Anders, 1956, p. 77). A fertilidade filosófica das indagações de Günther Anders consiste em sua capacidade de ter penetrado na obrigatoriedade de metáforas na filosofia. Como psicólogo filosofante da técnica,[4] ele estava convicto de que temos "no fato da metafórica exatamente um dos traços mais essenciais da alma na própria mão" (Anders, 1956, p. 78). Tendo em vista a exequibilidade do que ocorre psiquicamente no sujeito e que, fora dele, se deixa experienciar como permanência do mundo, não seria possível de ligar uma esfera de ser a outra, se não tomássemos para nós, em linguagem, a mediação qualitativa entre elas e não as conectássemos em uma expressão, ainda que estilizada.

Enquanto Adorno pergunta, na *Dialética negativa*, como fica a expressão de linguagem "depois de Auschwitz", Anders empreende a tentativa de renovar, em termos de linguagem, a antropologia filosófica. Esta, segundo ele, teria se posto a tarefa de trazer à linguagem explicitamente a reconstrução técnica das condições de vida em sua dimensão social-psicológica, de modo totalmente sério e categorial. Uma de suas questões-chave é, portanto: como se estrutura a relação dos sujeitos a si mesmos e ao mundo, os quais podem saber que esse planeta pode ser exterminado não apenas na guerra atômica, mas também minado por meio de irradiações sucessivas oriundas de fontes civis (Brock, 2008)?[5] Com isso, não está superada a era do niilismo, em um sentido maldito, e a humanidade está presente ainda apenas até a ordem de despejo, sobrevivendo no prazo restante até a aniquilação definitiva no exercício da "cegueira ao apocalipse" (Anders, 1956, p. 233-324)?[6] Como fica, por exemplo, o uso pacífico de energia nuclear na era do medo de ataques terroristas:

> De acordo com investigações do FBI, o Boeing 757, que espatifou em 11 de setembro de 2001 próximo a Pittsburg, estava destinado exatamente a *Three Mile Island*, em Harrisburg (Pa.), que em 28 de março de 1979 quase teria vivido

---

4. O próprio Anders (1980, p. 415) designa suas reflexões filosóficas decididamente como estudos "de psicologia da técnica".
5. Subcapítulo "*Kathedralen für den strahlenden Müll*" (Brock, 2008, p. 247 *et seq*).
6. "Über die Bombe und die Wurzeln unserer Apokalypse-Blindheit" (Anders, 1956, p. 233-324).

o seu fatal acidente nuclear. A fórmula andersiana de que usinas atômicas são "bombas temporizadas com prazo de explosão indeterminado" [...] adquire nesse contexto um significado muito próprio. (Lütkehaus, 2002, p. 7)

## O ser humano como caricatura de si próprio

Antropo-pessimistas, assim como os antropo-otimistas, estão estranhamente de acordo em um ponto: que a história da humanidade se dê primeiro como "grande tragédia" e, quando se repetem, certos acontecimentos se revelem como "farsa maltrapilha". Isso é apregoado por Marx no *18 de Brumário de Louis Bonaparte* (1852). O dito de que, do sublime ao ridículo seria apenas um passo, é relembrado por Arthur Schopenhauer na sua obra *O mundo como vontade e representação*. Essas manifestações são, com certeza, mais do que poetações lacônicas de mestres do pensamento filosófico, os quais quiseram dissolver o curso da história mundial ao nível de uma sentença. A designação proverbial da inabilidade de ser uma pessoa pertence, com igual direito, à rubrica "mal-dito", portanto, ao âmbito do posfácio maldoso sobre o ser humano moderno.

O objeto técnico é útil aos sujeitos na compensação de suas deficiências naturais. Denomina-se, eletivamente, "progresso", "modernização", "otimização", o crescimento dos aparatos dedicados a propósitos enquanto um sistema de unificação. O crescimento selvagem dos meios e instrumentos levou à situação em que, diante dos meios, os fins caíram no esquecimento: se, originalmente, estava em questão no emprego crescente de meios técnicos a emancipação, pelo ser humano, de um contexto natural fatidicamente vivenciado, resultaram, no curso do progresso técnico, algumas questões filosóficas: se o progresso técnico coopera na melhoria moral; se a modernização tangencia também o ser-em-responsabilidade e se a otimização dos raios da ação humana ampliam também as zonas da compaixão.

Com irresponsabilidade beirando o grotesco, o ser humano se apoia, desde a idade moderna, no infalível banho de imersão da técnica. Aos "aprendizes de feiticeiro" (Anders, 1980, p. 396 *et seq.*), nos laboratórios técnicos e na administração moderna, escapa que a técnica não nos serviu para eliminar a sensação subjetiva de falta de soberania e de imperfeição – *en contraire*: mais bem preparado pelo talhe da doutrina cristã da salvação e também acostumado à sensação da falta (teologicamente falando: natureza pecadora/*pecatum originale*), o sujeito se encontra no objeto tecnológico simplesmente em uma medida aumentada como "imperfeito". Günther Anders designa essa sensação desde 1942 como "vergonha prometeica" ("Über prometheische Scham", 1956, p. 21-95): o ser humano é confrontado, no produto técnico, com a "'vergonha' diante da 'inibidora' alta qualidade das coisas feitas por ele mesmo" (Anders, 1956, p. 23), que levam à prova sobre a obsolescência do ser humano. Os sujeitos respondem à sua superfluidade com uma automatização de si mesmos, portanto com um co-funcionamento conformista (Anders, 1956, p. 89). No âmbito do curso do trabalho, entra em vigor o "encontro consigo mesmo" (Anders, 1956, p. 91) somente no caso de pane, de de-sincronização do indivíduo com o complexo maquinal. O sujeito integralmente sincronizado com o curso da produção só aparece para si no fracasso. O fracasso constitui o único elo de ligação da existência profissional-social e da existência privada do sujeito. Os sujeitos se veem confrontados para além do entretenimento – e também exatamente nele – com as euforias industriais-religiosas encenadas do trabalho; de acordo com Anders, "uma pantomima entusiástica da própria derrota total" (Anders, 1956, p. 84). Para essa derrota, Charlie Chaplin criou, em *Modern Times*, uma moldura satírica na qual se pode rir sobre o insuportável. O insuportável é transformado nesse filme mudo de 1936 em uma aparência objetiva. Trata-se da aparência que, entre tragédias em miniatura transcorridas episodicamente, nas quais os deuses das máquinas brincam com os seres humanos como com marionetes, podem ser peças satíricas enquanto farsas. Como se sabe, a máquina em *Modern Times* engole o anti-herói do trabalho, que entala como areia na engrenagem, e depois ela o cospe fora novamente. O que raramente consegue uma filosofia de modo tão claro e inteligente, foi possível a Chaplin: ele visualizou o monstruoso, que está apenas a um passo tropeçante da ovelha negra do "Tramp" para "O grande ditador", como pastor e guardador de rebanhos, apenas a um passo da sincronização técnica mediática de massas dos indivíduos para a eliminação em massa – pois a lógica da produção e da destruição subjazem à mesma coerção à identidade, tanto autopoiética quanto autodestrutiva (Anders, 1980, p. 43 *et seq.*).

Desde inícios do século XIX oscila, então, o exemplar acabado da evolução do ponto de vista antropo-técnico de abismo em abismo. Que o ser humano não seja "senhor em sua própria casa", tal como Freud burguesamente formulou em *Uma dificuldade da psicanálise*, poderiam ter subscrito Schopenhauer, Marx e também Nietzsche. Com as consequências da Primeira Guerra Mundial diante dos olhos, tornou-se claro também para os incontornáveis antropo-otimistas dentre os filósofos que não apenas o sono da razão produz monstros. A situação espiritual do tempo deu motivos para a suposição de que a razão esteve envolvida de um modo amaldiçoado no curso dos acontecimentos. A razão não pode mais estar segura de si própria. Ela deve fornecer para si própria a suspeita de ter sido tão irracional quanto ela se subordinou ao veredito de precisão absoluta, que ela corporificou por meio da máquina. Seria um sacrilégio afirmar que, em vez de métodos mais precisos e de uma cuidadosa separação das esferas de sentimentos, imaginação e cognição, precisaríamos de um pensamento em exageros. Exatamente dessa "não cientificidade" Anders se declarou culpado: "exagero e montagem" (Dries, 2009, p. 17) pertencem ao seu estilo filosófico de apresentação e de pensamento, que se concebe como "aumentação" daquilo que, de outro modo, permaneceria "inidentificável ou invisível" (Anders, 1956, p. 15). Posto diante da alternativa do exagero ou da renúncia ao conhecimento, Anders optou conscientemente pelo excesso. Do contrário, seu objetivo de escrever *Sobre a alma na era da segunda revolução industrial* (subtítulo do primeiro volume) e ainda *Sobre a destruição da vida na era da terceira revolução industrial* (subtítulo do segundo volume) teria ficado sem solução. Apenas por meio de aumentativos aparecem os contornos originalmente humanos de uma vida anímica individual e coletivamente modificada. Poder-se-ia também dizer que as lógicas de aumentação dos movimentos modernizantes, seja do aumento de produtividade e destrutividade por parte do complexo técnico-militar (inclusive nas economias nacionais dependentes), seja da lógica subjetiva de aumento dos indivíduos, que exigem intensidades de vivência cada vez maiores, parecem adequadas a atingir esse tranquilizante hiperbólico. Esse remédio apresenta a resposta de Anders à questão de como deve ser possível aos sujeitos se manter "animicamente *up to date*" (Anders, 1956, p. 15) diante da crescente proporção de inovação tecnológica e contrapor algo ao culto coletivo da morte. Que a técnica como o sujeito da história predomine e, com isso, se possa constatar na vivência intra-anímica dos sujeitos uma enorme não simultaneidade do que transcorre simultaneamente, para essa "a-sincronização do ser humano com o seu mundo de produtos", Anders escolheu a designação "o declive prometeico" (Anders, 1956, p. 16). O termo declive prometeico abrange o fato social-psicológico, que, entre o "fazer e o imaginar", entre o "agir e o sentir", como entre "saber e consciência moral" humanos se estendem abismos inegavelmente intransponíveis" (Anders, 1956, p. 16). A realidade desses abismos na vivência anímica dos sujeitos é também o abismo da pulsão de morte realmente efetiva. Por meio da técnica, esses abismos são, por um lado, transpostos, por exemplo, por meio de medidas da *human engineering*; por outro lado, são fortalecidos no seu potencial de efeito. Nenhuma *human engineering* pode evitar que o indivíduo mal sincronizado lide diferentemente com o *factum brutum* da bomba atômica e da bomba de hidrogênio do que por meio de denegação e de recalque do perigo. O resultado da falta de coragem em relação ao próprio medo, a qual é depreciada do lado filosófico como garantidora da desrazão, é a cegueira ao apocalipse. A cegueira ao apocalipse é, no tocante à ainda existente capacidade de *overkill* nos âmbitos militar e civil, tão efetiva, que a faculdade humana de concepção abertamente explodiu. Diante desse pano de fundo, é de fato preocupante como se exclui a relação entre o saber e a consciência moral na era da tecnocracia, e questionável, como se pode realizar uma conexão de saber e consciência moral.

## "I still don't get it" – crítica da fantasia moral

A sobre-exigência definitiva no lançamento das bombas atômicas sobre Hiroshima e Nagasaki no verão de 1945 ensina sobre o fato de que essa ação mesma poderia ser algo como uma desproporcionalidade colossal, a qual seria possível de se abordar com exageros do ponto de vista da apresentação. Dito de outra forma: haveria um modo mais adequado de apresentação ou, pronunciado escolasticamente, outra *adequatio intellectus ad rei*, para a representação da desproporcionalidade e incomensurabilidade objetivas do que o exagero especulativo? Não é esse o meio comprovado para caracterizar os exemplos históricos do extermínio em massa em seu potencial enquanto prelúdio para o que viria?

A partir da observação fundamental de que as faculdades humanas de concepção para o inconcebível superam radicalmente a capacidade do sentir, do representar e do poder se responsabilizar, Anders desenvolve sua crítica da fantasia moral. Essa crítica deve ser compreendida como uma assinalação dos limites, que por meio da produção de forças destrutivas inimagináveis, já foram eliminados. O empreendimento de Anders deve ser visto como a tentativa de recuperação de uma linguagem filosófica que não permaneça no discurso universitário estrito, que aja na altura dos acontecimentos. Se se tem em mente que a criação filosófica de Anders, desde meados dos anos 1950 até sua morte (1992), trabalhou a recuperação da força explicativa filosófico-antropológica, e se se observa também como o corretivo crítico da filosofia não deixa entrever quaisquer grandes esforços de meditar adequadamente sobre a situação pós-trágica em sua in-conceptualidade dominada pela pulsão de morte dos tecnocratas, isso aparece como uma comprovação para a tese de Anders sobre a a-sincronicidade do ser humano com o curso da técnica. Não é necessário ir tão longe quanto ele, que pôs essas "sincronizações fracassadas" (Anders, 1956, p. 19) em um *passepartout* cultural-patológico, para colocar para si a questão sobre se aquilo que salva não deveria residir na qualidade antecipatória das imaginações intensificadas. Vivemos a concorrência das imaginações dos inventores e dos tecnocratas, de um lado, e dos poetas, escritores e filósofos do outro: uns, que realizam nos prazos cada vez mais curtos possíveis, aquilo que recaia na rubrica da *science fiction* e os outros, que consideram o entendimento e a razoabilidade não totalmente desvinculadas do sentimento, e tomam para si tempo, no sentido do necessário desempenho de sincronização de sentimento e entendimento em si mesmos. Enquanto aos tecnocratas qualquer meio é válido para realizar fins questionáveis e sempre particulares, às ciências narrativas do ser humano deve recair a tarefa de denunciar a questionabilidade da posição de fins no universo dos meios.

A filosofia se encontra diante da difícil tarefa tanto de recontar quanto também de antecipar o que, no decorrer das ações de guerra, ocorre com os seres humanos, ações que, no sobrevoo, eliminam sob si territórios inteiros. É fato de que, na República Federal da Alemanha, havia uma filosofia moral "depois de Auschwitz", em virtude da qual se pôs em evidência uma "Ética depois de Auschwitz" (Schweppenhäuser, 1993).[7] Igualmente, Günter Anders pôde constatar acertadamente que as "instalações de liquidação" (em certo céu sobre nós) se consolidaram como parte constituinte fixa das "éticas acadêmicas" (Anders, 1980, p. 235). Stanley Kubrick, com o seu filme *Dr. Strangelove: How I Learned to Stop Worrying and Love the Bomb* (1964) ofereceu um valioso enfoque do tornar-se efetivo da instalação de liquidação da guerra fria, da chamada "*doomsday machine*" ou de "*doomsday device*". A

---

7. Dever-se-ia também lembrar os trabalhos de Emmanuel Lévinas, com quem G. Anders se encontrou na década de 1930 no exílio parisiense (Dries, 2009, p. 13).

sátira fílmica de Kubrick demonstra, como, por meio da "*inspired lunacy*", i.e., dos traços patológicos de alguns poucos, foi deflagrado um automatismo da irreversível autodestruição da humanidade e com isso pôde ser efetuado o "fim *antinatural* (invertido) de todas as coisas" (Kant, 1999, p. 69). Kubrick pintou o quadro de como o potencial apocalíptico, por meio de uma série de "erros humanos trágicos", leva à realização do tempo final. Sem dúvida, são os agentes humanos, em cujas mãos se encontram os instrumentos técnicos, que levam ao colapso na morte radiativa. Por um lado, na ação fílmica é exemplificado o modo funcional de uma estratégia militar de dissuasão, que é inserida em um computador e duplamente acoplada: no caso de um ataque soviético *ou* é posta em curso uma onda de contra-ataques *ou*, havendo tentativa de desativação do computador, automaticamente todos os bombardeiros estadunidenses são direcionados para o alvo. No outro lado da ação fílmica, encontram-se insensíveis cumpridores de comandos, no caso, a tripulação de um bombardeiro de longa distância B-52. A tripulação nada faz que não seja executar ordens de soltar bombas na região alvo, de acordo com uma cadeia de comandos rigidamente secreta e, portanto, também anônima. A transmissão dos comandos e o "*report*" da execução são efetuados em linguagem extra-humana codificada. Os produtos da "*human engineering*" instalados no B-52 cumprem seu dever patriótico e o propósito final extra-moral residente fora de sua pessoa – mas agem eles "*in terms of direct action*"? O filme de Kubrick mostra exemplarmente como, na guerra de apertar botões, a "destruição da ação" (Anders, 1970, p. 31, nota 1) ocorre: em quase todas as cenas os aparelhos são *servidos*. É fato que os seres humanos têm a competência formal da posição de fins. Essa desaparece, porém, quando o automatismo instalado se põe em curso e destrói toda a vida sobre a terra.

Quem conhece esse conto de fadas fílmico, sabe quão infantilmente agem, nos seus abrigos subterrâneos, os generais, o presidente norte-americano, e o citado embaixador russo: infantilmente porque se torna claro que todas as partes empenham sua fé, de modo fatal, de que a parte conflitante se acha informada sobre o poder de destruição de cada uma e, portanto, "dissuadida". O "lado infantil da cultura",[8] no qual uma vez Walter Benjamim incluiu os contos de fadas e os sonhos, desapareceu na era de uma dissuasão que não se choca mais com a reserva do medo: enquanto o

---

8. Da introdução do editor de Benjamin (1983, p. 17).

conto de fadas tinha "um núcleo histórico" no relato de "grandes casos de infelicidade", aqui se configura que seria possível um caso em que todo o narrar caduca (Michelet *apud* Negt, Oskar & Kluge, 1981, p. 619).

Enfatizo mais uma vez o sentido da parábola fílmica: se a diretiva para o disparo do mecanismo se pôs em marcha, então a máquina de destruição começa a rodar sem estribeiras. Em virtude da divisão do trabalho no assassinato industrial em massa e por meio da distribuição entre complexos espacio-temporalmente distanciados entre si, falta, em última análise, a possibilidade de um contracomando efetivo. Com isso deve-se, portanto, calcular – esse é o cálculo da dissuasão – como se ajustou desde o fim da Segunda Guerra Mundial entre as potências atômicas. Isso, no entanto, só pode funcionar se todos estão informados, se for mantida, então, uma comunicação global e tão sincronizada quanto possível e *last but not least* se o potencial de ameaça e dissuasão perdura. *Deve*, portanto, imperar o medo. Na guerra fria, todos os cidadãos conectados aos *media* sabem que a dissuasão deve servir ao afastamento da *ultima ratio* e, com isso, ao bem da humanidade. Quem, enquanto filósofo(a), já não sabe se contrapor em nada a essa ideia de racionalidade, desistiu espiritualmente de tudo. Falta-lhe o fundamento em um sentimento humano do ser-em-responsabilidade, particularmente diante da violência terrível, que desde a "guerra dos mestres feiticeiros" (Kittler, 2004, p. 50, p. 61) se encontra na mão de algumas pessoas; "e se eles não morreram, vivem ainda hoje..." – consta no fim dos contos de fadas alemães.

### O monopólio do ser-no-servir

O problema antropológico parece ser que ainda não nos encontramos em qualquer medida diante dos refinamentos dos aparatos técnicos, nos quais as pessoas são tensionadas, instrumentalidades altamente complexas que tornam algo impossível, a saber, estabelecer relações de responsabilidade entre pessoas. A tese de Anders declara que o estabelecimento da *responsibility* foi substituído pelo mecanismo técnico da *response*. Günther Anders se correspondeu com o piloto de Hiroshima Claude Eatherly. A correspondência entre o artesão de guerra e o escritor filosófico serviu para o piloto cheio de remorso "ter uma ideia completa do que ele próprio fez" (Anders, 1956, p. 19). Eatherly teve a coragem de confessar não ser idêntico consigo próprio.

Que ele ao longo de anos tenha tido a consciência e a internalização de sua participação no assassinato em massa, é, de fato, um caso raro na história das biografias no século XX. Ele é, para mim, significativo da perspectiva filosófico-antropológica, porque aqui se torna visível a passagem entre o estar sendo ultrapassado e o estar ultrapassado do ser humano pela técnica, e também é demonstrado o movimento eticamente motivado da recuperação, no qual o superlativo em termos de possibilidades técnicas é realizado.

Para concluir, eu gostaria de relacionar e retocar a crítica da fantasia moral de Anders com um teorema que é característico de sua psicologia da técnica. Trata-se da crítica da ação diante do servir-se. Essa crítica equivale à não contradita dominação dos dispositivos e aparatos sobre os sujeitos. O servir-se das máquinas é o *modus operandi* do sujeito no "universo de meios"[9] (*"universe of means"*). Anders faz valer a avaliação equivocada de que o sujeito ainda seria concebível como autônomo, autopositivo de propósitos e planos de ação. Diante da dependência da civilização e da sociedade mundial de funções técnicas, a afirmação da autonomia beira o ridículo. Ignora-se o caráter heterônomo da dominação das coisas sobre o seu proprietário. Que os sujeitos estejam completamente enredados em uma associação de aparatos técnicos (designados hoje como "conexão a redes")[10] e que os chamados meios possam se fazer de fins e, com isso, de senhores sobre os usuários, os sujeitos totalmente conectados não reconhecem. Também não se vislumbra qualquer herói subalterno, que em um puro *"pidgeon english"* estaria em condições de mobilizar o levante de escravos contra as novas "dominações", que parecem malignas exatamente porque por meio de um ubíquo automatismo todo e qualquer campo de ação, seja na produção ou na reprodução, é contaminado pelo esquematismo da ação. A nova universalidade do servir-se deve ser vista como a prática social para a incapacidade de se-pôr-fins-para-si-mesmo, que mina o refletir (a consciência), a especulação (como expressão da subjetividade) e a própria expressão. Sem reflexão, sem especulação e sem o acontecimento da expressão a história individual e coletiva é eliminada enquanto *anamnesis*. O esquecimento habitualizado é, por sua parte, a *conditio sine*

---

9. Sobre a "universalidade de validade" da "categoria meio" em um "mundo de meios", ver Kittler (2004, p. 250 e p. 61).
10. Anders (1980, p. 121) fala já em 1969 de "colapso de rede" (*"Netzkollaps"*) e quer designar com isso a ameaça por meio de uma "grande máquina" que enreda tudo, que transpõe as peças que antes funcionavam independentemente em uma conexão mediática. Sobre a ambivalência da metáfora das redes, ver Duarte (2013, p. 99).

*qua non* do decurso suave, do ser-em-função. O modo de função é aquela forma da "*imitatio instrumenti*" (Anders, 1980, p. 74) em geral, no sentido do expediente cego: onde tudo deve ser reconhecido como meio e não como fim em si mesmo, a tarefa do relembrar falta inteiramente: não se responsabiliza pelo "para que?".

A conclusão dessa concepção do empreendimento como uma práxis continuada da cegueira funcional (*Betribsblindheit*) e respectiva desrazão, apontando para a classificação da situação como "trágica", seria, no entanto, equivocada: "Trágica é, no máximo, essa falta do trágico, a saber, a *puerilidade da morte*" na era do extermínio em massa pelo apertar de botões (hoje: pelo clicar do *mouse*) (Anders, 1980, p. 406). No universo dos meios não são reconhecíveis quaisquer fins atrás das costas dos meios, em cujo nome pessoas deveriam praticar ações dirigidas por princípios. Percebe-se, aqui, o eco da palavra de Marx sobre a "farsa maltrapilha". E onde há muito não se tornou possível qualquer contradito, por isso, a "despeito do que é principial" (Odo Marquard), a era prescinde da fundamentação no humano, que se daria a conhecer apenas no *agon* trágico – mesmo que na *hybris* individual. A *hybris* se encontra firmemente instalada na conexão técnica do sistema. O pensamento de sistema imigrou para a esfera da razão prática e não tem mais qualquer direito adquirido na esfera da razão teórica (Anders, 1956, p. 249). Sistematicamente se executa uma manobra, um plano de abate, que é determinado por meio de simulações. A esse jogo perverso, o ser humano se agarra, então, variando e corrigindo, se dele se exige uma improvisação: isso ainda têm em comum a pianista virtuosa, o mendigo no fim de *Modern Times* e o astronauta na era da completa antinaturalidade: que eles, enquanto agentes e mútuos emissores de sinais (*zoon logon echon*) contrapõem à falta de condições objetivas, à previsível catástrofe final, uma habilidade improvisatória – e não terminem como "solistas".[11]

---

11. Sobre o modo de existência do solista, ver Anders (1980, p. 79).

# Referências bibliográficas

ADORNO, Th. W. *Minima Moralia. Reflexionen aus dem beschädigten Leben*. Berlim/Frankfurt (M), 2001.

ANDERS, G. *Ketzereien*. München, 1982.

_____. *Der Blick vom Mond. Reflexionen über Weltraumflüge* (=Schwarze Reihe, vol. 71), München, 1970.

_____. *Die Antiquiertheit des Menschen*. Zweiter Band. Über die Zerstörung des Lebens im Zeitalter der dritten industriellen Revolution. München, 1980.

BENJAMIN, W. *Das Passagenwerk*, vol. I, ed. Rolf Tiedemann, Frankfurt (M), 1983.

BENN, G. "W. H. Auden, Das Zeitalter der Angst" (Vorwort). In: WELLERSHOF, Dieter (org.) *Vermischte Schriften*, Autobiographische Schriften (Gesammelte Werke, vol. 3). Frankfurt (Main), 2003

BROCK, B. "Kathedralen für den strahlenden Müll". *Lustmarsch durchs Theoreglände. Musealisiert Euch!* Köln: 2008.

CHRISTENSEN, I. *Teil des Labyrinths*. Essays. Münster: 1993.

DRIES, C. *Günther Anders*. München: 2009.

DUARTE, R. "Im Gewebe der Nachgeschichte. Die 'Textilien-Metapher' im Werk von Vilém Flusser". In: HANKE, Michael & WINKLER Steffi. *Vom Bebriff zum Bild. Medienkultur nach Vilém Flusser*. Marburg: Tectum Verlag. p. 91-102.

HORKHEIMER, M. & ADORNO, Th. W. "Kulturindustrie, Aufklärung als Massenbetrug". In: _____. *Dialektik der Aufklärung. Philosophische Fragmente*. Frankfurt (M): 2002. p. 128-176.

LIESSMANN, K. P. "Hot Potatoes. Zum Briefwechsel zwischen Günther Anders und Theodor W. Adorno". *Zeitschrift für kritische Theorie*, 4. Jahrgang, 6/1998.

KANT, I. *Kritik der Urteilskraft*. Ed. Heiner F. Klemme. Hamburg: 2001.

_____. "Das Ende aller Dinge". In: *Was ist Aufklärung? Ausgewählte kleine Schriften*. Ed. Horst D. Brandt. Hamburg, 1999. p. 62-76.

KITTLER, F. *Unsterbliche. Nachrufe, Erinnerungen, Geistergespräche*. München: 2004.

LUHMANN, N. *Die Gesellschaft der Gesellschaft*. vol. II. Frankfurt (M): 1997.

MICHELET, J. "Die Hexe". In: NEGT, OSKAR und KLUGE. *Geschichte und Eigensinn. Geschichtliche Organisation der Arbeitsvermögen*.

Deutschland als Produktionsöffentlichkeit. Gewalt des Zusammenhangs. Frankfurt (M): 1981.
SIEHE LÜTKEKAUS, L. *Schwarze Ontologie. Über Günther Anders.* Lüneburg: 2002.

# O NOVO, O ABSURDO E O SUBLIME

Verlaine Freitas[1]

Nosso objetivo é falar, em linhas gerais, sobre o fenômeno estético do novo, tomado como elemento constituinte da arte moderna, que lhe confere sentido de forma substantiva, essencial, e não apenas como mais uma de suas qualificações. Iniciamos com a correlação daquele conceito com o de abstração, momento em que o novo se associa essencialmente à negatividade. Em seguida, trabalharemos o conceito do novo no âmbito subjetivo, abordando psicanaliticamente a questão da criatividade. Por fim, abordamos o caráter enigmático da obra de arte contemporânea, que a faz transitar entre o sentido e o absurdo, apoiando-nos no conceito de sublime, com uma breve referência ao tema do trágico.

I

Entre os vários princípios que serviram de lema para a instauração e o progresso da modernidade artística desde os fins do século XIX, um especialmente forte é o do imperativo de instaurar e legitimar o novo, e não apenas "criá-lo". Ser moderno significa precisamente a ruptura crítica com o antigo, com o canônico, com as linhas gerais dos procedimentos e linguagens já sedimentados. Se, tal como diz Theodor Adorno (1997, p. 38), na história da arte que transcorreu até o período do Romantismo, todos os estilos de época negaram os precedentes – de modo que o classicismo negou o barroco, que por sua vez negou o maneirismo, que por sua vez

---

1. Doutor em Filosofia pela UFMG e professor associado nessa mesma universidade; fez pós-doutorado na University of Windsor, Canadá; pesquisador do CNPq; autor do livro *Adorno e a arte contemporânea* (Jorge Zahar, 2003). E-mail: verlainefreitas@gmail.com

se contrapôs ao renascimento, etc. –, a arte moderna é marcada por negar a tradição como tal, ou seja, contrariar a própria noção de continuidade, seja ela restrita até a um mesmo movimento artístico. O moderno surge como um desejo de não apenas ocupar um novo terreno, mas de instituir o próprio solo a partir do qual um estilo, um movimento ou uma obra em particular pretende instituir-se. Daí se compreende o papel dos manifestos artísticos, como do futurismo, surrealismo, concretismo, etc.: eles codificam uma narratividade de leis, princípios, *modi operandi* e limites capazes de conferir a cada objeto artístico particular uma inteligibilidade que, por sua vez, será experimentada na concretude de cada experiência estética. Essa narratividade quer demarcar o terreno cultural do estético como suficientemente cônscio de sua tarefa de não ser apenas um jogo que se satisfaz com sua novidade, mas sim que contém a seriedade do conceito, da proposta, da crítica, do avanço perante normas já estabelecidas. Em vez de uma criação diferente a partir dos mesmos princípios, agora cada obra passa a requerer legitimidade para princípios que emergem como tentativa de compreensão de um particular que, paradoxalmente, almeja fundar seus próprios cânones de inteligibilidade. A arte moderna seria uma radicalização programática do que Kant afirma sobre as belas-artes: cada objeto belo pode ser concebido como um exemplo de uma regra que não pode ser dada (Kant, 1982 [1790], §46). Tal princípio, transposto para a modernidade, significa que é a instauração da coisa como fundamento de possibilidade de sua única lei que marca a dramaticidade de uma arte que é hermética, porque é lida dentro dos limites de compreensão que ela instaura por si mesma.

    Várias são as consequências da instauração do moderno como negação do já-estabelecido. Uma delas é que o ser-moderno qualifica-se como ser-abstrato, sendo que "abstrair" significa propriamente "retirar", "subtrair", "extrair". Nesse sentido, o novo das vanguardas se põe como movimento de negação, cujo valor será buscado, em grande medida, na força e na violência de contrariar o antigo ou alguma forma de inércia. Seja na recusa do impressionismo em figurar pictoricamente contornos bem estabelecidos, seja no abandono de um centro tonal na música, seja na renúncia a um narrador onisciente na literatura, temos uma arte que instaura sua diferença como mutilação programática do senso de totalidade interpretativa do vínculo entre sujeito e objeto. Facilmente compreensível é que tal movimento vanguardista tenha redundado, em poucas décadas de experimentalismo, no famoso quadro de Malevich "Construção suprematista – branco sobre branco", cujo valor estético está calcado essencialmente em uma abstração tão radical, em uma negatividade tão enfática perante todos os valores estéticos predeterminados, que acaba por coincidir com uma negação de toda visualidade como tal. O correlato musical disso é a famosa peça 4 minutos e 33 segundos de John Cage, em que a música se instaura como silêncio mediante a anulação do espaço musical, substituído por todos os ruídos perceptíveis no ambiente.

É difícil conceber uma linha que atravesse esses dois momentos paradigmáticos da arte e progrida rumo a novas formas positivas de instauração de sentido. A dificuldade é superada quando pensamos que o novo não se instaura apenas como ímpeto negativo (de abstração, recusa e renúncia do já estabelecido), mas também pelo movimento de instaurar questões, de criar enigmas e de convidar ao enfrentamento do que é absurdo. De fato, a arte não teria perspectivas de continuidade se seu sentido fosse extraído apenas da negação. Embora essa sua faceta tenha se mantido, mesmo que sob as mais variadas formas, outra se mostrou igualmente forte: o desejo, o gosto e o ímpeto experimentalista de agregar elementos heteróclitos, díspares, incompatíveis segundo padrões socialmente aprovados. Se na faceta negativa da abstração o novo é buscado pelo distanciamento perante o mundo, na positiva, de instauração do enigma, o novo está aparentado ao posicionamento de um não mundo, calcado na negatividade (absurda) de um quase-sentido.

Ambas as facetas convergem na perspectiva de que o novo na modernidade artística jamais é apenas o diferente. Ele sempre será buscado na radicalidade desesperada da negação (levada às últimas consequências) de um mundo dotado de sentido, ou do sentido que existe em habitar um mundo. Ele apenas possui validade na proporção com que não apenas nega o já existente quanto também se apropria da energia cultural nele armazenada. Tal como sabemos classicamente pela concepção de Thomas Kuhn da estrutura das revoluções científicas (a saber: que todo conhecimento científico somente adquire validade revolucionária porque responde a um questionamento enfático), uma obra estética só alcança dignidade porque se situa dentro de questionamentos tácitos e explícitos nas linhas de força que movem a visão de mundo estético-artística. Ao contrário da ciência, porém, o novo estético necessita, paradoxalmente, muitas vezes suscitar as próprias questões a serem respondidas por ele. Uma das fontes de dificuldade consiste em estabelecer tais questionamentos, não como posições arbitrárias de ruptura de sentido, como se se tratasse de um jogo meramente lúdico e autossatisfeito da arte consigo mesma.

## II

Essa correlação dialética intrínseca entre a instauração do novo e as formas estéticas já consolidadas conduz a uma leitura psicanalítica do fenômeno da criatividade, que almeja produzir o que é novo, original, como o que levanta, em sua diferença, uma questão sobre o que faz do antigo algo bom. Tanto em relação ao que já existe quanto ao que se afirma em sua diferença, está em jogo a razão de ser do modo como cada obra se coloca como uma oferta de prazer, de satisfação. Isso põe em jogo um tema que já se tornou clássico na estética contemporânea, ao se dizer que toda obra de arte moderna possui uma grande dimensão reflexiva, de questionamento acerca dos pressupostos, das categorias normativas e da visão crítica sobre o fazer arte. É como se cada pincelada em uma tela significasse questionar por que uma ação como essa é significativa para o que entendemos como esteticamente relevante. Tanto a estética de Lyotard quanto a de Adorno estão fortemente apoiadas nessa perspectiva.

A criatividade se nutre em grande medida do aprofundamento subjetivo em relação ao que é diferente do que nós mesmos somos. As reflexões filosóficas voltadas para a arte se preocupam em caracterizar as obras nesta dinâmica histórica, não apenas de cada uma, mas também da sucessão dos estilos e do comportamento das instituições (grandes exposições, concursos, museus, galerias). É necessário pensar a criatividade como algo essencialmente ligado à dinâmica subjetiva de enfrentamento com o que já existe, tomado em sua alteridade essencial.

O receio que vários artistas em seu início de carreira demonstram de se influenciar por grandes mestres do passado diz de uma verdade significativa do processo de criação, para além da fraqueza e ingenuidade desse sentimento. Ele aponta para o fato de que a marca que o outro coloca em nós é suficientemente forte para fazer nossa percepção de mundo permanecer gravitando em torno dela. Esse poder de atração indica que se trata de uma força, de algo capaz de congregar muito de nossa subjetividade ao seu redor, como se produzisse uma espécie de coagulação das linhas de força de nossa subjetividade. Não é difícil associá-lo à ideia de um "corpo estranho interno", tomando de empréstimo a formulação de Freud sobre o que o fenômeno histérico apresentava à sua percepção nos primórdios da constituição da psicanálise, na última década do século XIX. A partir dessa noção, podemos dizer que esse caráter estrangeiro do que se instala em nossa subjetividade é tanto mais invasivo quanto mais arcaico, primário, na constituição da subjetividade, de forma que seu poder gravitacional se mostra proporcionalmente inquebrável. Em contrapartida, essa heterogeneidade revela o quanto o sujeito sempre será secundário em relação ao movimento de afirmação de si, necessitando digerir, metabolizar e assimilar o que o impulsiona e garante sua própria visão sobre si mesmo e à realidade que lhe é externa.

Assim como toda neurose é marcada por uma compulsão à repetição, pelo império do sempre-igual como superfície sustentada por um mesmo complexo de desejos inconscientes, o agir e o perceber que repetem padrões preestabelecidos demonstram a afirmação, no âmbito da realidade empírica, o quanto a alteridade interna em nós permanece não questionada. Seja de forma consciente e deliberada, ou inconsciente e intuitiva, o que motivaria a criatividade não é simplesmente *insights* ou ideias "geniais", mas a consistência com que determinada inércia associativa de movimentos subjetivos é colocada em xeque, ao mesmo tempo em que a força desse campo de atração é usada como um ímpeto producente. Isso significa dizer que a criatividade não é o oposto da repetição, mas o resultado do modo como o desarranjo interno causado pela alteridade produz um movimento que impele à sua ultrapassagem, quando mediada pelo poder que a reflexividade tem de transformar este poder de atração em um ímpeto produtivo.

A excelência da obra genial que nos antecede é tanto mais forte para fazer nossa imaginação se ver devedora dela quanto mais nosso senso de diferenciação, que se traduz de forma reativa como uma transgressão que vale por si mesma, afirma-se apenas pelo modo como se recusa a reconhecer a substancial diferença desse outro em relação a nós. A grande obra de arte somente se impõe em seu peso perante nossa imaginação, devido ao fato de ela mesma se instituir a partir de um princípio de diferença enfática perante o sempre-igual da realidade cotidiana. Para que façamos e realizemos algo que valha como quebra dessa inércia da realidade empírica, é preciso não negar, mas mergulhar profundamente nessas obras, que têm sua vida pelo modo como se nutrem de um ímpeto de diferenciação radical. Em várias escolas de arte europeias, a cópia menos ou mais fiel de quadros de gênios da pintura sempre foi uma ação praticada programaticamente. Desde a mera repetição até uma apropriação mais livre, o que vale é o mergulho mais bem realizado possível em obras que possibilitem a vivência intuitiva de um princípio de originalidade. Além disso, não apenas um autor, mas vários devem ser alvo de uma imitação tanto mais consistente quanto é a força do desejo de produzir algo novo.

Assim, a criatividade se nutre do modo como absorvemos a exemplaridade do outro, devolvendo-a ao mundo em forma de uma obra tanto mais robusta em sua originalidade quanto mais somos capazes de traduzir em nossa própria voz o que os parâmetros geniais de diferença radical perante a realidade empírica nos disseram de forma enigmática, por meio de uma linguagem cujo código desaparece, ofuscado pelo brilho de uma excelência ameaçadoramente intransponível.

### III

Tais reflexões pautam a discussão sobre o novo mediante a polarização entre o já sabido e, portanto, assimilado, e o estranho e incompreendido, conduzindo-nos às noções de sentido e absurdo.

Assim como vemos na *Teoria estética* de Adorno, as grandes obras de arte não são aquelas que simplesmente encontram um meio-termo entre os dois extremos, mas sim as que conseguem estabelecer a máxima tensão entre eles, arriscando-se a se tornarem algo sem sentido ou mesmo ridículo, para, nesse momento, conseguirem algum significado por meio da força de seu lance de dados. A arte se estabelece em um movimento ascensional de experimentalismo que busca agregar elementos heteróclitos, acumulando camadas de sentido incompatíveis e que, a todo o momento, podem simplesmente desmoronar e mostrar-se em uma queda vertiginosa, não recuperável. Que a arte contemporânea possa ser distinguida das vanguardas do início do século XX provém, em grande medida, da conscientização da necessidade de uma reflexividade radical desses planos de doação e esvaziamento de sentido, tomando o absurdo como um de seus elementos constitutivos.

Na exata medida em que a arte rompe com a figuração, com o centro tonal e com o narrador onisciente, ela também abre espaço para o feio, o cacofônico e a justaposição puramente sintática (por assim dizer "dessemantizada") dos signos linguísticos, pois, embora possa haver tanto a figuração do feio quanto a abstração bela, o movimento da arte contemporânea caminhou no sentido de fazer convergirem a busca do novo e o desafio da unidade de sentido. Em virtude dessa ambiguidade, o sublime se mostra como um conceito especialmente útil, pois nasceu precisamente da consciência de um prazer que surge pelo entrelaçamento vertiginoso entre o prazer e o desprazer, a forma e o amorfo, o harmônico e o desarmônico, a consonância e a dissonância. Não é sublime o que é apenas negativo, doloroso ou dissonante, devendo encontrar um princípio ou fundamento capaz de lhe conferir certa inteligibilidade e sentido. Na medida, porém, em que esse último seja encontrado de forma por demais positiva, então passamos para o âmbito de uma experiência próxima do simbólico da religião ou da conceitualidade filosófica.[2] Assim, se cabe falar do sublime como marca da arte contemporânea, ele deve ser buscado como movimento, como condição de uma realidade cultural que se define pela percepção de si como eternamente insatisfeita com toda positividade preestabelecida, mas sem poder renunciar à busca de alguma, seja em que plano for.

Em outra publicação (Freitas, 2013), defendemos a ideia de que, a partir das reflexões de Adorno, este fundo doador de sentido para o movimento do sublime na arte é a percepção da história armazenada nas obras, que eclodiria sob a forma de uma negatividade recalcada pelos valores morais, religiosos, científicos, econômicos, políticos, etc. Nosso intuito agora é falar de outra polaridade do sublime, que remete ao conceito de trágico. Trata-se de um movimento pendular entre a intimidade dolorosa e sofrida do indivíduo e a exterioridade objetiva social.

Desde o movimento expressionista, a arte pretendeu conferir dignidade cultural aos aspectos subjetivos em sua face menos suavizada, mais diretamente vivenciados como dor, insanidade, sofrimento, angústia. Esse ímpeto de exposição não mediada, paradoxalmente, ocorre *pari passu* ao

---

2. Aqui caberia uma observação de que muitas obras contemporâneas, particularmente performances e *happenings*, situam-se radicalmente no negativo, servindo-se de atitudes de automutilação, exposição prolongada e real à morte etc. Tais fenômenos deixariam à crítica, aos teóricos e aos filósofos a tarefa e a função de encontrar uma espécie de positividade no plano narrativo, do discurso. Ao falar de uma performance que resulta na morte, por exemplo, um filósofo pode discorrer lauta e fartamente sobre o suicídio, inserindo-o em uma *Weltanschauung* (visão de mundo) para a qual a obra traria um elemento concreto, embora possa não ser mais do que um ato inconsequente.

da abstração, em virtude de os elementos trazidos à tona como veículo de expressão recusarem a ideia de uma totalidade figurada, de modo que o princípio da *montagem*, como vemos no dadaísmo, faz convergir a ambos em uma constelação eternamente cambiante de elementos justapostos, que não mais precisam figurar nada, sendo em grande medida um agregado heteróclito de porções da realidade.

Ao mesmo tempo, porém, em que confere visibilidade estético-cultural ao que é particular, a arte faz um movimento inverso, ou seja, focaliza a cultura como um elemento particular, como é o caso da *pop art*, mas, mais dramaticamente, nas obras que mesclam tecnologia e dimensão biológica de seres vivos, tal como vemos nos experimentos de Eduardo Kac. Nesse momento, a intervenção tecnológica nos mecanismos celulares situa o estético como jogo entre a universalidade da cultura e a concretude singular do movimento vital no polo oposto do expressionismo, ou seja, como consciência crítica distanciada, intervencionista, ao mesmo tempo, porém, contemplativa, pois se dá no registro de uma atividade assimilável sob a categoria do jogo, da ironia.

Se o trágico emergiu na sociedade grega antiga como um desafio da individualidade que se afirmava perante uma totalidade cósmico-coletiva totalizante, agora essa diferença de planos é trazida para o interior do próprio jogo artístico das imagens, em que a progressiva conscientização da cultura como algo posto nos distancia do trágico grego, mas continua a lhe emprestar certo tributo, na medida em que a arte se apercebe da necessidade de constituir uma esfera universal de significação. Sem esta, a arte termina por não ser nada mais do que quaisquer coisas da realidade empírica, deixando de levantar uma pretensão de valor específico.

Em vez de o sujeito se firmar, tal como no trágico antigo, por meio do questionamento radical e sofrido sobre a possibilidade, mínima que seja, da contingência em meio ao sempre-igual do destino mítico compartilhado coletivamente, agora, na arte contemporânea, a universalidade da cultura é, por assim dizer, condensada de forma hiperbólica, pontual e traduzida como elementos imagéticos, sensíveis ou como puros signos desprovidos de uma semântica discursivamente preenchida. A arte atual produz incessantemente uma ironização redutora do cultural, político, sociológico e mesmo artístico ao plano da particularidade do material, para poder instituir um meio de visibilidade para um conteúdo surgido daquele movimento de derrogação incessante. No trágico antigo, cada ação e decisão era o elemento mínimo que deflagraria o embate até então insolúvel e mudo entre a contingência do humano e a predeterminação mítica. Agora, o mínimo-estético é aquele buraco da agulha pelo qual toda a espessura sublime do espírito civilizacional é obrigada a passar. Essa última colocação parecer ressoar a concepção de arte romântica de Hegel, em que somos ensinados a perceber a grandiosidade infinita do Espírito na intimidade mais recôndita (como na pintura holandesa de Vermeer Van Delf). Trata-se, porém, de um movimento oposto, uma vez que, na arte contemporânea, o mínimo-estético não reflete um conteúdo universal transbordante, mas funciona como um ponto de gravitação hipertrofiada, que absorve e corrói não somente a sublimidade da cultura, como também a si mesmo.

Referências bibliográficas

ADORNO, Th. W. "Ästhetische Theorie". In: *Gesammelte Schriften*, vol.7. Frankfurt am Main: Suhrkamp, 1997.
FREITAS, V. "A arte moderna como historicamente-sublime. Um comentário sobre o conceito de sublime na *Teoria estética* de Th. Adorno". *Kriterion*. Belo Horizonte, n. 127, jun. 2013. p. 157-176.
FREUD, S. *Studien über Hysterie*. In: Gesammelte Werke, vol.I. Frankfurt am Main: Fischer, 1999. p. 75-311.
HEGEL, G. W. F. *Vorlesungen über Ästhetik*. Frankfurt am Main: Suhrkamp, 1982.
KANT, I. *Kritik der Urteilskraft*. Darmstadt: Wissenschaftliche Buchgesellschaft Darmstadt, 1982.
KUHN, T. *A estrutura das revoluções científicas*. Trad. Beatriz Vianna Boeira e Nelson Boeira. São Paulo: Perspectiva, 1996.
LYOTARD, J.-F. *Lições sobre a Analítica do Sublime*. Trad. Constança Marcondes Cesar. São Paulo: Papirus, 1993.

# DAS SEPULTURAS AOS MUSEUS:
o sublime na morte e na arte

Debora Pazetto Ferreira[1]

O sublime, de acordo com Burke, é a emoção mais forte que a alma humana é capaz de sentir: o terror, o medo da morte, o arrebatamento, o êxtase diante da vastidão e do poder soberano da natureza. Trata-se de um prazer negativo – contraposto ao prazer positivo e relativamente simples provocado pela beleza – que pode ser despertado por fenômenos grandiosos, sombrios, obscuros, indefinidos e ameaçadores. Um prazer estranho, portanto, uma vez que é evocado por objetos ou situações normalmente associados à dor e ao medo. O autor afirma categoricamente que tudo o que provoca terror é uma fonte do sublime, ainda que a segurança do sujeito, até certo ponto distanciado da ameaça que o aterroriza, seja um pré-requisito para esse sentimento, como é igualmente manifesto na teoria kantiana. Se o perigo é real e iminente, em contrapartida, sente-se apenas medo. Todo perigo e ameaça remetem, em última instância, ao pior dos medos, isto é, o medo do próprio aniquilamento. O que significa que o terror mais extremo é aquele que o sujeito pode experimentar diante da ideia da morte:

> Não obstante o efeito da dor seja muito mais forte do que o do prazer, ela geralmente causa uma impressão muito menor do que a ideia de morte, dado que dificilmente a esta se prefere, até mesmo em lugar das dores mais extremas; ademais, o que geralmente torna a própria dor, se me é lícito dizê-lo, mais dolorosa é ser considerada a emissária dessa rainha dos terrores. (Burke, 1993, p. 48)

---

1. Debora Pazetto Ferreira é doutora em Filosofia, na linha de Estética e Filosofia da Arte da Universidade Federal de Minas Gerais - UFMG. É professora no Centro Federal de Educação Tecnológica de Minas Gerais – CEFET-MG. E-mail: deborapazetto@gmail.com

A morte, portanto, desde que seja vislumbrada em segurança, tem uma relação privilegiada com a sublimidade. Não pretendo entrar nos detalhes psicológicos da teoria de Burke, mas seguir uma intuição: de que a ligação da arte, desde suas origens, com o terror e a negatividade da morte, seja uma chave para o pensamento estético sobre o sublime.

Arthur Danto, em um texto intitulado *Arte e disturbação*, investiga certos tipos de arte contemporânea que trabalham de modo privilegiado com a morte, o terror e o medo, e que parecem reivindicar *um retorno às origens da arte*, ao contato com o poder mágico, com as forças criadoras e ádvenas ao nosso mundo (Danto, 2014, p. 164). As origens da arte – eis um assunto muito debatido por artistas, historiadores, antropólogos, classicistas ou românticos tardios, e a respeito do qual, como afirmou Adorno, as especulações proliferam selvaticamente (Adorno, 2008, p. 13). Danto, de modo prudente, não se atreve a aprofundar o assunto para além de alguns comentários sugestivos, de modo que nosso guia filosófico em direção às profundezas das cavernas pintadas – não poderia ser outro – é Georges Bataille. Em *Lágrimas de Eros*, o autor aponta para a enigmática ligação temporal entre o surgimento da nossa espécie Homo Sapiens, seus cuidadosos rituais fúnebres e as primeiras imagens pintadas em paredes rochosas, que representavam homens de sexo ereto:

> Esses que, nas imagens que deixaram nas paredes das cavernas, frequentemente se representaram em estado de ereção, não diferiam dos animais apenas em razão do desejo associado desta maneira – em princípio – à essência do seu ser. O que sabemos deles permite dizer que sabiam – ao contrário dos animais – que iam morrer... Desde muito antigamente os homens tiveram da morte um conhecimento alarmado. As imagens de homens com o sexo levantado datam do Paleolítico Superior. Fazem parte das figurações mais antigas (elas nos precedem de vinte a trinta mil anos). (Bataille, 1987, p. 581-582)

Bataille identifica genericamente o nascimento da arte nas pinturas de Lascaux, datadas entre 17.000 e 15.500 a.C., mas concentra sua atenção em uma imagem específica, que já o intrigara em livros anteriores: a chamada cena do "homem do poço", na qual um homem com rosto de pássaro e sexo ereto encontra-se caído, talvez morto, ao lado de um bisão que, ferido por uma azagaia, derrama horrivelmente suas entranhas.[2] A cena encontra-se

---

2. Neste artigo, mencionarei algumas imagens que podem ser facilmente encontradas em diversos domínios da internet, a partir do nome ou de uma descrição simples, de modo

na reentrância mais funda da gruta, o que dificulta seu acesso. Essa circunstância, acrescida ao enigma da imagem – que conecta o homem e o animal, o crime da caça e a expiação, o erótico e o fúnebre, e cujo significado, por mais que possamos especular a seu respeito, está irremediavelmente perdido – fascina o pensador, porque sinaliza um estranho entrelaçamento entre erotismo, morte e arte: "um enigma desesperante, dotado de risível crueldade, colocando-se à aurora dos tempos" (Bataille, 1987, p. 596).

Bataille não faz uma análise exaustiva da arte paleolítica, mas, com efeito, ainda que sejam raras as figurações humanas nesse período, a ereção é representada em quase todas as imagens que são inequivocamente masculinas. O mais interessante é que as poucas representações humanoides pintadas fora do contexto de uma relação sexual e, ainda assim, com a ereção marcada aparecem em uma situação de perigo grave ou morte (García-Díez & Angulo, 2009, p. 10). São dignas de nota, além da "cena do poço", uma imagem de aproximadamente 10.000 a.C., encontrada em Le Mas d'Azil, que representa um homem com o falo ereto, sendo atacado por um urso, entalhada sobre um pedaço de osso, e, ainda, a impressionante cena da Caverna de Addaura, datada do mesmo período, que representa dois homens cercados por um grupo de dançarinos e aprisionados em uma famosa posição de tortura, com os pés amarrados à cabeça, provavelmente prisioneiros prestes a serem executados e que, no entanto, mostram os genitais eretos. Imagens assim, para Bataille, são testemunho de que há uma ligação profunda – confessada na escuridão quase inacessível das cavernas – entre a consciência da morte, a vida erótica e a arte que *sublima* ambas. O conceito freudiano de sublimação adquire sentido pleno aqui: a transformação da pulsão sexual e da pulsão de morte em arte, em objetos com valor cultural e social. Tratando-se de Bataille, a sublimação e a estética do sublime tornam-se visivelmente íntimas – como prazer negativo, como terror misturado ao êxtase.

O comportamento animal diante do congênere morto revela indiferença, ao passo que os homens, mesmo os simiescos homens de Neandertal, enterravam os cadáveres de seus semelhantes com cuidado e superstição, como fazemos até hoje. Essa ritualização da morte, que mostra, ao mesmo tempo, respeito e medo, indica o conhecimento da morte do outro e revela também uma conscientização sinistra de que cada homem terá sua vez de

---

que se torna desnecessário identificar uma referência específica para cada imagem.

morrer. A intuição de Bataille é que a sexualidade animal não é erótica porque lhe falta o conhecimento da morte. As primeiras sepulturas são os sinais de que a morte se fez consciente, de que os homens, "tomando conhecimento de que morriam, viveram na expectativa, na angústia da morte" (Bataille, 1987, p. 582) e contrapuseram a essa angústia o desespero do desejo erótico e a arte. No pensamento de Bataille, o erotismo e a morte são dois lados de uma mesma moeda: os corpos que se misturam em êxtase erótico são o avesso dos corpos votados ao silêncio da corrupção pela morte. A atração do momento erótico é o auge da vitalidade de um corpo, mas depende do significado agudo e terrível que a vida traz consigo, isto é, que tem de acabar – a língua francesa revela esse sentido fúnebre do erotismo ao chamar de "pequena morte" o orgasmo.

O erotismo, assim como a arte, funda-se no excedente, naquilo que ultrapassa a mera utilidade da procriação e do trabalho: "é certo que o homem essencialmente é o animal que trabalha. Mas também sabe transformar o trabalho em jogo. Sublinho isso a propósito da arte (do nascimento da arte)" (Bataille, 1987, p. 594). O problema da conexão entre a origem da arte, do erotismo e a conscientização humana da morte, que determina a passagem do animal para o homem, é um considerável lapso temporal: Bataille identifica o nascimento da arte no Paleolítico Superior, contudo, os vestígios dos primeiros rituais fúnebres são datados de aproximadamente 100.000 a. C., na cultura Neandertal. O autor endossa a tese comum de que as primeiras pinturas parietais surgiram com os primeiros indivíduos de nossa espécie, *Homo Sapiens*. Primeiramente, é preciso notar que, em 2012, foram feitas pesquisas de datação nas pinturas da caverna de Nerja, na Espanha, e o resultado foi surpreendente: elas teriam entre 42.300 a 43.500 anos de idade. Só podem ser atribuídas, portanto, aos homens de Neandertal. Em segundo lugar, é preciso desconfiar da ideia de que a arte nasce com as pinturas parietais. Não é necessário retomar as diversas explicações históricas e antropológicas relativas a essas pinturas para pontuar que elas não eram arte no sentido de objetos de fruição estética, feitos por um artista para a apreciação de um público. Eram, antes de qualquer coisa, objetos de culto. Desse modo, a desconfiança pode caminhar em dois sentidos: negando a artisticidade das pinturas de Lascaux e similares, ou negando a inartisticidade de outros objetos de culto, como os que foram encontrados entre os Neandertais – sobretudo junto a suas sepulturas.

Tendo em vista a estética do sublime e sua relação com a morte, escolherei a segunda opção – o que, evidentemente, manifesta a escolha de um sentido mais amplo de arte, que extrapola os limites da definição de Danto e seu mundo da arte, mas que é brevemente sinalizado na possibilidade de uma arte da disturbação – por causa de alguns sinais indicados por Didi-Huberman, em *O Rosto e a Terra*. O pensador destaca, por exemplo, uma pedra esculpida com cúpulas e outros sinais gráficos encontrada em uma sepultura Neandertal, em La Ferrassie, na qual podemos ver "o emprego de um pigmento para colorir, para distinguir a terra; por fim, a presença das cúpulas, isto é, de um grafismo rítmico elementar, fazendo do simples bloco um monumento, uma pedra trabalhada, uma pedra eleita" (Didi-Huberman, 1998, p. 67). Esse objeto é interpretado como "a mais antiga manifestação gráfica conhecida enquanto *rito gráfico que inventa um lugar funerário para proteger o desaparecimento de um rosto*" (Didi-Huberman, 1998, p. 67). Trata-se de um texto sobre retratos, com o objetivo de mostrar que eles são muito mais do que um gênero artístico das Belas Artes: são um modo de lidar com a face humana enquanto signo da ausência ou da presença de um semelhante. Em suas palavras, "a questão do retrato começa talvez no dia em que, diante de nosso olhar aterrado, um rosto amado, um rosto próximo cai sobre o solo para não se levantar mais. Para finalmente desaparecer na terra e se misturar a ela" (Didi-Huberman, 1998, p. 62). A pedra de La Ferrassie já trabalha a questão do retrato, a difícil gestão da perda de um rosto por meio de inscrições, de cores, de transformações simbólicas e formais da matéria. Evidentemente, não o faz de modo figurativo, enquanto representação plena de um rosto, mas o faz de modo abstrato, com signos visuais ritmados.

Ora, signos abstratos, como os da pedra na sepultura Neandertal, aparecem também nas paredes de diversas grutas pré-históricas, em meio às pinturas figurativas de animais que, para muitos, marca o nascimento da arte. Signos não icônicos em forma de ramos, de pontos coloridos, de pontos duplos em sequência, de retângulos vazios ou preenchidos com grades, entre outros, repetem-se, pintados ou entalhados, nas cavernas paleolíticas. Inúmeras foram as tentativas de explicá-los: como representações esquemáticas de cabanas, de instrumentos de caça, do masculino ou do feminino, etc. O problema dessas explicações é sua pressuposição injustificada de que a arte pré-histórica seria o começo, ingênuo e infantil, da arte enquanto representação figurativa do real, caminhando em direção a um naturalismo amadurecido. Na direção oposta, Didi-Huberman afirma que "as pontuações formais destes primeiros grafismos humanos sugerem-nos assim que a abstração – o trabalho não-icônico do campo delimitado e de sua colocação em escansão formal – precederia toda tentativa mimética" (Didi-Huberman, 1998, p. 66). As paredes pintadas e gravadas pelo *Homo Sapiens*, portanto, apresentam figurações e abstrações. Ao menos em relação às abstrações, há uma ligação direta entre os signos gráficos das cavernas e aqueles inscritos na pedra da sepultura de La Ferrassie. Há, portanto, um fio condutor que liga os primeiros indícios neandertalenses de gestos sobre a pedra – note-se bem, de gestos excedentes, que, como a arte, ultrapassam a mera utilidade dos primeiros instrumentos – com as imagens criadas pelo *Homo Sapiens* nas paredes das cavernas, constantemente consideradas artísticas – talvez apenas por serem pinturas, e, sobretudo, pinturas figurativas.

Não faz diferença, para o meu argumento, que Didi-Huberman investigue especificamente as origens do gênero artístico do retrato; a questão do retrato está inserida na questão da arte. Se os apontamentos de Didi-Huberman mostram que os princípios do retrato já estavam em obra entre os Neandertais, é porque a arte também estava. Mais do que isso: esses princípios, do retrato e da arte, encontram-se profundamente entrelaçados com a experiência da morte. Foram encontrados nas primeiras sepulturas, ou trabalhados diretamente nos crânios – nas mais antigas sepulturas pré-históricas os crânios nunca são simplesmente restos mortais, eles são cuidadosamente conservados e "*trabalhados*, de uma maneira ou de outra, isto é, já plenamente dedicados à eficácia simbólica ou à matéria das imagens. Incisados, trepanados, seus orifícios frequentemente aumentados ou artificialmente fraturados" (Didi-Huberman, 1998, p. 70). Nessa mesma tradição, que inscreve nos crânios a eficácia simbólica das imagens, encontramos, mais tarde, os crânios modelados do sítio neolítico de Jericó. Crânios humanos, porém, forrados e modelados externamente com argila, tendo os traços do rosto, as orelhas, o nariz, as sobrancelhas e a boca reconstruídos com uma impressionante delicadeza, além de vestígios de uma pigmentação que reproduzia a encarnação da pele. É notável que cada uma das cabeças encontradas seja individualmente caracterizada. Pois bem, assim como há uma continuidade entre essas cabeças, os sinais abstratos nas cavernas, os crânios "trabalhados" e os sinais da pedra de La Ferrassie, há uma continuidade – que pode ser notada na modelagem e na beleza imponente – entre essas cabeças, modeladas diretamente sobre os crânios, e a estatuária dos egípcios, que não deixava de ser uma arte fúnebre. Ainda, há uma continuidade entre a iconografia egípcia e os refinados retratos de múmias de El Fayum – que podem ser inseridos plenamente no gênero artístico do retrato –, pintados sobre pequenos painéis que cobriam suas faces para o sepultamento, já no período da ocupação romana do Egito. Do mesmo modo, há uma ligação entre as primeiras ritualizações imagéticas da morte e o culto aos crânios que a pesquisa etnográfica mostra por toda parte, da África à América do Sul, da Oceania ao sul da Ásia, até os dias de hoje. Esses crânios, guardados como relíquias, modelados ou ornamentados com pigmentos, argila, conchas e outros materiais, eram produzidos paralelamente a máscaras, estatuetas e outros objetos de culto que são frequentemente exibidos em museus e exposições artísticas desde o início da modernidade.

Isso significa que a arte não começa no Paleolítico Superior, com o surgimento da nossa espécie, como endossa a esmagadora maioria dos manuais de história da arte? A pergunta pelo surgimento da arte é talvez mais um dos pseudoproblemas da história das teorias, pois depende do modo como se define o conceito. Se a arte é definida como algo que adquire identidade dentro de uma compreensão histórica e narrativa, como faz Danto, naturalmente a arte não começou com os Neandertais, nem com as cavernas paleolíticas, nem mesmo com os egípcios e gregos, mas apenas no Renascimento italiano. Se a arte é compreendida, ao modo de Bataille, como aquilo que excede e ultrapassa a mera utilidade, como o embelezamento ou a erotização, preciso identificar gestos artísticos não apenas na gruta de Lascaux, mas também nos crânios trabalhados e nas pedras esculpidas em sepulturas. Não tenho o objetivo de estabelecer um marco que delimite com precisão onde e quando a arte começou. Ao contrário, aponto para a continuidade simbólica e imagética entre os objetos tradicionalmente considerados obras de arte e as práticas relacionadas aos mais antigos rituais de sepultamento. É claro que essas práticas não são obras de arte no sentido restrito das Belas Artes, ou da arte moderna e contemporânea, e talvez não faça sentido designá-las como artísticas, ainda que elas já operem com os elementos fundamentais da figuração artística, isto é, desenho e cor. O ponto é que existe um fio condutor que liga as primeiras sepulturas com as grutas pintadas, com os crânios modelados, com as representações artísticas da antiguidade, com a continuidade da história da arte, e assim por diante. Todas essas manifestações estão conectadas e não há uma passagem clara do rito para a arte. Não há dúvida de que os primeiros elos dessa cadeia eram objetos de culto – mas nossas obras de arte, inseridas em recintos especiais, direcionadas por comportamentos específicos e descritas com uma linguagem quase esotérica também não deixam de ser, ao nosso modo, objetos de culto. Não se trata de estabelecer quando a arte começa nem como ela se diferencia do rito, da magia e do culto, mas de assinalar que, se buscamos as origens da arte, nos deparamos inevitavelmente com expressões materiais e simbólicas do terror diante da morte, que caracteriza o sentimento do sublime.

Paul Valéry afirmou, antes de Bataille, que o homem se diferencia do animal porque rumina a ideia da morte. Ou seja, o ser humano transforma continuamente a ideia da morte, desloca-a, trabalha-a, nunca digerindo-a completamente, ela "tem um papel marcante em sua vida. Essa ideia excita, no mais alto grau, a imaginação que desafia. Se o poder, a perpétua iminência, e em suma a vitalidade da ideia de morte diminuísse, não sabemos o que aconteceria com a humanidade" (Valéry, 1934, p. 5). A consciência da morte, portanto, caracteriza de modo essencial a humanidade do homem e, como no sublime kantiano, desafia sua imaginação. Valéry afirma que a necessidade da ideia da morte é imposta pela constatação da morte dos outros. Essa não deixa de ser a base psíquica dos rituais de sepultamento, que revelam a conscientização da morte do outro, enquanto aquele que sepulta encontra-se fora de perigo, como reivindicou Burke a respeito do sentimento do sublime. Assim, a morte é algo que experimentamos apenas indiretamente, na morte do outro – quando morremos, já dizia Epicuro, não estamos mais aqui para experimentarmos a morte – e, no entanto, ela é paradoxalmente o mais individual dos acontecimentos, pois cada um morre apenas a sua própria morte. Não é de se espantar que a morte tenha ligação, senão com as origens do que chamamos de consciência, ao menos com o despertar de nossa autoconsciência. Aqui encontramos a intuição heideggeriana de que o ser-para-a-morte é a possibilidade mais radical da existência humana: a possibilidade de deixar de existir. Isso significa que, quando toma consciência de que vai morrer, o homem necessariamente toma consciência de sua própria existência.

Curiosamente, Danto conclui seu livro sobre o belo, *The Abuse of Beauty*, com um capítulo sobre o sublime. O assunto, que estava relativamente esquecido desde Hegel, teria reconquistado o interesse estético a partir da publicação estadunidense de um simpósio, em 1948, intitulado

*Seis opiniões sobre o que é o sublime em arte*. Entre essas opiniões, estavam as de Barnett Newman e Robert Motherwell, vinculando entusiasticamente a estética do sublime com o expressionismo abstrato americano a partir do êxtase, maravilhamento e entusiasmo que esse novo tipo de arte poderia provocar. Após uma breve discussão com Kant e com Newman, Danto (2003, p. 158) afirma que, analogamente à descoberta renascentista do homem, a estética do sublime fundamenta-se em uma redescoberta da consciência humana. Em Kant, os fenômenos sublimes indefinidamente poderosos e vastos levam o sujeito a perceber os limites de sua própria imaginação, bem como sua disposição para a moralidade. Remetendo à vastidão do sublime kantiano, que não pode ser contado nem medido, as pinturas de Newman levam o espectador a tomar consciência de sua própria presença espacial em função da escala monumental das obras. Nos dois casos, o sujeito torna-se consciente de algum aspecto de sua própria subjetividade. De modo que o sentimento do sublime revela-se, em última instância, como o espanto e o maravilhamento do homem diante de sua própria consciência, o que, afirma Danto, é expresso pelo conceito heideggeriano de *Dasein*: estar-aí e estar consciente de estar-aí. É também expresso, de modo mais imaginativo, pelo novelista russo Vladimir Nabokov, que descreveu o prodígio da consciência como uma janela abrindo repentinamente para uma planície ensolarada em meio às trevas do não ser:

> Eu considero essa passagem sublime e é uma questão de desgosto para mim que, até tempos bem recentes, nenhum filósofo falou sobre a consciência com esse tipo de admiração e reverência. Kant certamente não o fez. Ele considera o céu estrelado e a lei moral interior como questões de admiração e respeito, sem notar que são pálidos em comparação com o fato de que ele é consciente deles. (Danto, 2003, p. 159)

O homem é consciente de que as coisas existem, e é consciente de sua própria consciência das coisas e de si mesmo – do céu estrelado e da moralidade. E isso é espantoso. Danto, em seu elogio da consciência, não se concentra nas "trevas do não ser", contudo, a frase citada de Nabokov revela justamente o fato de que a existência das coisas destaca-se pelo contraste com o fato de que elas poderiam, muito simplesmente, não existir, como expressa a famosa pergunta leibniziana "por que o ser e não antes o nada?". Do mesmo modo, nossa autoconsciência é destacada pela morte, pelo fato de que poderíamos não existir ou de que deixaremos de existir em algum momento. De acordo com Danto, esta espantosa constatação seria a fonte do sentimento do sublime: existimos e somos conscientes disso. Acrescento, a partir do terror e da morte tão sobrelevados no pensamento burkeano sobre o sublime: existimos diante da possibilidade de deixarmos de existir, somos em meio às trevas do não-ser. O sublime liga-se ao medo da morte porque o homem maravilha-se diante da própria existência, e porque sua autoconsciência liga-se à consciência de que deixará de existir. E a arte liga-se ao sublime porque, desde suas origens, liga-se ao terror, à admiração e à reverência diante da morte.

Gostaria de finalizar com algumas aproximações do sublime e da morte na arte contemporânea. O texto *Arte e disturbação* não é sobre o sublime nem sobre a morte, mas sobre uma forma de arte contemporânea que vai além da representação de coisas perturbadoras porque não é simplesmente uma representação: ela embaralha os limites entre arte e realidade, entre o artista e o público, rompe com as convenções e os "contratos" implícitos do mundo da arte, anula a atmosfera protetora dos museus, das molduras, da distância teatral, dos comportamentos pré-estabelecidos. A realidade é um componente intrínseco da arte disturbadora, e trata-se de uma realidade perturbadora: "obscenidade, nudez frontal, sangue, excremento, mutilação, perigo real, dor verdadeira, morte possível" (Danto, 2014, p. 159). Fica evidente que a performance é o paradigma dessa forma de arte, e os exemplos que Danto oferece em seu texto não deixam dúvidas: *Deadman*, de Chris Burden – na qual o artista, dentro de um grande saco fechado, coloca-se em uma via expressa da Califórnia, tomando a possibilidade de ser morto (o que não aconteceu) como uma parte da obra – e as automutilações sistematicamente administradas de Rudolf Schwarzkogler,[3] ambas performances de morte. Esse tipo de arte, que almeja reconectar-se "com aqueles impulsos sombrios a partir dos quais se acredita que a arte se originou" e recuperar "um estágio da arte em que ela própria era quase como mágica – mágica profunda, que torna reais possibilidades obscuras" (Danto, 2014, p. 164), tem uma ligação privilegiada com a morte. Assim como tinham os impulsos obscuros e mágicos originais que ela tenta re-

---

3. Em seu texto, Danto sugere que Schwarzkogler morreu em decorrência dessas mutilações, especificamente de uma mutilação do pênis. Essa hipótese tornou-se uma lenda bastante popular, que, todavia, carece de verdade. O artista morreu ao cair de uma janela, não se sabe se intencionalmente ou acidentalmente. Mas o fato de ele não ter morrido de suas automutilações artísticas não diminui o caráter terrificante e mortífero de sua obra artística como um todo.

cuperar do sufocamento progressivo levado a cabo pela história da arte. Ainda que Danto não mencione o sublime nesse texto, sua ideia de que o sublime é a estupefação humana diante da própria consciência é evocada de modo radical pela arte disturbadora: mais do que tomar consciência de sua própria presença espacial, como nas imensas pinturas de Newman, o espectador toma consciência de sua própria presença humana – deixa de ser público e torna-se homem, perturbado e inseguro de como se portar e reagir, do que pode acontecer, inseguro de seus conceitos e expectativas em relação à arte, uma vez que convenções representativas são sistematicamente abandonadas. Acredito que esse tipo de arte, como dizia Burke (1993, p. 48), acende "a mais forte emoção de que o espírito é capaz". É, portanto, rigorosamente sublime: provoca o assombro, sustado por certo grau de horror, antecede a racionalidade e arrebata o espírito com uma força irresistível (Burke, 1993, p. 65).

Para concluir, gostaria de mencionar mais algumas performances disturbadoras cuja principal matéria prima é a morte: 1 - *Em busca do Milagroso*, na qual Bas Jan Ader tenta cruzar o Atlântico em um pequeno barco. A obra é uma trilogia composta por deambulações, fotografias e filmes, e ficou inacabada com o desaparecimento do artista (o barco quebrado e vazio foi encontrado perto da costa da Irlanda). Ou melhor, seu acabamento foi precisamente o desaparecimento do artista. 2 – *Shoot* e *Trans-fixed*, ambas do já mencionado Chris Burden; na primeira, o artista filma seu consentimento em receber, de um colega seu, um tiro no braço; na segunda, é crucificado em um fusca azul. 3 – *Ritmo 5* e *Ritmo 0* de Abramovic; na primeira, depois de uma série de ações, a artista deita-se no interior de uma estrela incendiada e fica inconsciente com a falta de oxigênio do local (teria morrido se não tivesse sido socorrida a tempo), na segunda submete-se ao público durante seis horas em uma sala com 72 objetos que poderiam ser usados livremente sobre a artista (os objetos incluíam um bisturi, pregos, tesoura, uma arma carregada com uma bala). As ações, inicialmente cordiais e gentis, tornam-se progressivamente agressivas e a artista termina a performance com a roupa cortada, o peito furado com espinhos de rosa e tendo apontado a arma carregada para a própria cabeça. Embora Danto não a mencione em seu texto, o protótipo da artista disturbadora é provavelmente Marina Abramovic, com seu expediente de colocar-se em situações de risco enquanto a plateia é transfigurada em cúmplice ou coautor. Ademais, seu manifesto sobre a vida do artista evidencia, ao propor regras de conduta moral como "o artista deve sofrer", "o artista deve ser erótico", "o artista não deve suicidar-se" e "o funeral é a última obra de arte do artista", que sua arte está densamente integrada não apenas com a vida, mas também com a morte.

Esses são apenas alguns dos muitos casos em que a arte contemporânea trabalha diretamente com a morte e alcança, ao menos no sentido de Burke, o sentimento do sublime. Se, como afirmou Danto, o sublime é o maravilhamento diante de nossa própria consciência, a preeminência da morte na teoria burkeana pode ser resgatada em uma esfera menos fisiológica – enquanto arrebatamento com nossa própria existência, que é despertado de modo privilegiado pela consciência da morte. Por esse motivo, se buscamos as origens da arte, nos deparamos com expressões materiais e simbólicas dessa "rainha dos terrores". Dos Neandertais à performance contemporânea, das sepulturas aos museus, encontramos amiúde a estética do sublime: o prazer negativo, o terror misturado ao êxtase e o medo da morte à arte.

### Referências bibliográficas

ADORNO, Th. W. *Teoria estética*. Trad. Artur Mourão. Lisboa: Ed. 70, 2008.
BATAILLE, G. *Œuvres complètes*. Tome dixième. Paris: Éditions Gallimard, 1987. (Trad. livre para fins acadêmicos).
_____. *Lascaux ou la naissance de l'art*. Genève: Albert Skira, 1980.
BURKE, E. *Uma investigação filosófica sobre a origem de nossas idéias do sublime e do belo*. Trad. Enid Abreu Dobránszky. Campinas, SP: Papirus: Editora da Universidade Estadual de Campinas, 1993.
DANTO, A. *A transfiguração do lugar comum*. Trad. Vera Pereira. São Paulo: Cosac Naify, 2010.
_____. *The Abuse of Beauty: Aesthetics and the Concept of Art*. Illinois: The Paul Carus Lecture Series 21, 2003.
_____. "O mundo da arte". Trad. Rodrigo Duarte. *Artefilosofia*, n 1. p. 13-25, UFOP, 2006.
_____. *O descredenciamento filosófico da arte*. Trad. Rodrigo Duarte. Belo Horizonte: Autêntica Editora, 2014.

DIDI-HUBERMAN, G. *O rosto e a terra – onde começa o retrato, onde se ausenta o rosto*. Trad. Sônia Taborda. Porto Arte, Porto Alegre, v.9, n.16, p. 61-82, mai. 1998.

_____. *O que vemos, o que nos olha*. Trad. Paulo Neves. São Paulo: Editora 34, 2010.

GARCÍA-DÍEZ, M., ANGULO, J.C. "Male genital representation in Paleolithic art: erection and circumcision before history". *Urology 74*: 10-14, 2009.

GOMBRICH, E. H. *A História da Arte*. Trad. Álvaro Cabral.16ª edição. Rio de Janeiro: LTC, 1999.

HEIDEGGER, M. *Os conceitos fundamentais da metafísica: mundo, finitude, solidão*. Rio de Janeiro: Forense Universitária, 2006.

KANT, I. *Crítica da faculdade do juízo*. Trad. Valério Rohden e Antonio Marques. R.J: Forense Universitária, 1993.

LACAN, J. *Escritos*. Trad. Vera Ribeiro. Rio de Janeiro: Jorge Zahar, 1998.

VALÉRY, P. "Preface". In: FRAZER, J. G. *La craint des morts*. Paris: Émile Nourry, 1934. p. 5. (Trad. livre para fins acadêmicos).

# A SUBLIME IMATERIALIDADE DA ARTE CONTEMPORÂNEA

Rachel Costa[1]

A discussão sobre o sublime na arte contemporânea encontrou inúmeros adeptos, visto que a pluralidade das obras de arte traz a necessidade de ampliar o escopo da experiência estética. Nada mais natural que o sentimento do sublime ser incluído entre os sentimentos desencadeados por essa experiência. No entanto, durante esse congresso, tanto as origens dessa discussão, com Longino, Burke e Kant, quanto suas ramificações mais bem-sucedidas na produção artística visual, o Romantismo e a Abstração Americana, foram e serão discutidas ostensivamente. Devido a isso, pretendo usar o passado como solo fundante de uma pressuposição diferenciada da experiência com o sublime.

A proposta parte da querela entre Romantismo e Expressionismo Abstrato, acerca da possibilidade da experiência do sublime por meio de obras de arte. O fio condutor dessa elaboração é o conceito de representação, o qual permite trabalhar a diferença entre as duas tentativas de expressão do sublime nas artes visuais: a figurativa e a abstrata. Lyotard, em sua discussão sobre o assunto, mostra que a figuração romântica retrata o sublime nas limitações da tela, o que pode ser visualizado na famosa tela de Caspar

---

1. É mestre e doutora pela Universidade Federal de Minas Gerais - UFMG pela linha de Estética e Filosofia da Arte. Para tanto, desenvolveu a dissertação intitulada "Imagem e Linguagem na Pós-história de Vilém Flusser" e a tese denominada "Três questões sobre a arte contemporânea". Fez doutorado *sandwich* na *Université Paris I - Pantheon-Sorbonne*, em Paris, e pós-doutorado no *Braude College of Engineering* em Israel. Atualmente, é professora de Filosofia da Arte da Escola Guignard-UEMG e de Teoria da Arte na Escola de Belas Artes da UFMG. Organizou eventos, tem artigos publicados e trabalha como crítica e curadora da Arte & Artefato. No último ano, fez curadoria das exposições Adro de Luiza Alcântara, Gravantes Gerais, de Carolina Mazzini, Thais Brasileiro, Paulo Lisboa e Renata Bernet, da Residência Artística BDMG – Edição Congonhas e das duas exposições resultantes da residência: em Congonhas e em Belo Horizonte.

Friedrich "Viajante sob o mar de névoas", enquanto Barnett Newman e outros artistas abstratos, por meio de suas gigantescas pinturas, ultrapassam a representação do sublime ao apresentar o inexprimível abstratamente. Essa apresentação permitiria não a representação, mas a experiência mesma com o sublime. Assim, com o expressionismo abstrato o sentimento do sublime passaria a ser incitado, também, pela obra de arte.

Tendo como objetivo ir para além da proposição de Lyotard, analisarei o sentimento do sublime à luz da filosofia de Arthur Danto. Apesar de o próprio Danto ter limitado sua discussão sobre o sublime à comparação entre Romantismo e Abstração, sua compreensão do conceito de representação, sua ampliação do escopo da experiência estética e a ideia de arte como perturbação permitem ampliar a discussão e trazer à tona uma reflexão sobre os limites e as possibilidades da criação artística contemporânea e, consequentemente, a ampliação do universo da experiência. É importante lembrar que na arte contemporânea a experiência não passa, necessariamente, pelo enquadramento característico dos meios tradicionais da obra de arte visual, ou seja, o papel, a tela ou a escultura, os quais direcionam a querela supracitada.

Arthur Danto problematiza em que medida é possível falar de obras de arte após a existência no mundo da arte de obras exatamente iguais a meras coisas do cotidiano. Isso porque os indiscerníveis exigem que qualquer análise de obras de arte seja feita sem levar em consideração critérios de aparência, uma vez que, se a aparência for levada em consideração, as análises de obras de arte serão análises não da arte, mas das coisas mesmas do mundo.

Essa situação é exemplificada pelo filósofo por meio da *Brillo Box*, de Andy Warhol. Isso significa que se critérios de aparência forem utilizados para avaliar essa obra de arte estaremos fazendo uma análise de todas as caixas à venda nos supermercados americanos. É nesse sentido que a filosofia dantiana tem o objetivo de traçar um critério de demarcação entre a arte e as meras coisas do mundo, visto que qualquer análise de características artísticas deve estabelecer a diferença entre realidade e arte. Exatamente por isso, toda a história da arte Ocidental está diretamente relacionada com o problema da relação entre *mimesis* e realidade. Seu objetivo é tentar compreender as lacunas existentes entre a obra de arte e o que está sendo representado, ou seja, entre a arte e a vida (Danto, 2005, p. 49).

O filósofo compreendeu a ambiguidade relativa ao conceito de *mímesis* a partir da teoria platônica. Platão instituiu a contraposição *mímesis* e realidade, pois acreditava que as formas estavam de certa maneira presentes em suas manifestações. Desse modo, duas formas de entender *mímesis* são propostas: a primeira enquanto identidade, i.e., as duas coisas parecem fisicamente iguais, e a segunda enquanto designação, ou seja, existe uma lacuna entre a representação e a realidade que Danto compara à da própria língua (Danto, 2005, p. 58). Essa distinção não impede que as duas características possam ser encontradas em uma mesma coisa, sendo esse o caso da arte tradicional. É na arte que o que Danto vai chamar de o problema da *mímesis* aparece de forma clara, e, por isso, o falso se mostra necessário. A arte mimética existe devido à união dessas duas formas de compreender a *mímesis*. Sem isso, não seria possível separar arte de realidade (Danto, 2005, p. 63).

O filósofo afirma que é somente quando a arte toma consciência de sua origem filosófica, ou seja, com os indiscerníveis, que as representações eliminam o hiato entre *mímesis* e realidade. Essa eliminação implica na ineficácia do conceito de *mímesis* para pensar a arte, pois a arte transformou-se, pelo menos fisicamente, na própria realidade. O que faz com que os indiscerníveis coloquem uma diferença ontológica entre duas coisas exatamente iguais fisicamente.

Para explicitar melhor essa diferença ontológica, Danto sugere o uso do termo transfiguração. Proveniente do vocabulário religioso, transfiguração é a atitude de adorar algo ordinário como se fosse Deus, como no caso das imagens de santos e das relíquias religiosas (Danto, 1997, p. 128). O episódio da transfiguração de Cristo é a referência primeira, ou seja, ele expressa a transfiguração de homem em filho de Deus (Mateus, 17, 1-9). Logo, a transfiguração em arte, é o ato de perceber objetos/situações comuns como obras de arte. É essa diferença ontológica que modifica a relação entre *mímesis* e realidade. Por esse motivo, Danto elege a *pop* arte como principal exemplo, pois "[a] pop define-se contra a arte como um todo em favor da vida real"[2] (Danto, 1997, p. 131). Ela subverte a concepção de *mímesis* platônica[3] (Danto, 1997, p. 124), porque não é possível separar arte e realidade em termos visuais, ou seja, não é mais possível procurar o

---

2. "Pop set itself against art as a whole in favor of real life".
3. Apesar de discutir a questão com a pop arte, no *Descredenciamento filosófico da arte*, Danto (2004, p. 16) afirma que Duchamp coloca os problemas que ele resolve com a pop arte.

significado da arte através de exemplos (Danto, 1997, p. 125). Isso significa que as duas lacunas expressas anteriormente, referentes à relação entre *mímesis* e realidade mostram-se inoperantes. A separação tanto entre representação e representado quanto entre arte e vida necessita ser realizada a partir de outros parâmetros. É dentro desse contexto que Danto sugere a expressão "significados incorporados".

Para explicitar o que entende pela expressão, o filósofo cita Hegel:[4]

> O que é agora despertado em nós por obras de arte não é apenas prazer imediato, mas também o nosso juízo, desde que submetamos à nossa consideração intelectual (i) o conteúdo da arte, e (ii) os meios de apresentação da obra de arte, e a adequação ou inadequação de ambos um ao outro.[5] (Danto, 1997, p. 194-195)

Assim, Danto mostra que os critérios hegelianos para arte continuam válidos, pois o trecho permite concluir que a expressão "significados incorporados" é, na verdade, uma elaboração dos dois critérios da citação. A ideia contida por trás do termo "significados" se refere ao conceito de representação, tendo como objetivo afirmar que obras de arte têm um *aboutness*, ou seja, são sobre alguma coisa. Já para explicar a incorporação ele recorre à noção de coloração (*Farbung*) de Frege. Danto propõe que ela sirva como uma forma de perceber como o sentido é incorporado, fincando, assim, entre a singularidade da expressão de cada artista e a ideia que é expressa por ele, pois a primeira poderia ser designada como representando o sentido (*Sinn*) e a outra, como representando o significado (*Bedeutung*). Dessa forma, a coloração é uma espécie de tonalidade por meio da qual o sentido é incorporado (Danto, 1997, p. 195).

Logo, a incorporação é a forma específica como uma pessoa, e somente ela compreende um determinado significado. A mesma coisa pode ser incorporada de várias maneiras diferentes. Uma imagem pode incorporar uma ideia inteira e, ao fazê-lo, torná-la mais completa e complexa que a própria ideia (Danto, 2013, p. 125). "Uma obra de arte é um significado incorporado, e o significado é tão intrinsecamente relacionado ao objeto

---

4. Como o filósofo não cita a página de onde retirou o trecho, apenas que o encontrou nos *Cursos de Estética*, volume II, traduzi a citação do Danto no lugar da tradução brasileira.
5. "What is now aroused in us by works of art is not just immediate enjoyment but our judgment also, since we subject to our intellectual consideration (i) the content of arte, and (ii) the work of art's means of presentation, and the appropriateness or inappropriateness of both to one another".

material quanto a alma é ao corpo"[6] (Danto, 2013, p. 66). O que faz uma obra ser uma obra de arte é justamente o modo como o significado é incorporado, pois a mesma coisa pode ser incorporada pela filosofia e discutida por meio de um discurso lógico racional, i.e., significados semelhantes podem ter incorporações completamente diferentes e, por terem incorporações diferentes, passam a ter significados também diferentes.

É nesse contexto que a proposta dantiana permite ir além da análise de Lyotard. Sua compreensão do termo representação é mais ampla que a ideia de representação figurativa desenvolvida por este. Pela ideia de transfiguração e pela expressão "significados incorporados", Danto permite trazer, ao universo da arte, todo o universo de coisas e situações possíveis do mundo, o que faz com que as limitações da representação referentes à tela, o papel ou a escultura desapareçam. Isso significa que a ideia de apresentação sensível do inexprimível alcança a imaterialidade da obra de arte, e permite uma aproximação mais fática da compreensão burkeana da experiência do sublime, resumida pela seguinte citação:

> Tudo que seja de algum modo capaz de incitar as ideias de dor e de perigo, isto é, tudo que seja de alguma maneira terrível ou relacionado a objetos terríveis ou atua de algum modo análogo ao terror constitui uma fonte do sublime, isto é, produz a mais forte emoção de que o espírito é capaz. (Burke, 1993, p. 48)

Acontece que, para associar a proposta dantiana com o sentimento do sublime, é preciso compreender de que modo a experiência estética é possível, até porque o exemplo do filósofo para o conceito de representação é a *Brillo Box*. Então, em que medida uma obra como essa permite experiência estética? Que tipo de experiência é essa? Como falar de sublime nesse contexto?

Em seu livro *The abuse of beauty*, Danto afirma que a experiência estética com essa arte transfigurada ultrapassa a tradicional experiência com o belo e permite a existência de sentimentos múltiplos. Para analisar as possibilidades desses sentimentos, ele propõe o termo modulador. Os moduladores são a representação do sentimento mediado pela razão, com o intuito de gerar no apreciador sensação semelhante. Dessa forma, o que Danto faz é determinar o conceito de beleza, restringir seu escopo de uso e significado, atribuindo outros nomes à diversidade de sentimentos

---

6. "(...) an artwork is an embodied meaning, and the meaning is as intricately related to the material object as the soul is to the body".

suscitados pela pluralidade da arte contemporânea. Com isso, uma série de modalidades passa a fazer parte do universo de possibilidades da arte. Dentre elas se encontra o sentimento do sublime.

Como foi dito inicialmente, quando Danto pressupõe o sentimento do sublime entre as modalidades de sentimento, ele não faz a associação com a arte transfigurada. No entanto, o encontro entre arte e vida e a associação da arte com a forma, como um significado, são incorporados, abrindo espaço para o desenvolvimento de manifestações artísticas que se utilizam dessas características para existir. Danto chama esse tipo de arte de perturbativa[7]. Perturbativa, pois sua proximidade da vida cotidiana perturba, incomoda aqueles que se relacionam com ela.

Em seu texto *Art and disturbation*, Danto desenvolve o que ele vai chamar de um tipo específico de arte, que coloca a ideia de representação figurativa como obstáculo, pois são artes efêmeras e indefinidas, as quais têm, como objetivo, acabar com o hiato entre arte e vida (Danto, 2004, p. 119). Ela impossibilita a distinção entre arte e vida cotidiana devido à dificuldade de compreensão, por parte de quem vê, de que o que está sendo visto é obra de arte, uma representação incorporada de uma determinada maneira. A arte perturbativa transgride os limites entre arte e vida, trazendo para dentro da arte a realidade, a qual é perturbadora (Danto, 2004, p. 121). Por exemplo, a obscenidade é perturbativa, pois ela apaga os limites entre representação e realidade (Danto, 2004, p. 122), não permite o distanciamento necessário para que a situação seja compreendida como uma representação, e, consequentemente, um tipo de sentimento prazeroso surja.

Essa questão é de extrema importância, pois é a capacidade de diferenciar a arte da vida que caracteriza a arte tradicional. É de encontro a essa ideia que a arte perturbativa vai. Ela quer retirar o sujeito de seu conforto e o lançar em uma situação/sensação diferente, nova e muitas vezes indesejada. A arte perturbativa gera no sujeito a gama de sinônimos do

---

7. Danto cria uma palavra para designar esse tipo de arte: *disturbation*, que inclusive dá nome a seu texto. Em detrimento dessa situação e da defesa do Professor Rodrigo Duarte da utilização de um termo criado em português, que seria disturbação, optei por perturbação. Isso porque *disturbation* vem do verbo *disturb*, que pode ser traduzido por perturbar, e a palavra disturbação levaria a uma associação com distúrbio, que, apesar de ter como um de seus significados perturbação, é geralmente associada ao seu significado médico. Além disso, a perturbação parece-me uma característica válida para o que entendo por arte contemporânea. Dessa forma, considero a ideia em torno do verbo perturbar extremamente importante para compreensão do que Danto pretende identificar como artes efêmeras.

substantivo perturbação: agitação, inquietação, perplexidade, hesitação, indecisão, transtorno, desordem e confusão. Todos esses sentimentos são possíveis e até desejáveis quando esse tipo de arte é experimentada. Esses sinônimos não colocam somente sentimentos, mas também expressam algumas das questões que incomodam quem experimenta. Em detrimento do prazer e deleite suscitados pela arte tradicional, a perplexidade, a hesitação e a indecisão são empecilhos bastantes comuns colocados por quem experimenta esse tipo de arte. Acontece que esse é o objetivo do trabalho, o incômodo gerado pela não distinção, a incapacidade de saber como se portar ou se relacionar com o que se presencia.

E, de certa forma, isso modela o que a arte da perturbação pretende alcançar, isto é, produzir um espasmo existencial através da intervenção de imagens na vida. Mas o termo também é utilizado para manter as conotações de perturbação para estas várias artes, execução, realizar uma determinada ameaça, promessa até de um certo perigo, compromete a realidade de uma forma que as artes mais arraigadas e suas descendentes perderam o poder de alcançar.[8]
(Danto, 2004, p. 119)

É nesse lugar que o sentimento burkeano do sublime se aplica. A justificativa de Burke para o sublime não se adequar às artes visuais é a sua falta de obscuridade, o fato de sua representação colocar perante os olhos a delimitação do tema em questão e, consequentemente, retirar o aspecto de terror e medo, inclusive da morte, característico do sentimento do sublime. Todavia, a arte perturbativa trabalha com a incerteza, manipula a obscuridade e não pressupõe a representação figurativa característica da arte oitocentista.

Esse é o caso do trabalho da artista Marina Abramovic, chamado "Ritmo 0" de 1974, em que a artista ficou em uma sala em silêncio por 6 horas, com 72 itens que o público poderia utilizar para transformar seu próprio corpo em objeto. Entre os itens, estava um revólver com uma bala, que foi colocado em punho por uma pessoa mais exaltada. Nada ocorreu, mas a sua morte era um dos acasos possíveis dentro do universo de possibilidades elaborado pela própria artista.

---

8. "And in a way this models what art of disturbation seeks to achieve, to produce an existential spasm through the intervention of images into life. But the term is also meant to retain the connotations of disturbance for these various arts, execution, carry a certain threat, promise a certain danger even, compromise reality in a way the more entrenched arts and their descendants have lost the power to achieve".

Assim, o artista perturbador quer transformar sua audiência em algo anterior ao teatro, pois necessita de uma relação diferenciada entre o público e ele, uma relação que não pressuponha a ilusão da realidade, uma relação mais corporal, quase que mágica entre ambos (Danto, 2004, p. 131). A arte perturbativa se reconecta com os impulsos primitivos, com sentimentos talvez somente psicanaliticamente explicáveis (Danto, 2004, p. 126). É uma tentativa de mostrar que, por meio da retratação de algo mágico, divino, ou amedrontador, aquilo que está sendo visto não é apensas uma representação, mas a coisa mesma, da forma como o artista a concebe. Assim, a obra não é uma cópia, mas uma tentativa, como diz Picasso, de dar realidade para aquilo que amedronta, que confunde, que gera desejo.

A arte perturbativa, portanto, traz à tona o sentimento do sublime de modo que nem a pintura romântica, nem a abstrata possibilitam. Como o próprio Danto diz, os exemplos mais limítrofes, como o aqui apresentado, não são os únicos possíveis, são apenas os mais elucidativos. A perturbação é característica intrínseca de grande parte da arte contemporânea. Isso significa que o sublime passou a ser utilizado como alvo favorito na incorporação de significados da arte contemporânea.

Referências bibliográficas

BURKE, E. *Uma investigação filosófica sobre a origem de nossas ideias do sublime e do belo*. Campinas: Ed. Papirus, 1993.
DANTO, A. *A transfiguração do lugar comum*. São Paulo: Cosac Naify, 2005.
_____. *The Transfiguration of the Commonplace: a Philosophy of Art*. Cambridge: Harvard University Press, 1981.
_____. *Após o fim da arte: a arte contemporânea e os limites da história*. São Paulo: Odysseus Editora, 2006.
_____. *After the End of Art: Contemporary Art and the Pale of History*. Princeton, N.J.: Princeton University Press, 1997.
_____. *The Abuse of Beauty. Aesthetics and the Concept of Art*. Illinois: Carus Publishing Company, 2006a.
_____. *What Art is*. New haven & London: Yale University Press, 2013.

_____. *The Philosophical disEnfranchisement of Art*. New York: Columbia University Press, 2004.
_____. *Narration and Knowledge*. New York: Columbia University Press, 2007.
_____. "Marcel Duchamp e o fim do gosto: uma defesa da arte contemporânea". *ARS* (São Paulo), v. 6, n. 12, p. 15-28, dez. 2008.
_____. "O mundo da arte". Trad. Rodrigo Duarte. *Revista ArteFilosofia*, Ouro Preto, n. 1, p. 13-25, jul. 2006b.
_____. "A filosofia da arte. Entrevista com Arthur C Danto". Trad. do inglês de Joaquim Toledo Júnior. *Novos Estudos*, ed. 73, p. 127-132, nov. 2005b.
_____. "O fim da arte". In: *The Philosophical disenfranchisement of art*. New York: Columbia University Press, 2004a. Trad. Rodrigo Duarte com numeração de páginas diferente.
KANT, I. *Crítica da faculdade do juízo*. 2ª edição. Rio de Janeiro: Forense-Universitária, 1995.
LONGINO; HIRATA, F. *Do sublime*. São Paulo: Martins Fontes, 1996.
LYOTARD, J.-F. *Lições sobre a analítica do sublime*. Campinas: Papirus, 1993.
SÜSSEKIND, P. "O Sublime e o expressionismo abstrato". *Doispontos*. Curitiba, São Carlos, v. 11, n. 1, p. 183-203, abr. 2014.

# RESSONÂNCIAS DO SUBLIME KANTIANO NA COLUNA INFINITA DE C. BRANCUSI E DE G. LIGETI[1]

Inés A. Buchar[2]

Algumas manifestações artísticas do século XX poderiam ser consideradas "sublimes", pois, tal como Kant afirmava sobre alguns fenômenos da natureza, "sua intuição traz consigo a ideia de sua infinitude" (*Crítica da faculdade do juízo*: CFJ 244; *Kritik der Urteilskraft*: KU 99).

No decurso da arte do século XX, caracterizado por crises sucessivas e pela diversidade e dispersão de suas manifestações, emergem duas obras que, com uma distância temporal de quase 60 anos, tentam fazer presente, plástica e acusticamente, o infinito. Analisaremos como diferentes aspectos do conceito kantiano do sublime podem se relacionar com a obra escultórica de Constantin Brancusi (1876-1957) "Coluna Infinita", que data do ano de 1937, e com o Estudo No. 14 para piano "Coluna Infinita", inspirado na escultura, composto por György Ligeti (1923-2006) em 1993.

O escultor romeno Constantin Brancusi[3] concluiu, em 1937, sua "Coluna Infinita" ou "Coluna sem fim" (*Columna Infinita* ou *Coloana fara sfârșit*)

---

1. Tradução de Rachel Costa.
2. Professora Doutora da Universidade de Buenos Aires (UBA).
3. A Liga das Mulheres de Gorj, Romênia, convocou Brancusi para realizar um monumento na cidade de Târgu-Jiu. O projeto de Brancusi começou com a Coluna Infinita, mas, em seguida, o pediram que construísse um portal de pedra para os jardins públicos da cidade, então ele refez o projeto como um conjunto tripartido. O conjunto escultórico se estende em um eixo que atravessa a cidade de maneira perpendicular ao rio Jiu. A coluna está ligada ao Arco do Beijo por um caminho de 1.480 m. de extensão denominado passagem dos heróis. Um fragmento de menor extensão do eixo, denominado Passagem dos Assentos, une o Arco do beijo à Mesa do Silêncio, e ao longo de seus lados se localizam 13 bancos de mármore. O conjunto marca o lugar da batalha que deu a independência ao país e aos romenos e expressa sua infinita gratidão aos heróis. Brancusi considerava que o comprimento da passagem dos heróis fazia uma alusão ao fato de que o caminho dos heróis é sempre difícil e longo (World Monuments Fund, 2006).

erguida em memória daqueles que morreram defendendo a cidade de Târgu-Jiu, na Romênia, contra as forças alemãs em 1916. Existem várias realizações dessa coluna de maneira fragmentada e em versões diferentes, visto que era um tema recorrente na obra do artista. Todas elas estão preservadas no Atelier Brancusi reconstruído no entorno do Centro Pompidou, em Paris. A coluna erigida em Târgu-Jiu é a mais acabada e imponente. Ela mede 29,43 m e é composta de 15 módulos completos e dois módulos pela metade, um na base e outro em seu pico. Os módulos consistem de duas pirâmides acopladas em sua base e, por sua vez, cada módulo em losango se conecta pelo vértice ao seguinte. Os módulos são de ferro fundido, revestidos com zinco e bronze, e estão dispostos em torno de um mastro de ferro. É uma escultura geométrico-abstrata que parece se estender ao infinito e cuja superfície reflete a luz solar no alto.

*Coluna infinita* é o estudo número 14, último do segundo livro de *Estudos para piano* (1988-1994) do compositor György Ligeti, nascido na Romênia, o qual teve a inspiração ao ver fotos da escultura. Esse conjunto de estudos constitui, de alguma forma, uma síntese das estratégias criativas de Ligeti realizadas em sua máxima expressão. O compositor explora, nessas obras, sua orientação fundamental, que é a pseudomorfose da música na pintura, a qual pressupõe as pseudomorfoses do tempo no espaço e a audição na visão. Ligeti se apropria da expressão "pseudomorfose da pintura" utilizada por Theodor W. Adorno, em *Filosofia da nova música*, para se referir às composições de Debussy e de Stravinsky. Enquanto Adorno utilizava essa expressão de maneira crítica e negativa, uma vez que considerava que a música é, essencialmente, devir sonoro no tempo, Ligeti considera a referida pseudomorfose em sentido positivo, como a tendência estética à espacialização do tempo musical (Ligeti, 2001a, p. 141-142).

Na música ocidental, entre os anos de 1960 e de 1990, há uma orientação na composição que se focaliza sobre o *continuum* do tempo concebido como instante presente prolongado. A tendência estética do *continuum*, a qual pertence Ligeti, promove a eliminação das divisões ou cortes, favorecendo o prolongamento do som, de aglomerados sonoros ou de estados sonoros. Essa concepção do tempo musical foi denominada "*continuum* de densidades variáveis".[4] A duração do som sem cortes torna-se uma extensão sem articulações, um instante que se estende e deixa um rastro espacial.

---

4. O termo "*continuum* de densidades variáveis" pertence à musicóloga Barbara R. Barry, que se dedicou a pesquisar a música da segunda metade do século XX (Chang, 2007, p. 62).

Do ponto de vista sincrônico, o som adquire densidade e profundidade por meio de texturas e massas. A forma musical favorece o desenho de zonas espaciais e simultaneidades prolongadas; nas palavras de Ligeti, a forma musical consistiria em "um vasto espaço de som em transformação gradual" (Chang, 2007, p. 62).

No final dos anos de 1960 e durante a década de 1970, a escrita musical de Ligeti incorpora a sobreposição de camadas diferenciadas, ligadas aos conceitos de desordem e caos, produzindo uma desintegração sincrônica. Durante a década de 1980, esse recurso estilístico de desintegração sincrônica é reforçado e transformado pela influência do compositor Conlon Nancarow. Em seus *Estudos para piano mecânico* – sessenta peças com duração de 1 a 10 minutos –, Nancarow utiliza como recursos compositivos a simultaneidade de diferentes ritmos e a velocidade, que conduzem à fusão de sons sucessivos e à transformação do timbre. A isso se soma o interesse de Ligeti pela música de outras culturas, especialmente pelas polifonias e polirritmias africanas, as quais se caracterizam pela tendência à fusão de sons sucessivos por meio das simultaneidades melódicas e rítmicas múltiplas (Chang, 2007, p. 95-97).

Há também uma versão do estudo numerada 14A, com o título de Coluna Infinita (*Coloana fara sfârşit*) para piano mecânico. Esta é a versão original. Ligeti observa que, se ela é executada rapidamente, como indicado na partitura, é melhor utilizar o piano mecânico; mas acrescenta que, com uma preparação adequada, a execução com pianista ao vivo seria possível (Ligeti, 1998, p. 69). A primeira apresentação do estudo 14A ocorreu em Donaueschingen, em 1994; Jürgen Hocker fez a transcrição para piano mecânico. Essa versão original foi modificada pelo compositor a pedido do pianista Pierre-Laurent Aimard e publicada como Estudo No. 14, intitulado *Columna Infinita*. Na segunda versão, a estrutura harmônica é diferente, já que existe uma simplificação da textura ao diminuir o número de díades em cada mão.

Em seguida, exporemos uma breve análise do Estudo No. 14, seguindo essencialmente o realizado por Lailing Chang em seu livro *Lorsque le temps déviant espace* (Chang, 2007, p. 157-160). Esse estudo tem uma forma extremamente unificada, que supera a compressão e a densidade dos estudos anteriores. Do ponto de vista diacrônico, o fluxo sonoro ocorre sem solução de continuidade, e da perspectiva sincrônica os extratos são tecidos de modo a formar uma única massa densa compacta. Podem-se distinguir três zonas em sua obra: A (do compasso 1 a 27), B (do compasso 21 a 38) e a coda (que se estende do compasso 39 até o final do estudo). Nas zonas A e B, o *continuum* visa o movimento perpétuo, e na zona B a sucessão de acordes alcança sua tensão máxima. Na zona A, o *continuum* se orienta em linha ascendente, mas, interiormente, o movimento é multidirecional: alguns segmentos se orientam para o grave e logo recomeçam a ascensão, enquanto algumas vozes compensam o descendente com ascensões. Essa dinâmica no interior do *continuum* lhe confere um deslocamento de forma circular, especialmente em seus estratos intermediários, embora a tendência geral seja para a ascensão. Ao nível dos intervalos e dos registros, o início do cânon e as configurações de altura conformam o movimento perpétuo, tanto linear quanto circular, formando uma espiral sonora densa e em movimento. A zona B central apresenta maior densidade do *continuum*, pois as camadas superiores não incluem díades ou uma única nota, mas acordes duplamente acentuados para impulsionar a progressão da espiral. Esse aumento de densidade faz com que as configurações não sejam retidas na horizontalidade e escapem para o eixo vertical. Então, as séries de acordes se movem para as vozes mais baixas, mas uma vez que o movimento geral é ascendente, as séries de acordes impulsionam a massa sonora até o registro agudo. Nos últimos compassos dessa zona, há um efeito de aceleração e movimento rápido em espiral. A coda apresenta a espiral no registro agudo com menor densidade, sugerindo uma continuidade interminável.

No estudo *Coluna Infinita*, Ligeti conseguiu, de modo acabado, a pseudomorfose da imagem escultórica do título na composição musical. As configurações de movimento no interior do *continuum* e a orientação geral ascendente produzem a imagem da espiral. As frases heterogêneas e simultâneas fazem emergir o *continuum* e o movimento perpétuo. A densidade das configurações e as sonoridades sempre *fortíssimo* transpõem a solidez da coluna em espiral sonora (Chang, 2007, p. 179).

Tanto a contemplação da obra escultórica quanto a escuta do estudo para piano conduzem a um sentimento de afastamento do prazer da beleza que acompanha a relação harmoniosa ou eufônica das faculdades da imaginação e do entendimento, tal como concebido por Kant. O sentimento ocasionado por essas obras refere-se a uma relação desarmônica entre as faculdades, uma relação cacofônica entre a imaginação e a razão – e não do entendimento –; trata-se, então, de um sentimento de prazer negativo, um sentimento de prazer mediado pelo desprazer, que consiste na admiração, um sentimento sublime.[5]

### Características do objeto que ocasiona o sentimento sublime

O objeto correspondente ao sentimento do sublime, de acordo com Kant, carece de forma (*formlos*) de tal maneira que ocasiona a representação da sua falta de limites (*Unbegrenztheit*) e, por sua vez, leva a pensar sua totalidade (*Totalität*). Os exemplos de Kant são os da natureza: o oceano "em irritada tormenta", a natureza caótica, irregular, desordenada, destrutiva, isto é, a força da natureza e também sua grandeza, sua imensidão (CFJ 237-238; KU 87-88). No que diz respeito à grandeza, mais adiante (CFJ 254, KU 117) Kant propõe o exemplo do espetáculo do céu estrelado, contemplado como uma imensa abóbada que envolve a todos. Apesar de Kant afirmar que o sublime se daria principalmente em objetos da natureza, ele esclarece entre parênteses que "o sublime da arte se limita sempre às condições do acordo com a natureza" (CFJ 237, KU 88). Pode-se interpretar que a experiência primária do sublime se daria na natureza e apenas secundariamente na arte.

No estudo para piano de Ligeti, aparecem, em grande medida, o informe e o caótico. Richard Steinitz assinala que *Coluna Infinita*, *Vertigem* e *Escadaria do diabo* (Estudos 9 e 13, respectivamente) são um subgrupo do segundo livros de *Estudos*. Em cada uma dessas obras, o compositor investiga como criar, no teclado, equivalentes musicais das espirais e vórtices que ocorrem na natureza (plantas, galáxias, caracóis, etc.), em objetos produzidos pelo ser humano (furadeiras, brocas) e ilusões eletroacústicas projetadas pelo psicólogo Roger Shepard e retrabalhadas pelo compositor Jean-Claude Risset. Em seu *Introductory Catalogue of Computer-Synthesized* (New Jersey, 1969), Risset descreve como produzir um *glissando* sem fim que parece crescer infinitamente sem alterar o registro. Steinitz destaca que esses três estudos começam como sistemas deterministas contendo variantes ocultas nas quais a amplificação do erro leva a desenvolvimentos

---

5. Jean-François Lyotard utiliza as expressões "eufônico" e "cacofônicos" para se referir à maneira pela qual se relacionam a imaginação e o entendimento no sentimento do belo, e imaginação e razão no sentimento do sublime respectivamente. Ele fundamenta a utilização dessas expressões na referência feita por Kant no § 8 da Analítica do belo a uma "voz universal" (*allgemeine Stimme*). Lyotard (1991, p. 31-32) interpreta que no sentimento do belo se produz o acordo das vozes do entendimento e da imaginação.

dramáticos. Nas três obras, aparecem escalas proliferantes e sobrepostas recursivamente, que se multiplicam e são ampliadas. Steinitz (1996, p. 17; p. 20) pontua que nessa transposição musical da coluna, a música contém variantes potencialmente caóticas enquanto os módulos de Brancusi permanecem constantes.

A consideração matemática do sublime implica a tomada de consciência estética da aporia do primeiro conflito das ideias transcendentais, da antinomia da razão pura, tal como Kant desenvolveu um sua *Crítica da razão pura*. A antinomia consiste nas seguintes proposições: a tese afirma que o mundo tem limites no tempo e no espaço; a antítese afirma que o mundo é infinito no tempo e no espaço (Kant, 2007, p. 504-507). Daí conclui-se que as aporias não podem ser resolvidas pelo entendimento, uma vez que, em ambos os casos, falta a intuição sensível correspondente: em um, do ilimitado; no outro, do que o limitado deixa de fora. Eles não podem se constituir como conhecimento, nem a tese, nem a antítese; o conceito de limite, nesse caso, só pode ser pensado, ou seja, é o objeto de uma ideia da razão.

Kant, referindo-se ao sublime considerado matematicamente, distingue a apreciação estética de grandezas da apreciação matemática. Na apreciação matemática de grandezas, ou seja, de acordo com o número e os signos da álgebra, a imaginação se adapta a todo objeto e fornece uma medida suficiente para toda dada grandeza. Na apreciação estética de grandezas, o infinito se mostra na inadequação da imaginação à apreciação da grandeza de um objeto. O esforço para compreender (*Zusammenfassung*) supera a imaginação, cuja apreensão (*Auffassung*) progressiva não se adapta à captação de uma medida fundamental. Então, Kant exemplifica com a contemplação das pirâmides do Egito: não se deve observá-las de muito perto, nem de muito longe, para o surgimento da emoção de sua grandeza; se o observador está muito próximo, a apreensão dos blocos irá impedir a compreensão do todo, e se ele está muito longe, as partes apreendidas serão somente obscuramente representadas. Acontece algo semelhante com a impotência do espectador para captar visualmente a imensidão do interior da Igreja de São Pedro, em Roma. Em ambos os casos, há um sentimento de discordância da imaginação com a ideia de um todo porque, para expor essa ideia de um todo, a imaginação necessita superar o máximo alcançado, e na tentativa e no fracasso surge a emoção (*Rührung*) (CFJ 242; KU 96).

Os exemplos dados por Kant são claramente semelhantes à escultura de Brancusi, a qual, vista de certa proximidade, parece não ter fim. Brancusi afirmava que a coluna era "uma maneira de segurar a abóbada celeste" (World Monuments Fund, 2006).

## A relação desarmônica das faculdades no sentimento do sublime

O sentimento do sublime, segundo Kant, supõe uma complexa inter-relação das faculdades da imaginação e da razão. A representação da natureza aparece como inadequada para a nossa faculdade de apresentar, ou imaginação, e, de alguma maneira, exercendo violência sobre ela. Nas palavras de Kant: "O transcendente para a imaginação (para qual esta é empurrada na apreensão da intuição) é para ela um abismo (*Abgrund*), no qual teme perder-se a si mesma" (CFJ 246, KU 103). Por isso, surge um conflito entre as faculdades, uma relação desproporcional entre a imaginação e a razão, que, de alguma forma, mostra a incomensurabilidade de ambas. Por um lado, a razão exige a apresentação do absoluto, algo que, em princípio, é impossível; por outro, a imaginação se esforça para apresentar o inapresentável, o que também é impossível. Nessa inter-relação das faculdades, há atração e rejeição, a imaginação se sente obrigada a realizar a apresentação, mas, por sua vez, é violentada por essa exigência (Lyotard, 1991, p. 39). Assim, surge um prazer que é caracterizado por Kant como negativo, o qual consistiria na admiração (*Bewunderung*) ou no respeito (*Achtung*) em relação ao próprio estado de espírito do sujeito, mais especificamente respeito pela razão como uma faculdade das Ideias (CFJ 246; 102 KU).

Lyotard, em suas *Lições sobre a analítica do sublime*, assinala que a legitimidade da analítica do sublime kantiana é baseada em "um princípio de arrebatamento do pensamento próprio da filosofia crítica". A imaginação é levada ao limite do que ela pode apresentar, e é, de alguma forma, violentada para apresentar o que ela jamais pode apresentar. A razão, por sua vez, "sem razoabilidade", viola a proibição que a ela se impõe enquanto crítica: não poder encontrar na intuição sensível objetos que correspondam às Ideias. No estado sublime, o pensamento desafia sua própria finitude, impulsionado por um desejo de ilimitação e desmesura, e isso conduz à dualidade do prazer e desprazer. Nos termos de Lyotard (1991, p. 74-75): "O sublime supõe o sentimento estético do anestésico no jogo das faculdades".

A satisfação do sublime, como descrita por Kant, surge indiretamente por meio de duas instâncias contrárias: o sentimento de uma suspensão momentânea das faculdades vitais e, então, seu transbordamento ou expansão, que produz a emoção do sublime (CFJ 237, KU 88). Lyotard (1991, p. 89; p. 143) caracteriza essa retração das forças vitais como "angústia transitória", própria da emoção sublime, a qual não admite uma inter-relação lúdica entre as faculdades como ocorreria no sentimento do belo. No sublime matemático, quando a imaginação, incapaz de alcançar a compreensão do todo, enfrenta a ideia de infinito como totalidade absoluta ou real, é produzida a vertigem do pensamento apresentado, a qual se transforma em angústia.

Essa caracterização e essa descrição do sentimento do sublime, característica da filosofia transcendental de Kant, são extremamente adequadas ao sentimento que pode surgir frente às obras de Brancusi e Ligeti. A faculdade da imaginação dos artistas é conduzida ao abismo do infinito, do ponto de vista do contemplador – espectador ou ouvinte – acontece o mesmo; e o intérprete, no caso de estudo para piano, enfrenta uma dificuldade extrema e abismal de execução.

A ideia de um todo infinito e do absoluto carecem de apresentação, que, de acordo com Kant, pode, no máximo, obter uma configuração negativa ou abstrata, isto é, pode apresentar que há o absoluto. Como observa Lyotard (1998, p. 129), certas obras de vanguarda tentam apresentar sensivelmente o inapresentável, e se não o conseguem, pelo menos evocam e promovem o pensamento do absoluto, do infinito.

Nas obras de arte escolhidas, após o que foi desenvolvido neste artigo, podemos concluir que sua intuição é acompanhada da ideia de sua infinitude, tal como Kant afirmava sobre certos fenômenos da natureza.

A escultura de Brancusi poderia relacionar-se ao conceito de *axis mundi* (Miller, 1980, p. 474), pois parece emergir da terra e continuar prolongando-se, atravessando o universo, todo o infinito. A coluna se revela como um fragmento de uma totalidade infinita que só pode ser pensada.

A escuta do estudo para piano de Ligeti remete à ideia de um fluxo musical infinito, do qual a obra não seria mais que um fragmento, um recorte. O compositor, em uma ocasião, comparou a música com a continuidade e a permanência de uma paisagem. Ao escutar uma obra musical, é como se abríssemos a janela e contemplássemos uma parte da paisagem; fechamos a janela, mas a paisagem permanece, como a música das esferas continua soando sempre.

# Referências bibliográficas

CHANG, L. *György Ligeti. Lorsque le temps déviant espace*. Paris: L'Harmattan, 2007.

KANT, I. *Crítica del Juicio*. Trad.: Manuel García Morente. México: Ed. Porrúa, 1978.

_____. *Kritik der Urteilskraft*. Hamburg: Felix Meiner Verlag, 1990.

_____. *Crítica de la razón pura*. Trad. Mario Caimi. Buenos Aires: Colihue, 2007.

LIGETI, G. *Études pour piano, vol. 2*. Mainz: Schott Music, 1998.

_____. "Évolution de la forme musicale" (ensayo VI). In: *Neuf essais sur la musique*. Geneve: Éditions Contrechamp, 2001a.

_____. "La forme dans la musique nouvelle" (ensayo VII). In: *Neuf essais sur la musique*. Geneve: Éditions Contrechamp, 2001b.

LYOTARD, J.-F. *Leçons sur l'Analitique du sublime*. Paris: Galilée, 1991.

_____. *Lo inhumano*. Buenos Aires: Manantial, 1998.

MILLER, S. "Brancusi's 'Column of the Infinite'". *The Burlington Magazine*, vol. 22, n. 928, Special Issue Devoted to Twentieth Century Art, p. 470-480, July 1980.

STEINITZ, R. *György Ligeti. Music of the Imagination*. Boston: Northeastern University Press, 2003.

_____. "Music, maths & chaos". *The Musical Times*, p. 14-20, March 1996.

WORLD MONUMENTS FUND. *The Restoration of Brancusi's 'Endless Column'* (Brochure), June 2006. Disponível em: <http://www.wmf.org/publication/restoration-brancusis-endless-column>.

# O SUBLIME E AS INCERTEZAS DO MUNDO DA ARTE

Martha D'Angelo[1]

Obras de arte contemporâneas, como, por exemplo, as pinturas de Morandi, Iberê Camargo, Mark Rothko, Basquiat ou Jorge Guinle, podem ser consideradas manifestações do sublime ou expressão de uma experiência do sublime? Há, evidentemente, muitos pressupostos nessa pergunta. Pretendo tratá-la partindo do debate sobre o belo e o sublime travado na época moderna e da tese apresentada por Adorno na *Teoria estética*, a respeito da transferência da experiência do sublime da natureza para arte. O sublime, como autoconsciência do artista, tornou-se, segundo Adorno, constituinte da própria arte. A arte contemporânea e suas projeções teóricas incorporaram o que a estética moderna atribuía à natureza. Essa afirmação de Adorno suscita perguntas do tipo: a transposição do sublime da natureza para o mundo da arte seria imanente à história da civilização e à própria história da arte? Que propriedades tornam uma obra de arte sublime? Com essas interrogações como pano de fundo, concluirei o artigo com observações sobre o processo de criação do pintor Mark Rothko (1903-1970), apontando em que medida ele realiza o que entendemos por experiência do sublime.

## O debate sobre o belo e o sublime na época moderna e seus desdobramentos

O reaparecimento da reflexão sobre o sublime na época moderna foi estimulado por contribuições de caráter teórico, especialmente pela publicação,

---

[1]. Mestre em Educação pela UFF e em Filosofia pela PUC-RJ e doutora em Filosofia pela UFRJ. Fez pós-doutorado na Escola de Comunicação e Artes da USP em 2010. É professora de Filosofia da Faculdade de Educação da Universidade Federal Fluminense.

na França, de uma nova tradução do *Tratado de Longino*, por Boileau, em 1674, e por mudanças introduzidas no âmbito da produção de arte pela linguagem polissêmica do barroco, que teve, na tragédia de Shakespeare, o seu nível mais alto de expressão. A ênfase do barroco no aspecto sentimental deslocou a reflexão para a subjetividade, o que fez a autoria assumir uma importância cada vez maior.

O questionamento à estética do barroco estimulou a reflexão sobre o princípio constitutivo da obra de arte e o que determina seu valor. Essa problemática adquiriu um alcance teórico superior ao que dominou os debates do Renascimento e a famosa querela dos antigos e modernos. Partidário dos antigos, Nicolas Boileau defendia um novo classicismo artístico, fundado em valores afins com o racionalismo cartesiano (clareza, equilíbrio, verdade). Em contraposição ao classicismo racionalista de Boileau, Giovanni Battista Vico sustentava uma teoria irracionalista da arte. Não é a razão, mas a fantasia que constitui a base da construção da obra de arte. Em oposição frontal ao cartesianismo, Vico considera que, através do rigor científico da matemática, não se pode chegar a uma verdadeira compreensão da natureza e da realidade. Incrustadas em sua filosofia da história, as ideias de Vico sobre a arte inicialmente não tiveram grande repercussão no âmbito da estética, mas, na esteira da arte barroca, foi se consolidando, no século XVIII, a tese de que o elemento passional é predominante na arte.

Indo nessa direção, as reflexões começam a destacar o problema da avaliação subjetiva e suas implicações. O surgimento do "gosto" como categoria estética emerge, então, como um problema fundamental a ser resolvido, tendo como centro a questão: como se concilia a subjetividade do gosto e a universalidade do belo na arte?

O estudo descritivo da subjetividade estética despertou enorme interesse na Inglaterra, no século XVIII. Francis Hutcheson reconhecia o sentimento do belo como um sentimento de prazer desinteressado que brota da constituição íntima do espírito. Edmund Burke aprofundou o estudo sobre o belo e o sublime, em sua *Pesquisa filosófica sobre a origem de nossas idéias sobre o sublime e sobre o belo*, de 1757, que exerceu grande influência em Kant. No interior dessa temática, os pensadores ingleses introduzem a reflexão sobre a espontaneidade criadora, entendendo-a como atividade do "gênio". Shaftesbury, retomando a concepção neoplatônica da harmonia entre realidade e beleza como revelação do divino no sensível, entendia a arte como criação de beleza e não como imitação da natureza. Na obra de arte, exprime-se a harmonia do mundo espiritual concebida pelo *gênio*.

As mais notáveis descrições da experiência do sublime na natureza talvez tenham sido feitas por Rousseau. Em suas *Confissões,* em uma passagem do Livro IV, narrando alguns acontecimentos vividos na última viagem a pé que fez em sua vida, Rousseau faz um excelente registro do que seus contemporâneos entendiam por experiência do sublime. A distância percorrida na viagem era de aproximadamente 110 quilômetros, evocando imagens e lembranças desse percurso, Rousseau fala das características que considera mais atraentes em uma paisagem. Refere-se às torrentes, aos rochedos, aos bosques escuros, montanhas, caminhos escabrosos para subir e descer, e precipícios assustadores. Em seguida, descreve o prazer que experimentou ao entrar em um lugar onde corria e borbulhava, em terríveis gargantas, um pequeno rio, e o momento mais empolgante dessa aventura, que foi ter podido:

> contemplar o fundo da garganta e ter vertigens à vontade; porque o que há de mais agradável em meu gosto pelos lugares escarpados é que me dão tonteiras; e adoro essa sensação, contanto que me sinta seguro. Bem apoiado no parapeito, estiquei o pescoço e ali fiquei horas inteiras, entrevendo, de vez em quando, aquela espuma e aquela água azulada cujo rugido ouvia entremeado pelos gritos dos corvos e das aves de rapina que voavam de rocha em rocha e de brenhas em brenhas, a cem toesas,[2] abaixo de mim. (Rousseau, 2011, p. 173; 1946, p. 233)[3]

O prazer extraído dessa experiência é possível porque o abismo é percebido em segurança; se houvesse um risco de acidente grave, não seria possível o deleite. O sublime, assim como a representação da tragédia, podem ser fontes de prazer por permitirem que desfrutemos os deleites da pulsão de morte indiretamente, sem corrermos o risco de sermos atingidos

---

2. Unidade de medida que corresponde a aproximadamente dois metros.
3. "On a bordé le chemin d'un parapet, pour prévenir les malheurs: cela faisait que je pouvais contempler au fond, et gagner des vertiges tout à mon aise; car ce qu'il y a de plaisant dans mon goût pour les lieux escarpés est qu'ils me font tourner la tête; et j'aime beaucoup ce tournoiement, pourvu que je sois en sûreté. Bien appuyé sur le parapet, j'avançais le nez, et je restais là des heures entières, entrevoyant de temps en temps cette écume et cette eau bleue dont j'entendais le mugissement à travers les cris des corbeaux et des oiseaux de proie qui volaient de roche en roche, et de broussaille en broussaille, à cent toises au-dessous de moi"..

pelo perigo. Como sabemos que os atores que representam a tragédia não estão sofrendo nem morrendo de verdade, podemos presenciar as cenas sem nenhum sentimento de culpa, e a culpa pela satisfação que temos em saber que sobreviveremos à morte do herói pode ser uma fonte a mais de gratificação.

Segundo Kant, os sentimentos de terror e medo despertados pela natureza nada têm de sublimes em si mesmos. Vemos a natureza como algo "sublime" porque descobrimos, em nosso espírito, uma superioridade em relação a ela, apesar da desproporção entre sua força e a nossa. Na verdade, o sublime não está no objeto, mas no espírito daquele que julga. Kant não desenvolveu uma teoria do sublime nas artes. Podemos imaginar que, se o tivesse feito, essa teoria estaria próxima da sua definição de gênio: "o talento (dom natural) que dá à arte a regra". Nesse caso, a produção de obras de arte suscetíveis de serem consideradas sublimes exigiria um fazer capaz de dar ao objeto uma aparência de natureza, sem, contudo, imitá-la. Tal proeza só poderia ser alcançada por alguém dotado de um poder criador superior inato, um *gênio*.

Em sua distinção do belo e do sublime, Kant considera o primeiro como resultante do livre jogo da imaginação e do entendimento, e como coincidência de forma e conteúdo, que se harmonizam, mantendo o espírito em tranquila contemplação. O sublime, porém, surge da divergência entre forma e conteúdo e da tensão entre imaginação e entendimento. O juízo do sublime leva o sujeito a uma ordem ideal pura; por isso, ele não se detém em uma contemplação calma, mas movimenta-se, impulsionado pelo sentimento em sua ânsia de totalidade e infinitude. Por meio desse sentimento, a consciência alcança e contempla a *tragicidade* da existência.

Philippe Lacoue-Labarthe (2000, p. 225) observou que, na conclusão da "Analítica do sublime", da *Crítica da faculdade do juízo*, Kant afirma que o sublime "deve sempre ter uma relação com a *maneira de pensar*, quer dizer, com as máximas que visam conceder ao que é intelectual e às Ideias da razão a dominação sobre a sensibilidade". Essas representações, que dão "muito a pensar" sem a mediação do conceito, alcançam níveis que nenhuma linguagem consegue expressar nem tornar compreensível. Podemos dizer, nesse caso, comenta Lacoue-Labarthe (2000, p. 227), que "Kant permanece fiel à tradição: o que estaria em jogo no sublime, desde Longino, seria sempre a apresentação do meta-físico enquanto tal". A incapacidade do conceito de dar conta da extensão do pensável, a dificuldade de colocar em palavras o pensamento e de expressá-lo por outros meios, seria a própria definição canônica do sublime de Longino a Kant.

A observação de Lacoue-Labarthe pode ser uma chave de leitura para o poema em prosa de Baudelaire "O Confiteor do Artista", no qual o desejo metafísico de infinito emerge no interior de um embate entre o homem e a natureza. No poema, o belo aparece como um conflito e um sofrimento positivo que se manifesta na consciência do artista. Trata-se de uma representação que dá "muito a pensar", como reconhece o autor ao *confessar*:

> Grande prazer mergulhar os olhos na imensidão de céu e mar! Solidão, silêncio, incomparável castidade do azul! Uma pequena vela a fremir no horizonte, vela que, pequenina e isolada, lembra a minha irremediável existência; melodia monótona do marulho – todas essas coisas pensam por mim, ou eu penso por elas (pois na grandeza do sonho, o eu de pronto se perde); elas pensam, porém musicalmente, pitorescamente, sem argúcias, sem silogismos, sem deduções.
>
> No entanto, esses pensamentos, quer saiam de mim, quer se derramem das coisas, logo se tornam demasiado vivos e intensos. A energia na volúpia gera um mal-estar e um sofrimento positivo. Meus nervos, tensos ao extremo, só produzem vibrações agudas e dolorosas.
>
> E agora a profundeza do céu me consterna; sua limpidez me exaspera. A insensibilidade do mar, a imutabilidade do espetáculo, revoltam-me... Ah! Terei de sofrer eternamente, ou eternamente fugir do belo? Natureza, feiticeira desumana, rival sempre vitoriosa, deixa-me! Deixa de tentar os meus desejos e o meu orgulho! O estudo do belo é um combate em que o artista grita de pavor antes de ser vencido. (Baudelaire, 1995, p. 280; 1949, p. 252)[4]

---

4. "Grand délice que celui de noyer son regard dans l'immensité du ciel et de la mer! Solitude, silence, incomparable chasteté du l'azur! Une petite voile frissonnante à l'horizon, et qui, par sa petitesse et son isolement, imite mon irrémédiable existence, mélodie monotone de la houle, toutes ces choses pensent par moi, ou je pense par elles (car dans la grandeur de la rêverie, le moi se perd vite!); elles pensent, dis-je, mais musicalement et pittoresquement, sans arguties, sans syllogismes, sans déductions. Toutefois, ces pensées, qu'elles sortent de moi ou s'élancent des choses, deviennent bientôt trop intenses. L'énergie dans la volupté crée un malaise et une souffrance positive. Mes nerfs trop tendues ne donnent plus que des vibrations criardes et douloureuses. Et maintenant la profondeur du ciel me consterne; sa limpidité m'exaspère. L'insensibilité de la mer, l'immuabilité du spectacle, me révoltent... Ah! faut-il éternellement souffrir, ou fuir éternellement le beau? Nature, enchanteresse sans pitié rivale toujours victorieuse, laisse-moi! Cesse de tenter mes désirs et mon orgueil! L'étude du beau est un duel où l'artiste crie de frayeur avant d'être vaincu".

O contraste entre a imensidão do céu e do mar e a pequena vela do barco a fremir no horizonte tensionam os nervos do artista, lembrando-lhe sua finitude. O pensar do poeta se confunde com o pensar das próprias coisas; a força dessa imagem se concentra na sugestão de que o pensamento humano não pode dar conta da grandiosidade das coisas; ele se perde na infinitude do mundo. Essa experiência de dissolução do "eu pensante" gera um mal-estar e um sofrimento, revelando o descentramento do sujeito e o alcance limitado dos pensamentos expressos por meio de conceitos, silogismos e deduções. A positividade do sofrimento produzido pela *natureza feiticeira e desumana* é a própria expressão do sublime e do trágico no poema.

O problema da distinção entre belo natural e belo artístico foi considerada irrelevante por Hegel. Em sua *Estética*, ele contraria a opinião, corrente em sua época, de que a beleza criada pela arte seria inferior à da natureza, e que o maior mérito da arte seria aproximar as suas criações do belo natural. Contra essa opinião, Hegel afirma que o belo artístico é superior ao belo natural por ser um produto do espírito, e a pior das ideias que perpasse pelo espírito de um homem é melhor e mais elevada do que a mais grandiosa produção da natureza (Hegel, 1980, p. 79).

Adorno observa, na *Teoria estética*, que, em Hegel, o belo natural extingue-se sem que seja reconhecido no belo artístico. A inclusão do belo natural na estética era, para Hegel, um equívoco; dada a sua impossibilidade de determinação pelo espírito, ele seria pré-estético. Retomando e historicizando a questão do belo natural, Adorno admite que, enquanto a natureza impôs seu poder aos homens, não houve lugar para o belo natural. Pretensamente sem história, o belo natural, enquanto categoria estética, só veio a emergir com certo domínio da natureza; a impotência diante do poder da natureza sempre suscitou no homem um sentimento de terror. Entretanto, acabou-se o tempo em que a grandeza abstrata da natureza, que Kant admirava e comparava à lei moral, podia ser *experimentada*. Nessa experiência, a natureza era percebida como possuidora de um dinamismo próprio, ao mesmo tempo necessário e incompreensível. Esse duplo caráter foi transferido para a arte, e, assim, quanto mais as obras de arte se distanciam do natural e da reprodução da natureza, mais elas – as obras bem sucedidas – se aproximam da natureza. "O espírito da arte é autoconsciência da sua própria essência natural. (...) O sublime que Kant reservava à natureza, tornou-se, depois dele, constituinte histórico da própria arte" (Adorno, s.d., p. 222).

Voltando ao ponto inicial: o que as pinturas de Mark Rothko têm a nos dizer sobre essa questão?

## Mark Rothko e as forças elementares da matéria

De origem judaica, Mark Rothko nasceu na Rússia, na região da Letônia, em 1903. Emigrou com a família para os Estados Unidos em 1913, onde viveu até sua morte, em 1970. Ele faz parte de uma geração de pintores que deu projeção e prestígio internacional à arte americana. Como William de Kooning, Jackson Pollock e Franz Kline, Rothko também foi afetado pela presença de importantes artistas europeus que viveram nos Estados Unidos na década de 1940, como Piet Mondrian, Fernand Léger e André Masson. Considerado por alguns críticos como um artista do *Movimento Expressionista Abstrato* americano, Rothko negava enfaticamente essa filiação, pois identificava esse movimento como "auto-expressão não refletida", e a sua busca na pintura era exatamente para alcançar uma consciência cada vez mais elevada da própria arte.

Em 1925, já em Nova York, Rothko começa a se dedicar inteiramente à arte. Inspirando-se em Matisse, ele desenvolve uma maneira própria de pintar, que explora a suavidade da textura, a profundidade da cor e as sutilezas de tonalidades. A sobriedade, o lirismo de suas pinturas e o cuidado na maneira de veicular o próprio trabalho fazem parte do seu processo de autoconsciência. Dois acontecimentos são particularmente reveladores do cuidado de Rothko na veiculação do próprio trabalho. O primeiro foi a recusa ao Prêmio Guggenheim, em 1958, por não concordar, por princípio, com o fato da escolha não levar em conta um "projeto de toda uma vida" e considerar somente uma parte do trabalho. O segundo acontecimento, que demonstra o cuidado de Rothko com a exposição do seu trabalho, foi o rompimento do contrato, firmado em 1958, com um restaurante sofisticado de Manhattan, por avaliar que os frequentadores do lugar não seriam afetados por suas pinturas. Rothko produziu uma série de 30 pinturas, embora só houvesse lugar para 7 no restaurante, e, em 1969, ele doou nove desses 30 painéis para a Tate Gallery. No ano seguinte, ele se suicidou.

Ao lado do interesse pela pintura, Rothko também se sentia atraído pela filosofia, especialmente pela obra de Nietzsche. Um livro decisivo na sua formação foi *O nascimento da tragédia*; a partir da leitura dessa obra,

Rothko passou a buscar, como ele próprio revelou, objetivos artísticos críticos aos valores da cultura moderna, tentando alcançar uma "experiência trágica fortificante", capaz de superar o niilismo e nutrir a sua arte.

Exprimindo-se exclusivamente por meio da cor, Rothko chegou a uma dimensão espiritual na pintura particularmente delicada e sutil. A autoconsciência do seu processo de criação foi se aprofundando aos poucos, como ele próprio revelou ao admitir: "A progressão do trabalho de um pintor (...) realizar-se-á no sentido da clareza: rumo à eliminação de todos os obstáculos entre o pintor e a idéia, e entre a idéia e o observador" (Rothko *apud* Lynton, 1979, p. 144).

Tratava-se, nesse caso, de estabelecer valores e expressar emoções humanas básicas. A cor, como força expressiva, passou a determinar contrastes e revelar tensões materiais elementares, realizando uma espécie de ontologia cromática. Com a eliminação completa da figuração no espaço pictórico, e o apagamento de qualquer traço capaz de sugerir a presença de coisas ou pessoas, se dissolve por completo a ideia de que há na tela alguma mensagem a decifrar. Adotando uma simplicidade semelhante à do pintor de parede, que passa várias demãos de tinta para que a cor atinja a densidade desejada, Rothko tomou consciência dos seus próprios limites e das possibilidades inerentes à matéria utilizada em sua pintura.

Nas suas grandes telas, o espaço para virtuosismos artesanais é suprimido pelos desejos elementares da matéria. Após observar a *cozinha* pictográfica de Rothko, Mário Pedrosa (2000, p. 346) preferiu recorrer a afirmações do próprio artista para indicar o tipo de *ingrediente* que ele utilizava em suas *receitas;* dois deles particularmente mostram a gravidade de seus pressupostos: "uma nítida consciência da morte" e "uma espécie de análise de si mesmo, graças à qual o homem pode, por um momento, escapar ao seu destino". O curso das coisas não está determinado por forças transcendentais nem está à mercê do acaso, mas ele nos escapa em alguma medida. Daí a experiência do trágico.

As largas pinceladas de Rothko ampliaram o sentido do que seja pintura ao revelar uma maneira de se relacionar com a matéria que é contrária à ideia de dominação da natureza. Nesse caso, a matéria não fica submetida a uma técnica. Daí a força do pigmento na tela. Buscando uma consciência cada vez maior no seu processo de trabalho, Rothko se aproxima do que estamos considerando manifestação do sublime na arte, segundo a perspectiva de Adorno.

O silencioso diálogo do artista com a história da arte não é de fácil apreensão, como demonstra o incidente ocorrido, em 7 de outubro de 2012, quando uma tela de Rothko, exposta em uma grande mostra na Tate Modern, foi pichada por um homem. A Tate fechou naquele dia ao ser descoberto o incidente por um visitante, que tirou uma foto e "twittou" a notícia. Rapidamente ela se espalhou pelo mundo, e em pouco tempo o tweet com a foto do dano foi compartilhado 414 vezes. O homem sob suspeita se responsabilizou pelo ato, ao ser descoberto alguns dias depois, e admitiu que seu objetivo era questionar a arte contemporânea, "sacudindo-a de sua complacência". As declarações do agressor revelavam um conhecimento bastante superficial da obra em questão e do seu lugar na arte contemporânea. As pinturas de Rothko parecem repetitivas aos olhares menos atentos. Na verdade, elas nos convidam a praticar o que Malebranche chamava de "a prece natural da alma – a atenção". O grau de sutileza do conjunto de suas pinturas deve ser visto não como tentativa de afirmação de um estilo, mas, exatamente, como uma fina ironia aos processos de repetição mecânica.

Referências bibliográficas

ADORNO, Th. W. *Teoria estética*. Lisboa: Edições 70, s.d.
BAUDELAIRE, C. "Pequenos Poemas em Prosa". In: BAUDEAIRE, C. *Poesia e Prosa*. Organizador: Ivo Barroso. Rio de Janeiro: Nova Aguilar, 1995.
_____. *Les Fleurs du Mal suives de Petits Poèmes en Prose*. Paris: Bordas, 1949.
HEGEL, G.W. F. Estética. "A idéia e o ideal". In: *Fenomenologia do Espírito e outros textos filosóficos*. São Paulo: Abril Cultural, 1980.
KANT, I. *Critique de la faculté de juger*. Paris: Vrin, 1965.
_____. *Textos selecionados/Immanuel Kant*. São Paulo: Abril Cultural, 1980.
LACOUE-LABARTHE, P. *A imitação dos modernos. Ensaios sobre arte e filosofia*. Organizadores: Virgínia de Araújo Figueiredo e João Camillo Pena. São Paulo: Paz e Terra, 2000.
LYNTON, N. *Arte moderna*. Rio de Janeiro: Expressão e Cultura, 1979.
PEDROSA, M. "Rothko repele a confusão tachista". In: PEDROSA, Mário. *Modernidade cá e lá. Textos escolhidos IV/Mário Pedrosa*. Organizadora: Otília Arantes (org.). São Paulo: Editora da Universidade de São Paulo, 2000.
ROUSSEAU, J. J. *Les Confessions*. Paris: Librarie Garnier Frères, 1946.
_____. *As confissões*. São Paulo: Martin Claret, 2011.

# A SEGURANÇA DO SUBLIME

Vladimir Vieira[1]

Desde suas primeiras formulações, que levaram a questão para além das fronteiras da retórica, o debate moderno sobre o sublime se viu assombrado por um paradoxo. Supõe-se, por um lado, que a exposição intuitiva dessa categoria envolve, de algum modo, a manifestação de sentimentos de medo ou terror e, portanto, a percepção de uma ameaça; por outro, admite-se também que o perigo real é contraproducente, quando não um impeditivo, para qualquer experiência estética. Frente a essa dificuldade, muitos postulam ser necessária alguma distância, uma certa posição de segurança do sujeito em relação ao objeto para que ela seja possível. Mas esse princípio geral, usualmente admitido como um consenso, comporta muitas nuances nos diferentes sistemas filosóficos do período.

O objetivo desse trabalho é apresentar três concepções diferentes acerca da segurança que reconhecemos como uma condição para a vivência do sublime, a saber, aquelas de Edmund Burke, Immanuel Kant e Friedrich Schiller. Antes de abordar diretamente esse problema, contudo, talvez seja importante mencionar que a ligação, hoje percebida como essencial ou natural, entre essa categoria estética e o terror não se fez presente com tanta clareza no momento mesmo em que se constituiu o debate moderno sobre ela. No prefácio à tradução para o *Tratado do sublime* de Longino (1674), obra usualmente caracterizada como o marco inicial dessa tradição, Nicolas Boileau privilegia antes o sentimento de surpresa causado pelo extraordinário e pelo maravilhoso, por aquilo que nos enleva, arrebata ou

---

1. Vladimir Vieira é doutor em filosofia pelo PPGF/UFRJ e professor adjunto do Departamento de Filosofia da UFF. O presente trabalho foi realizado com apoio do Programa Nacional de Cooperação Acadêmica da Coordenação de Aperfeiçoamento de Pessoal de Nível Superior – Capes/Brasil.

transporta (1873, p. 442).² Ao contrário do que se verifica posteriormente, esse movimento do ânimo tampouco é associado aqui à percepção de objetos naturais, assustadores ou não. São apresentados apenas dois exemplos: uma passagem do "Gênese", originalmente mencionada pelo próprio Longino, e uma fala do velho Horácio na peça homônima de Corneille, discutida em um trecho do texto adicionado apenas a partir da versão de 1701. Mesmo nesse segundo caso, o que se destaca na situação das personagens não é a expressão do medo ou mesmo do sofrimento, mas, antes, de sua "grandeza heróica" (Boileau, 1873, p. 445).

Foi, portanto, a partir dos desdobramentos ulteriores dessa questão, especialmente entre autores britânicos da primeira metade do século XVIII, que se consolidou a suposição de que os sentimentos que Boileau descreveu como surpresa e espanto poderiam ser melhor compreendidos não como algo de natureza exclusivamente positiva, mas, antes, como uma combinação entre prazer e desprazer. Nesse sentido, o aspecto negativo da experiência do sublime corresponderia à percepção de objetos capazes seja de despertar medo, seja de comportar em si uma noção de infinitude. Encontramos esses dois elementos já em *A Philosophical Enquiry into the Origin of Our Ideas of the Sublime and Beautiful* (1757), de Edmund Burke, sobre o qual me deterei em um primeiro momento, tendo em vista seu caráter sistemático e sua popularidade no período.³

Embora Burke trate tanto do sublime matemático quanto do dinâmico (para empregarmos as expressões que Kant consagraria no debate moderno sobre o tema), há em sua obra um claro privilégio do segundo em relação ao primeiro. Na seção VIII da primeira parte, intitulada "Do sublime", o pensador afirma que as fontes dessa categoria estética são os objetos "aptos de algum modo a incitar as ideias da dor e do perigo, quer dizer, tudo aquilo que é de algum modo terrível, ou ligado a objetos terríveis, ou que opera

---

2. Uma versão integral do prefácio pode ser encontrada em *Revista Viso: Cadernos de estética aplicada*. Rio de Janeiro, v. VII, n. 14 (jul.-dez., 2013): <http://www.revistaviso.com.br/pdf/Viso_14_Boileau.pdf>. Todas as traduções empregadas nesse artigo são de minha autoria, exceto aquelas extraídas do volume *Do sublime ao trágico*, que foram realizadas por mim e por Pedro Süssekind.
3. Restringirei minhas análises à ideia de sublime conectada ao sentimento de terror. Burke discute a noção de infinitude especialmente na Parte II, seções VII e VIII do *Enquiry* (Burke, 1990, p. 66-68).

de modo análogo ao terror (...)" (Burke, 1990, p. 36).⁴ Trata-se daqueles ligados às paixões da autopreservação, as quais produzem as sensações mais intensas que somos capazes de vivenciar. É precisamente essa sua força sensível aquilo que estabelece, já de início, restrições acerca do modo como eles podem nos afetar. "Quando o perigo ou a dor pressionam muito de perto", sugere Burke, "eles são incapazes de dar qualquer deleite, e são simplesmente terríveis; mas a certas distâncias, e com certas modificações, eles podem e são deleitosos, como experimentamos diariamente" (Burke, 1990, p. 36-37).

Tais restrições são discutidas, posteriormente, nas seções consagradas ao segundo grande grupo de paixões humanas, aquelas pertinentes à sociedade – a saber, solidariedade, imitação e ambição. A primeira é a mais importante, na medida em que nos permite partilhar os sentimentos dos outros "sem permanecer jamais espectadores indiferentes de quase qualquer coisa que os homens possam fazer ou sofrer" (Burke, 1990, p. 41). Vivenciamos o sublime, então, quando as sensações compartilhadas são de natureza negativa, e a questão que se coloca é o quão "próximas" elas podem se dar no sujeito sem prejudicar a manifestação do prazer, ou seja, sem que o objeto seja percebido como meramente "terrível".

A posição de Burke acerca desse problema é surpreendentemente permissiva. De acordo com o *Enquiry*, a única situação em que as sensações despertadas pelo objeto impedem a fruição estética é aquela em que elas se voltam direta e efetivamente para o sujeito. Isso significa que não apenas a representação artística da dor é admitida como uma legítima fonte do sublime, mas também o sofrimento real, quando infligido a outra pessoa e compartilhado.⁵ Na verdade, esse último caso é considerado superior a qualquer outro, pois "não há espetáculo que acompanhemos com tanta avidez quanto o de uma calamidade grave e incomum" (Burke, 1990, p. 43).

---

4. Essa afirmação inicial é confirmada pelo início da Parte II, onde a dependência do sublime matemático em relação ao dinâmico se torna mais evidente. Ali se lê que "o que quer que seja terrível no que diz respeito à visão é também sublime, seja ou não essa causa do terror dotada de grandeza de dimensões (...). Há muitos animais que, embora longe de serem grandes, são, entretanto, capazes de despertar as ideias do sublime porque são considerados objetos de terror" (Burke, 1990, p. 53).
5. "Estou convencido de que possuímos um grau de deleite, e não pequeno, nas infelicidades e dores reais dos outros; pois seja, na aparência, o que for a afecção, se ela não nos faz evitar tais objetos, se, ao contrário, nos induz a deles nos aproximar, se nos faz demorarmo-nos neles, nesse caso concebo que temos de possuir um deleite ou prazer de alguma espécie na contemplação de objetos desse tipo" (Burke, 1990, p. 42).

Esse princípio se torna bastante claro na discussão que se segue acerca da arte dramática. Apesar de supor que a mera atividade imitativa já é responsável, por si mesma, pela produção de um tipo específico de prazer, Burke insiste que a experiência da tragédia não pode ser explicada nesses termos,[6] consistindo, antes, em algo análogo àquilo que é vivenciado quando nos solidarizamos com o sofrimento alheio. Segundo o filósofo, "quanto mais ela se aproxima da realidade, e quanto mais longe nos afasta da ideia de ficção, tanto mais perfeito é o seu poder", embora jamais, em última análise, se equipare em força ao efeito despertado por aquilo que representa. Por isso, sugere, a notícia de que um criminoso está prestes a ser executado em uma esquina próxima faria todo o público abandonar a montagem mais perfeita da peça mais pungente, e o teatro vazio "demonstraria a fraqueza comparativa das artes imitativas, proclamando o triunfo da solidariedade real" (Burke, 1990, p. 43).

Frente a toda essa liberalidade, é previsível que Burke também arrole como fontes do sublime situações em que o sofrimento não é efetivamente apresentado, de modo real ou ficcional, tendo antes de ser criado pela imaginação. Esse tema ocupa, com efeito, diversas passagens da segunda parte do *Enquiry*, em suas diferentes variações: objetos naturalmente associados à ideia de perigo, tais como "serpentes e animais venenosos" (Burke, 1990, p. 53); situações que despertam receio indiretamente por um fundamento mecânico – por exemplo, a obscuridade, de cuja eficiência dá testemunho "o quanto as noções de fantasmas e duendes, das quais ninguém pode ter uma ideia clara, afetam as mentes que dão crédito aos contos populares acerca desse tipo de ente" (Burke, 1990, p. 54); ou ainda tudo aquilo que, de modo geral, possui poder, portanto a capacidade de oferecer risco ao observador.[7] Em todos esses casos, o sujeito não se encontra apenas ao abrigo de qualquer ameaça; cabe a ele também o trabalho adicional de criar a representação mental do medo ou da dor.

Em seu período pré-crítico, notadamente nas *Beobachtungen über das Gefuhl des Schönen und Erhabenen* (1764), o pensamento de Kant ainda se

---

6. "E, com efeito, em alguns casos obtemos tanto ou mais prazer daquela fonte [da imitação] do que da coisa mesma. Mas imagino que estaríamos muito enganados ao atribuir qualquer parte considerável de nossa satisfação com a tragédia à consideração de que ela é um engodo [*deceit*], e de que suas representações não são realidades" (Burke, 1990, p. 43).
7. "Além dessas coisas que sugerem diretamente a ideia de perigo, e daquelas que produzem efeito similar por uma causa mecânica, não sei de nada sublime que não seja alguma modificação de poder" (Burke, 1990, p. 59).

mostra em grande medida tributário dessa tradição.[8] Como Burke, o filósofo alemão supõe que o sentimento de prazer que está na base dessas duas categorias estéticas não possui uma origem racional, mas sensível, embora de natureza superior àquela que corresponde à mera satisfação do paladar ou do apetite sexual.[9] As análises desenvolvidas pelos dois pensadores possuem, ademais, diversos pontos de contato: por exemplo, a conexão entre o belo e o amor e a atribuição de causas finais à constituição de nossa percepção para a solidariedade.[10]

É na *Crítica da faculdade do juízo* (1790) que Kant rompe definitivamente com esse tipo de investigação, que classifica, então, como "meramente empírica" e, desse modo, incapaz de justificar a pretensão de universalidade que erguemos para nossas avaliações estéticas. Na "Observação geral sobre a exposição dos juízos reflexionantes estéticos", trecho que se localiza entre os §29 e §30 da primeira parte de sua obra, o filósofo descreve brevemente os objetivos principais do *Enquiry* de Burke, o qual "nesse tipo de abordagem merece ser chamado o autor mais distinto" (Kant, AA 05: 277.05-06), concluindo, entretanto, que ele não permite resolver o problema central de uma crítica da faculdade do juízo de gosto, pois "se colocamos o comprazimento com o objeto inteira e completamente no fato de que ele deleita por meio do atrativo ou da comoção, então não podemos mais exigir de nenhum *outro* que dê assentimento ao juízo estético que *nós* proferimos (...)" (278.07-11).[11]

---

8. Ainda que dificilmente se possa imaginar que o filósofo tenha sido, nesse momento, diretamente influenciado por Burke, visto que a primeira tradução para o alemão do *Enquiry* data de 1773, quase uma década após a publicação das *Beobachtungen*. Paulette Carrive propõe algumas aproximações entre esses dois escritos, embora demonstre pouca caridade interpretativa com o texto kantiano, que considera "anedótico e puramente descritivo" (1986, p. 72).
9. "Há ainda um sentimento de tipo mais delicado [*feinerer*] (...). É um lado desse sentimento que desejo considerar. Exclui disso, entretanto, aquela inclinação que se fixa em altos discernimentos do entendimento, e aquele estímulo de que era capaz um *Kepler*, o qual, como conta *Bayle*, não teria vendido uma de suas descobertas nem pelo preço de um principado. Essa sensação é delicada demais para pertencer ao presente esboço, o qual só se ocupará do sentimento sensível do qual também são capazes almas mais ordinárias" (Kant, AA 02: 208.10-22). É por isso que, como se argumenta mais à frente, "mesmo pecados e crimes morais trazem frequentemente consigo traços do belo e do sublime, ao menos do modo como aparecem para o nosso sentimento sensível, sem serem testados pela razão" (212.17-20).
10. Comparem-se, respectivamente, Kant (AA 02: 211) e Burke (1990, p. 39); Kant (AA 02: 217-218) e Burke (1990, p. 42-43).
11. A mesma posição é expressa também em uma passagem da primeira versão da "Introdução" (Kant, AA 20: 238.18-23), a única outra menção ao irlandês em toda a obra

Esse propósito, que se conecta à postulação de um princípio *a priori*, ainda que meramente regulativo, para a atividade judicativa reflexionante, exige que o sentimento de prazer que vivenciamos frente aos objetos tenha por fundamento condições que podemos legitimamente atribuir a qualquer um. Tal não é o caso da mera satisfação sensorial, que permanece ligada a disposições de ordem privada, circunscrita, portanto, ao âmbito do que é simplesmente "agradável".

A preocupação kantiana em distinguir, na terceira *Crítica*, os sentimentos legitimamente estéticos daqueles que possuem uma origem meramente empírica possui desdobramentos importantes para o tema desse trabalho. Nota-se, já de início, um claro distanciamento em relação às doutrinas expostas no *Enquiry* e nas *Beobachtungen* que se expressa por meio do privilégio concedido aos objetos naturais para a caracterização do sublime dinâmico. Sua definição, que faz eco ao subtítulo do §28 ("Da natureza como um poder"), é a seguinte: "A natureza considerada no juízo estético como um poder [*Macht*] que não possui nenhum poder [*Gewalt*] sobre nós é dinamicamente sublime" (Kant, AA 05: 260.14-15).[12]

Kant argumenta, em seguida, que é apenas por meio de sua temibilidade que os objetos naturais podem ser reconhecidos como um poder, pois sua grandeza dinâmica só pode ser avaliada sem conceitos, como é o caso nos juízos estéticos, segundo a resistência a eles oferecida, à qual somos convocados frente àquilo que nos causa terror. O filósofo, entretanto, reafirma a restrição já estabelecida por Burke: a ameaça não pode ser real, pois "quem teme não pode de modo algum julgar sobre o sublime da natureza (...); e

---

kantiana além de uma breve referência no *Nachlaß* de Antropologia (Kant, AA 15: 438.31). Essas passagens evidenciam que, com a redação da terceira *Crítica*, Kant acreditava ter desenvolvido uma nova abordagem – transcendental, e não mais psicológica – para o problema do gosto. Em artigo recente, Paul Guyer sustenta, entretanto, que essa intenção não foi inteiramente bem sucedida; em sua opinião, "os conceitos e afirmações centrais da estética kantiana permanecem confinados à estética do século XVIII como um ramo da psicologia empírica" (2008, p. 484). Para comparações entre a teoria estética de Burke e a de Kant em seu período crítico, ver Vandenabeele (2012) e Strube (1982), o qual conclui que "(...) Burke não determinou de modo algum aquilo que Kant chamou de comprazimento com o belo, mas antes aquilo que chamou de deleite com o agradável (...)" (p. 61).
12. Nas *Beobachtungen*, Kant refere-se, indiferentemente, à narrativa de Milton acerca do reino infernal e à visão de montes e tormentas (02: 208.25-28). Há diversos outros exemplos de objetos artísticos ligados ao sublime – tanto de natureza arquitetônica, tais como as pirâmides do Egito e a Basílica de São Pedro (210.09-12), quanto literária, como a cólera de Aquiles na *Ilíada* ou os eventos históricos da vida de Nadir Xá descritos nas obras de Jonas Hanaway (212.20-34).

é impossível ter comprazimento com um terror que fosse levado a sério" (Kant, AA 05: 261.03-07).

Na terceira *Crítica*, o caso paradigmático do sublime dinâmico é, desse modo, aquele em que o perigo oferecido pelo objeto não é representado diretamente, mas antes imaginado pelo espectador. Como sugere Kant, "pode-se considerar um objeto como *temível* sem temê-lo, a saber, quando o ajuizamos meramente *pensando* no caso em que desejaríamos oferecer-lhe resistência, sendo então toda resistência de longe vã" (Kant, AA 05: 260.27-30).[13] Sob a condição de que estejamos em uma posição de segurança, a contemplação de fenômenos violentos da natureza causa prazer porque "eleva a faculdade da imaginação à apresentação dos casos em que o ânimo pode se tornar sensível à própria sublimidade de sua destinação, mesmo acima da natureza" (Kant, AA 05: 262.11-13), isto é, em que reconhecemos possuir em nós mesmos uma natureza suprassensível.[14]

À luz dessas considerações, cabe perguntar: qual seria a posição de Kant acerca dos outros dois casos discutidos por Burke, a saber, aqueles em que há apresentação direta, fictícia ou real, do sofrimento? O §28 e o §29, formalmente consagrados ao tratamento do sublime dinâmico, não fazem qualquer referência a essa questão, de modo que para respondê-la é necessário buscar apoio em outras passagens.

Encontramos no §52 uma indicação promissora: Kant afirma aqui que "a apresentação do sublime pode, na medida em que pertence à bela arte, unificar-se à beleza em uma *tragédia rimada*, em um *poema didático*, em um *oratório*" (Kant, AA 05: 325.29-32). Contudo, essa breve alusão parece ter em vista antes o belo do que o sublime, já que tem lugar nos trechos da crítica que tratam das belas artes; e a leitura da *Antropologia*, onde o tema é abordado com maior frequência, confirma essa suposição. O que o filósofo tem em mente é a possibilidade de apresentar, por meio da arte, os objetos que ordinariamente denominamos "sublimes", isso é, aqueles que

---

13. Segundo a fórmula ainda mais clara da "Observação", "na segurança em que [o espectador] sabe encontrar-se", esse sentimento "não é medo efetivo, mas antes apenas uma tentativa de a ele aceder com a faculdade da imaginação (...)" (269.16-18).
14. Como argumenta Vanessa Ryan, esse movimento de reflexão subjetiva inexiste no pensamento burkeano acerca do sublime, que privilegia antes o aspecto fisiológico da experiência estética. A tendência a ler esse autor como um precursor de Kant, todavia, "levou críticos a minimizar essa base fisiológica da teoria de Burke, dando origem à visão de que ele associa o sublime a um ato de controle e a uma sensação de auto-exaltação" (2001, p. 270 e p. 267).

levam ao reconhecimento de nossa natureza suprassensível – tais como, por exemplo, a figura da morte personificada em Milton.¹⁵

Nesse sentido, poderíamos dizer que sublime é o objeto apresentado, e não o gênero poético que o apresenta, de modo que a ligação entre essa categoria estética e a tragédia é, ao contrário do que se dá em Burke, meramente incidental.¹⁶ Mesmo essa possibilidade é tratada com muitas reservas no âmbito da filosofia transcendental. Kant insiste, na *Antropologia*, que "a apresentação em pensamento do sublime, na *descrição* ou apresentação, pode e tem de ser sempre bela" (Kant, AA 07: 243.16-18), caso contrário o objeto se torna "selvagem, bruto e repulsivo, e assim contrário ao gosto" (Kant, AA 07: 243.31-32).¹⁷ Na terceira *Crítica*, o filósofo reconhece que uma combinação dessa natureza torna a obra "mais artística" [*künstlicher*], mas acrescenta: "se também mais bela é algo de que se pode duvidar em alguns desses casos (uma vez que se entrecruzam tipos de comprazimento tão múltiplos e diversos)" (Kant, AA 05: 325.33-35).

O caso da compaixão é abordado nessa obra de modo ainda mais conciso e negativo. Na "Observação geral", Kant sugere que o entristecimento [*Betrübnis*] só pode ser considerado sublime quando tem por base ideias morais; se, ao contrário, "é fundado na solidariedade [*Sympathie*], e como tal até digno de amor, pertence meramente aos afetos lânguidos [*schmelzend*] (...)" (Kant, AA 05: 276.34-35), aos quais esse termo não se aplica. Em outra passagem, tais afetos são descritos como característicos do "sentimentalismo" [*Empfindelei*]: "Uma dor compassiva [*teilnehmend*] que não quer se deixar consolar, ou à qual, quando se trata de males inventados [*erdichtet*],

---

15. "É apenas a *beleza* que pertence ao gosto; o *sublime* pertence também, é verdade, ao ajuizamento estético, mas não ao gosto" (Kant, AA 07: 241.26-28).
16. Refiro-me a "objeto sublime" apenas para tornar mais evidente o contraste com o pensamento de Burke – deixando de lado, portanto, intencionalmente as diversas advertências de Kant contra o emprego dessa expressão, a qual ignora que "o [que é] propriamente sublime não pode estar contido em nenhuma forma sensível, mas diz respeito apenas a ideias da razão (...)" (Kant, AA 05: 245.31-33).
17. Kant (241.28-37; 245-246). Allison observa igualmente a analogia entre esses trechos, mas sustenta que "ao contrário das passagens anteriores da *Crítica*, Kant se ocupa claramente aqui do sublime enquanto objeto de apresentação, e não enquanto um modo de apresentação" (2001, p. 339). Não me parece haver suficientes evidências textuais em favor dessa distinção; ao contrário, a semelhança temática reforça que, nas duas obras, Kant tem em vista o mesmo ponto: o sublime tomado como um objeto, e não como um modo de apresentação.

acedemos intencionalmente até a ilusão [*Täuschung*] por meio da fantasia, como se fossem reais [...]" (Kant, AA 05: 273.05-08).[18]

Recorrendo mais uma vez à *Antropologia*, podemos compreender melhor por que Kant se recusa a arrolar a solidariedade com o sofrimento entre os casos de sublime. Como discutido nos trechos consagrados à análise dessa faculdade, partilhamos os sentimentos alheios através da imaginação. É assim que um bocejo, por exemplo, difunde-se entre um grupo de pessoas; ou que os movimentos de um epilético podem levar espectadores à manifestação de ataques semelhantes.[19] Mas o que vivenciamos por meio desse processo são meras afecções sensíveis, de natureza integralmente particular e para as quais, portanto, não podemos legitimamente reclamar universalidade.

O prazer que resulta da compaixão não pode, portanto, ser imputado a qualquer um, nem consequentemente servir de fundamento para a emissão de juízos estéticos.[20] Trata-se de um tipo de sensação que possui origens claramente empíricas, o que já se torna evidente quando observamos que o tema surge na primeira parte do Livro II, intitulada "Do sentimento do agradável ou do prazer sensível na sensação de um objeto", e não na segunda, que trata "Do sentimento do belo, ou do gosto". Segundo Kant, o encanto do teatro consiste na produção de um "jogo de afetos adversos entre si" que é, "ao final da peça, promoção da vida para o espectador" (Kant, AA 07: 232.15-17). Isso ocorre porque "compadecemo-nos dos outros por meio da faculdade da imaginação (...), e ficamos simplesmente felizes de não estar entrelaçados no mesmo destino" (Kant, AA 07: 238.25-30). Quer se trate de um espetáculo fictício, quer de um real, compartilhamos momentaneamente os sentimentos daquele que sofre, e experimentamos depois "o suave mas sério sentimento de um relaxamento [*Abspannung*] que torna doravante mais sensível [*fühlbar*] o gozo da vida" (Kant, AA 07: 239.03-05).[21]

---

18. O tema também retorna em algumas passagens da *Antropologia*. Kant (AA 07: 236.02-05; 256-257; 262-263).
19. Kant (AA 07: 179.15-22). Por essa razão, sugere Kant, pessoas de nervos delicados evitam visitar asilos e manicômios, pois temem ser psicologicamente "contaminadas" pela loucura dos internos (203.09-14).
20. Como Kant reconhece, a exigência de assentimento para nossos juízos sobre o sublime é condicionada a "uma pressuposição subjetiva (...) do sentimento moral no ser humano", a qual, todavia, "cremo-nos justificados em poder exigir de qualquer um" (Kant, AA 05:266.05-07).
21. Essa passagem parece referir-se ao *Enquiry*, pois reproduz a comparação entre um espetáculo teatral e a execução de um criminoso presente naquela obra. Burke e Kant

Outras passagens do livro III, consagrado à faculdade da apetição, confirmam que a *Antropologia* faz remontar o prazer compassivo à mecânica da alternância entre os afetos.[22] Ora, tais sensações tomam sua origem, então, de uma condição privada, não universalizável, e não podem ser denominadas estéticas.[23] Conclui-se, então, que em seu período crítico Kant circunscreve o fenômeno do sublime aos casos em que a ameaça é apenas imaginada, e não apresentada diretamente, mesmo que ela não seja dirigida ao próprio sujeito, seja na realidade ou na ficção. Trata-se de uma posição bastante restritiva que se contrapõe, nesse sentido, diretamente à permissividade que observamos em Burke.[24]

---

parecem concordar, desse modo, que a experiência da tragédia é análoga àquela da solidariedade com o sofrimento real. Como sugere Ryan (2001, p. 275), no primeiro "há uma diferença de grau, não de tipo, entre os efeitos da imaginação e da sensação". Creio que isso também se aplica ao que Kant diz sobre o uso dessa faculdade por meio do qual se produz a compaixão, e é precisamente essa a razão pela qual o prazer correspondente não pode ser universalizável.

22. Por exemplo, ao explicar que os jovens, ao contrário dos idosos, tendem a preferir tragédias em lugar de comédias porque, quando a peça termina, resta apenas, "após um forte movimento [*Motion*] interno, um agradável cansaço que os dispõe novamente para o alegramento" (Kant, AA 07: 263.20-22).

23. Por isso, já na terceira *Crítica*, Kant insiste em outra passagem da "Observação geral" que "também movimentos tormentosos do ânimo (...), por mais que tensionem a faculdade da imaginação, não têm direito à honra de uma apresentação *sublime*" se não nos levam a reconhecer a natureza suprassensível em nós, pois "caso contrário todas essas comoções pertencem meramente ao *movimento* [*Motion*] que fazemos de bom grado em nome da saúde", ou seja, trata-se da "agradável exaustão que se segue a uma tal agitação [*Rüttelung*] por meio do jogo dos afetos", que "é um gozo do bem estar a partir do equilíbrio produzido entre as diversas forças vitais em nós" (Kant, AA 05: 273-274).

24. Julgo que as análises desenvolvidas até aqui mostram com suficiente clareza que a vinculação entre o sublime e a tragédia é em Kant apenas incidental. Tratar desse problema de modo mais completo exigiria, entretanto, coordená-lo à complexa discussão sobre a possibilidade de empregar esse predicado para referir-se a objetos artísticos de modo geral, o que excederia os objetivos do presente trabalho. Menciono de passagem, todavia, que minha posição é, em grande medida, semelhante à de Uygar Abaci, para quem "as concepções de Kant de sublimidade e arte são estabelecidas tendo diferentes preocupações em mente, a primeira como sublime natural, a segunda como arte bela, de modo que o máximo que se pode obter da *Crítica* são casos impuros, restritos e ainda problemáticos de sublimidade artística, mas de modo algum uma teoria coerente" (2008, p. 237). Diversos outros comentadores sugerem, ao contrário, que é possível pensar em uma arte sublime à luz da doutrina exposta na terceira *Crítica*, tais como Crowther (1989, p. 152-165), Pillow (1994) e Wicks (1995). Allison (2001) sugere que "Kant não nega ao sublime um lugar nas belas artes, embora, em contraste com a maior parte de seus contemporâneos, e, na verdade, com toda a tradição que se origina em Longino, ele certamente tenda a minimizá-lo" (p.

Consideradas criticamente, nenhuma dessas duas soluções para o problema da segurança do sublime parece integralmente satisfatória. Kant tem certamente razão ao suspeitar de que a mera adesão aos sentimentos alheios, proporcionada pela compaixão, talvez seja patológica demais para reivindicar assentimento universal, que é o que se espera de um juízo de gosto. Por outro lado, não seria excessivo estender esse risco até a tragédia, especialmente considerando-se o papel que ela desempenhou nos debates que levaram à própria constituição dessa categoria estética?

Às restrições que o filósofo propõe para a experiência do sublime dinâmico interpõem-se, ainda, dificuldades de cunho mais técnico. Se é por meio da temibilidade que se reconhece o poder de um objeto, como podemos senti-lo sem uma representação da ameaça na intuição? Supor que é necessário produzi-la com a imaginação não significaria exigir do espectador uma ação mental deliberada que não se coaduna bem ao caráter espontâneo que atribuímos ordinariamente à vivência estética? O próprio Kant chega a mencionar que "esse princípio parece ser muito forçado [*weit hergeholt*] e racionalizado [*vernünftelt*], desse modo excessivo [*überschwänglich*] para um juízo estético" (Kant, AA 05: 262.24-25).

Creio que coube a Schiller, que conhecia bem tanto a terceira *Crítica* quanto o *Enquiry* de Burke, fazer avançar esse debate resgatando a dignidade estética da compaixão, em particular no que diz respeito à tragédia.[25] Nesse sentido, suas reflexões sobre o sublime poderiam ser tomadas como uma tentativa de mostrar sob que condições o prazer solidário satisfaria às exigências kantianas, permitindo a formulação de juízos para os quais seríamos capazes de exigir assentimento. Embora explorar esse tema em profundidade esteja além dos limites desse trabalho, gostaria de concluir com algumas indicações nessa direção.

O escrito mais importante sobre o assunto é, provavelmente, o longo artigo "Do sublime (para uma exposição ulterior de algumas ideias kantianas)", publicado no terceiro e quarto volumes da *Neue Thalia*, periódico editado pelo próprio autor entre os anos de 1792 e 1793 (B. 3, p. 320-394; B.

---

337). Ver, sobre o tema, ainda o debate crítico a que o artigo citado acima deu ensejo em Clewis (2010) e Abaci (2010).
25. Como afirma Hans Feger (2005, p. 444), "(...) a estética torna-se em Schiller uma teoria das artes, que emana do domínio da filosofia, mas que só desdobra a sua total relevância (...) na aplicação às artes".

4, p. 52-73).[26] Inicialmente, Schiller parece seguir de perto os passos de seu mestre, ao definir o sublime como o objeto "contra o qual levamos a pior *fisicamente*, mas sobre o qual nos elevamos *moralmente*" (Schiller, 2011, p. 21), o que nos permite tomar consciência de nossa natureza suprassensível. O pensador reitera, também, a advertência contra a proximidade excessiva do perigo, lembrando que "o temor efetivo levado a sério (...) suspende toda a liberdade do ânimo" e insistindo que "o objeto sublime tem de ser temível, mas o temor efetivo ele não pode despertar" (Schiller, 2011, p. 32).

Uma leitura mais cuidadosa revela, entretanto, que tais restrições se aplicam de início apenas aos objetos que nos ameaçam diretamente,[27] e não resultam, desse modo, em qualquer depuração patológica da experiência do sublime, no paradoxo de um temor vivenciado por um sujeito que na verdade não teme. Ao contrário, Schiller supõe que o afeto é condição fundamental para o reconhecimento de nossa natureza suprassensível, pois "(...) sem o início do sofrimento efetivo, sem que esse ataque à nossa existência seja levado a sério, iríamos apenas jogar com o objeto; tem de haver *seriedade*, ao menos na sensação, se a razão deve buscar refúgio na ideia de sua liberdade" (2011, p. 33). Sua dificuldade é precisamente a inversa: justificar a eclosão do medo frente a um perigo meramente representado.

É por essa razão que ao distinguir as espécies patética e contemplativa do sublime – ou seja, os casos em que há a representação do sofrimento na intuição daqueles em que é apresentado apenas um poder, e não a sua ação efetiva – Schiller dá privilégio à primeira, que possui um efeito mais forte e mais difundido.[28] Não se trata, todavia, de um mero retorno à po-

---

26. Ao organizar seus trabalhos para a edição dos *Escritos menores em prosa*, Schiller decidiu deixar de lado a parte inicial de "Do sublime", fazendo incluir em seu lugar um novo estudo denominado "Sobre o sublime". Esses dois textos encontram-se publicados em tradução para o português realizada por mim e Pedro Süssekind no volume *Do sublime ao trágico*. A parte final do artigo original foi preservada nos *Escritos menores* com um outro título, "Sobre o patético".
27. "Quando nos encontramos efetivamente em perigo, quando somos nós mesmos o objeto de um poder inamistoso da natureza, já está perdido o ajuizamento estético" (Schiller, 2011, p. 32). Na verdade, Schiller chega a sugerir que a experiência do sublime seria possível mesmo nos casos em que há ameaça efetiva, se nosso espírito permanecer "livre enquanto nossa sensibilidade é subjugada", embora reconheça também que "esse último caso é bastante raro e exige uma *elevação* da natureza humana que dificilmente pode ser pensada como possível em um sujeito".
28. "No sublime contemplativo, quase tudo depende de uma atividade própria do ânimo (...). Por esse motivo, o efeito do sublime contemplativo não é nem tão intensivamente forte nem tão difundido quanto o do sublime patético" (Schiller, 2011, p. 41). Klaus Petrus

sição de Burke, uma vez que é introduzida aqui uma condição adicional: a compaixão só é admitida como fonte legítima de prazer estético na arte. "A dor compassiva", sugere o autor, "prevalece sobre toda fruição estética. O sofrimento só pode se tornar estético e despertar um sentimento do sublime quando é mera ilusão ou criação poética (...)" (Schiller, 2011, p. 48).[29]

Tal restrição se justifica pela necessidade de que seja mantida uma certa distância entre o espectador e aquele que sofre, o que exige, por sua vez, impor limites ao sentimento. "Se o compadecimento é elevado a tal vivacidade que nos confundimos a sério com o sofredor", sugere Schiller, "então não dominamos mais o afeto, ele nos domina" (Schiller, 2011, p. 49). Esse ponto parece, portanto, fazer eco às advertências kantianas contra uma proximidade excessiva dos afetos e seu caráter pernicioso para a experiência estética.

Ao contrário de Burke, Schiller não toma, com efeito, o sofrimento como algo em si mesmo prazeroso.[30] Para vivenciar o sublime, não basta que o sujeito permaneça ao abrigo do perigo, pois muitos afetos "estão

---

(1993, p. 27-29; p. 31) observa como esse movimento do pensamento estético de Schiller, que tem em vista tornar o sublime compatível com sua teoria sobre a tragédia, termina por aproximá-lo de posições sensualistas tais como a de Burke sem, entretanto, se deixar comprometer com seus pressupostos psicologistas.

29. Schiller menciona ainda, na sequência do texto, a possibilidade de que o sofrimento real seja "representado não para os sentidos, mas antes para a faculdade da imaginação". Não parece adequado, todavia, descrever esse como um caso de sublime patético, uma vez que ele parece exigir uma atividade representativa deliberada por parte do sujeito. Em um de seus primeiros artigos teóricos, "Sobre a arte trágica" (1792, *Neue Thalia*, B. 1, p. 176-228), Schiller defendia uma posição mais permissiva, mais próxima, portanto, daquela expressa no *Enquiry*. Não apenas se admitia, então, a possibilidade de um prazer solidário com o sofrimento real, mas se supunha também que "essa emoção se exprime com mais vivacidade em objetos da intuição efetiva. Vista da margem", sugere o autor, "uma tormenta no mar que afunda toda uma frota deleitaria a nossa fantasia com tanta força quanto indignaria o nosso coração que sente" (Schiller, 2008a, p. 251). Ora, como indicam diversos comentadores, a influência do pensamento kantiano não se faz notar, nesse trabalho, senão de modo incipiente (Überweg, 1884, p. 146-150). Isso reforça a hipótese de que foram, precisamente, os estudos da terceira *Crítica* que levaram Schiller a excluir essa possibilidade de sua teoria madura sobre o sublime.

30. "O afeto, enquanto afeto, é algo indiferente, e sua apresentação seria, considerada em si mesma, sem qualquer valor estético" (Schiller, 2008b, p. 426). Novamente, é importante observar como essa posição contrasta com aquela que Schiller defenderia em "Sobre a arte trágica", cuja primeira sentença é: "O estado do afeto por si mesmo, independente de toda relação de seu objeto com nosso melhoramento ou pejoração, possui algo deleitoso para nós" (Schiller, 2008a, p. 251). Como indicado anteriormente, creio que foram os estudos de Kant que levaram o autor a qualificar melhor as suas afirmações iniciais naquele trabalho.

abaixo da dignidade da arte trágica" (Schiller, 2008b, p. 427) – a saber, todos aqueles que possuem uma origem estritamente sensível. Sem se referir às dificuldades que isso poderia causar para o ajuizamento, diversas páginas dedicadas ao patético reafirmam as objeções de Kant contra a qualificação meramente patológica da estética,[31] concluindo que "efeitos (...) fundados meramente na afecção da faculdade do sentimento não são nunca sublimes, por maior que seja a força que sejam capazes de revelar (...) pois tudo o que é sublime provém *apenas* da razão" (Schiller, 2008b, p. 428).

Por outro lado, isso não implica uma purificação absoluta de todo *pathos* porque alguns afetos, de tipo mais nobre, na verdade contribuem para tornar presente a natureza suprassensível em nós. Na medida em que apresentam "a faculdade autônoma suprassensível no ser humano, seu eu moral" (Schiller, 2008b, p. 432), eles não são apenas compatíveis, mas, antes, essenciais para a vivência do sublime. Como afirma Schiller, "o *ser sensível* tem de *sofrer* profunda e veementemente; tem de haver pathos para que o ser racional possa dar a conhecer a sua independência e apresentar-se *agindo*" (2008b, p. 423).

A posição schilleriana pode ser compreendida, desse modo, como um meio-termo entre aquelas defendidas por Burke e Kant. Nem tão permissivo quanto no *Enquiry*, nem tão restritivo quanto na terceira *Crítica*, o tratamento do afeto no período mais maduro de seus escritos teóricos exclui do âmbito do sublime a compaixão com o sofrimento efetivo, mas não com sua apresentação intuitiva na arte. Nesse sentido, o pensamento de Schiller pode ser interpretado como um movimento de retorno às origens mesmas dessa categoria estética, na medida em que busca restabelecer o valor estético da experiência da tragédia.

---

31. Compare-se, por exemplo, a discussão sobre os afetos em Schiller (2008b, p. 427-428) e em Kant (AA 05: 272-274).

# Referências bibliográficas

ABACI, U. "Kant's Justified Dismissal of Artistic Sublimity". *Journal of Aesthetics and Art Criticism*, v. 66, n. 3, p. 237-251, 2008.

_____. "Artistic Sublime Revisited: Reply to Robert Clewis". *Journal of Aesthetics and Art Criticism*, v. 68, n. 2, p. 170-173, Spring 2010.

ALLISON, H. *Kant's Theory of Taste: A Reading of the Critique of Aesthetic Judgment*. Cambridge: Cambridge University, 2001.

BOILEAU, N. *Oeuvres complètes*. v. 3. Edição de A. Ch. Gidel. Paris: Garnier, 1873.

BROMWICH, D. *The Intellectual Life of Edmund Burke: From the Sublime and Beautiful to American Independence*. Cambridge, London: Harvard University, 2014.

BURKE, E. *A Philosophical Enquiry into the Origin of our Ideas of the Sublime and Beautiful*. Edição de Adam Phillips. Oxford: Oxford University, 1990.

CARRIVE, P. "Le sublime dans l'esthétique de Kant". *Revue d'Histoire littéraire de la France*, v. 86, n. 1, p. 71-85, 1986.

CLEWIS, R. "A Case for Kantian Artistic Sublimity: A Response to Abaci". *Journal of Aesthetics and Art Criticism*, v. 68, n. 2, p. 167-170, Spring, 2010.

CROWTHER, P. *The Kantian Sublime: From Morality to Art*. Oxford: Clarendon, 1989.

FEGER, H. "Durch Schönheit zur Freiheit der Existenz: Wie Schiller Kant liest". *Monatshefte*, v. 97, n. 3, p. 439-449, Fall, 2005.

GUYER, P. "Kant's Conception of Fine Art". *Journal of Aesthetics and Art Criticism*, v. 52, n. 3, p. 275-285, Summer, 1994.

_____. "The Psychology of Kant's Aesthetics". *Studies In History and Philosophy of Science*, v. 39, n. 4, p. 483-94, jan. 2009.

KANT, I. *Gesammelte Schriften (Akademische Ausgabe)*. Hrsg. von der Königlich-Preussischen Akademie der Wissenschaften zu Berlin, 1902-.

PETRUS, K. "Schiller über das Erhabene". *Zeitschrift für philosophische Forschung*, v. 47, n. 1, p. 23-40, jan.-mar., 1993.

PILLOW, K. "Form and Content in Kant's Aesthetics: Locating Beauty and the Sublime in the Work of Art". *Journal of the History of Philosophy*, v. 32, n. 3, p. 443-459, jul. 1994.

RYAN, V. L. "The Physiological Sublime: Burke's Critique of Reason". *Journal of the History of Ideas*, v. 62, n. 2, p. 265-279, abr. 2001.

SCHAPER, E. "Taste, Sublimity, and Genius: The Aesthetics of Nature and Art". In: GUYER, P. (org.) *The Cambridge Companion to Kant*. Cambridge: Cambridge University, p. 367-393, 1992.

SCHILLER, F. "Über die tragische Kunst". In: JANZ, Rolf-Peter (org.). *Theoretische Schriften*. Frankfurt am Main: DKV, 2008.

_____. "Über das Pathetische". In: JANZ, Rolf-Peter (org.). *Theoretische Schriften*. Frankfurt am Main: DKV, 2008.

_____. *Do sublime ao trágico*. Organização de Pedro Süssekind. Trad. Pedro Süssekind e Vladimir Vieira. Belo Horizonte: Autêntica, 2011.

STRUBE, W. "Burkes und Kants Theorie des Schönen". *Kant-Studien*, v. 73, n. 1-4, p. 55-62, 1982.

ÜBERWEG, F. *Schiller als Historiker und Philosoph*. Leipzig: Carl Reißner, 1884.

VANDENABEELE, B. "Beauty, Disinterested Pleasure and Universal Communicability: Kant's Response to Burke". *Kant-Studien*, v. 103, n. 2, p. 207-233, 2012.

WICKS, R. "Kant on Fine Art: Artistic Sublimity Shaped by Beauty". *Journal of Aesthetics and Art Criticism*, v. 53, n. 2, p. 189-193, Spring, 1995.

# SUBLIME E GÊNESE DO PENSAR:
Deleuze leitor de Kant[1]

Cíntia Vieira da Silva[2]

Em uma carta em que responde às críticas de Michel Cressole, Deleuze trata de sua relação com a história da filosofia, afirmando que se livrou do papel repressivo que esta exercia em sua geração ao se dedicar à leitura e à apropriação de pensadores não racionalistas, como Lucrécio, Espinosa, Hume e Nietzsche. Tais filósofos teriam em comum "a crítica do negativo, o cultivo da alegria, o ódio à interioridade, a exterioridade das forças e das relações, a denúncia do poder", dentre outros temas que são também explorados por Deleuze em seu projeto filosófico. Kant não apenas está ausente dessa lista dos filósofos preferidos por Deleuze como se alinha à tradição racionalista à qual Deleuze se contrapõe. Em *Diferença e repetição*, a filosofia kantiana é colocada como ápice do modelo da representação e da recognição, em relação ao qual uma filosofia da diferença e da repetição diferencial seria uma alternativa. Na carta mencionada, Deleuze (1990, p. 14-15) se refere a Kant nos seguintes termos:

> Meu livro sobre Kant é diferente, eu gosto bastante dele, eu o fiz como um livro sobre um inimigo cujo funcionamento tento mostrar quais são suas engrenagens – tribunal da Razão, uso medido das faculdades, submissão tanto mais hipócrita quanto mais nos é conferido o título de legisladores.

A despeito desse comentário, podemos perceber a presença de conceitos kantianos em diversos pontos dos textos deleuzianos, pontos em que tais conceitos são mobilizados de maneira construtiva, e não como elementos

---

[1]. Trechos deste texto foram publicados em: SILVA, C. V. "Gênese do pensamento: da arte à filosofia". *Revista Exagium*, v. 12, p. 1, 2014.
[2]. Professora adjunta do Departamento de Filosofia e do mestrado em Estética e Filosofia da Arte da UFOP. E-mail: cintiavs@gmail.com

do paradigma filosófico a ser recusado. Em todos os casos, Deleuze impõe distorções, subvertendo e deslocando os conceitos de Kant, mas, ainda assim, a assinatura kantiana permanece perceptível. Em alguns casos, o conceito tomado de Kant compõe um híbrido com um conceito de Hume, como no caso do conceito de empirismo transcendental,[3] que é uma das maneiras pelas quais Deleuze descreve seu projeto filosófico. No caso que nos ocupará mais de perto nesse texto, o alcance do conceito e do funcionamento das faculdades que a experiência por ele descrita designa é ampliado por Deleuze. Essa ampliação constitui uma grande subversão, ao contrário do que se poderia supor, porque o que em Kant é apenas uma modalidade de juízo estético acaba por se tornar o modo de funcionamento das faculdades em todos os casos em que se produz efetivamente pensamento, para Deleuze. Se atentarmos para o quanto as dimensões especulativa, moral e estética são distintas em termos da operação conjunta das faculdades do ponto de vista kantiano, perceberemos o quanto o uso que Deleuze faz do sublime kantiano se contrapõe aos pressupostos kantianos.

A leitura deleuziana da *Crítica da faculdade do juízo* confere especial importância à gênese do livro acordo-discordante[4] entre as faculdades que tem lugar no sublime. Minha ideia é que o estudo do sublime kantiano, que descortina essa perspectiva genética na leitura deleuziana de Kant, dá ocasião à abordagem do tema da relação entre as faculdades, tema que terá especial importância em *Diferença e repetição*.[5] Esse estudo se inicia em *L'idée de genèse dans l'esthétique de Kant*, publicado na *Revue d'esthétique* em 1963. Parece-me que a realização do projeto de unir os dois sentidos de estética, proposto em *Diferença e repetição*, passa por uma expansão do funcionamento das faculdades em pauta no sublime kantiano. Como se Deleuze dissesse: o livre jogo das faculdades e o ultrapassamento de seus limites que Kant detecta em relação ao sublime é, na verdade, o mecanismo

---

3. Sauvagnargues (2009, p. 69-90), sobretudo o quarto capítulo "Typologie des signes et théorie des facultés".
4. Em *Diferença e repetição* (p. 211, nota 10), Deleuze aponta Kostas Axelos como criador da expressão *acordo discordante* (cf. *Vers la pensée planétaire*, Paris: Minuit, 1964).
5. Roberto Machado, em *Deleuze, a arte e a filosofia*, dedica um capítulo à relação entre Deleuze e Kant e confere bastante importância ao papel de Kant na elaboração da perspectiva genética deleuziana. Entretanto, não confere destaque ao conceito kantiano de sublime nessa elaboração. Parece-me que o sublime é crucial para o desenvolvimento do projeto de um pensamento da diferença em si mesma, liberada do modelo da recognição.

de todo e qualquer pensamento efetivo que não se reduza ao modelo da recognição.

Para Deleuze, o tema de um acordo entre as faculdades é recorrente no projeto crítico kantiano. Trata-se de explicar como faculdades de naturezas diversas podem cooperar harmoniosamente. Na *Crítica da razão pura* e na *Crítica da razão prática*, os acordos em questão eram sempre efetuados sob a legislação e determinação de uma das faculdades envolvidas. Os papéis de cada faculdade se definem de acordo com o interesse em questão. Assim, no interesse[6] especulativo, a razão deixa o papel legislador a cargo do entendimento, como faculdade dos conceitos. Já no interesse prático, a razão se encarrega de tal papel. Essa legislação se exerce sob a forma de um duplo caráter determinante que se define com relação a objetos e às outras faculdades. No interesse especulativo, o entendimento aplica seus conceitos a priori aos fenômenos, que se constituem como objetos que se lhe submetem necessariamente. Por outro lado, o entendimento assinala à imaginação e à razão as funções que irão desempenhar na atividade de conhecer. No interesse prático, por sua vez, não é mais o entendimento e seus conceitos que exercem um papel predominante, mas sim a razão e suas Ideias, notadamente a Ideia de liberdade. Por meio da lei moral, a razão pode determinar "objetos supra-sensíveis" (Deleuze, 2002, p. 80) que têm de lhe ser submetidos de modo necessário.

A possibilidade de tais acordos previamente determinados em que cada faculdade, ainda de acordo com Deleuze, está submetida a uma proporção estabelecida por uma faculdade legisladora e deve estar fundada na existência de acordos livres e indeterminados em que não se define de antemão a parte que caberia a cada faculdade. Nesse sentido, A *Crítica da faculdade do juízo*, longe de ser um mero complemento ao projeto crítico, seria sua fundação. O juízo estético, por não ser regrado por nenhum interesse da razão, possibilita um livre acordo entre as faculdades. A terceira *Crítica* se diferencia das duas anteriores igualmente na medida em que não trata da submissão necessária de objetos a uma faculdade determinante. O acordo entre o juízo estético e "as coisas belas na Natureza" é contingente. Se a imaginação não se submete ao entendimento, no caso do juízo de gosto, isso

---

6. Deleuze utiliza o termo *interesse* como sinônimo de *finalidade da razão*, não respeitando o sentido técnico que o termo tem em Kant. A ideia é contrapor os interesses especulativo e moral da razão ao que ocorre no caso da complacência ligada ao belo, que não deriva de nenhum interesse.

não significa que ela se torne legisladora e venha a subjugar entendimento e razão. Segundo Deleuze, se pensarmos rigorosamente, não diremos que a imaginação esquematiza sem conceito no juízo estético, como o próprio Kant diz. Diremos que ela reflete a forma do objeto, mas não sua forma sensível, e sim sua forma estética, sendo indiferente à existência do objeto. Daí o caráter desinteressado do prazer estético. A forma em questão no juízo estético, que é refletida pela imaginação, diz respeito à composição, e não à receptividade, à intuição.

O acordo entre as faculdades, seja ele livre ou determinado, remete a um senso comum que explique a harmonia a priori entre elas. Há, portanto, um senso comum lógico e um moral, e é preciso que haja um senso comum estético que legitime a universalidade e a necessidade de direito à qual pretende o juízo estético. Tal senso comum constitui um problema, uma vez que não pode ser afirmado categoricamente, o que suporia conceitos do entendimento, nem postulado, o que requereria uma determinação prática de conhecimentos no juízo estético. Por outro lado, o senso comum estético não pode permanecer meramente hipotético, dado que é o fundamento dos outros sensos comuns, na medida em que o acordo livre e indeterminado fundamenta os acordos constrangidos e determinados. Assim, ao invés de supor a existência hipotética de um senso comum estético, é preciso mostrar sua gênese. A Analítica do belo, nesse sentido, tem o papel de fazer surgir um acordo livre entre as faculdades no espectador, mas não consegue engendrar tal acordo por meio da exposição da gênese de um senso comum estético.

Essa leitura de Deleuze, de certa forma, responde às críticas endereçadas a Kant por Maimon e Fichte, as quais se referiam justamente à ausência de uma abordagem genética no projeto crítico kantiano. Para Deleuze, é bem verdade que as duas primeiras *Críticas* partem de fatos e faculdades prontas, cujo acordo já é dado por certo. Mas a terceira *Crítica* não parte do mesmo viés. Ao contrário, procura mostrar a gênese do livre acordo entre as faculdades, fundamentando, assim, os outros acordos determinados das *Críticas* anteriores. Entretanto, tal gênese não é objeto da Analítica do belo: apenas a Analítica do sublime será capaz de mostrar o surgimento do acordo entre razão e imaginação a partir de um desacordo, de uma violência recíproca entre as faculdades, fazendo ver igualmente como o prazer, no caso do sublime, surge da dor ou desprazer. O juízo do sublime se refere ao "informe ou disforme na Natureza (imensidão ou potência)" (Deleuze, 2002,

p. 87). Na ausência de forma, a imaginação não é mais capaz de refletir. A imaginação se confronta com os limites de sua capacidade compreensiva. O que impulsiona a imaginação a tal confronto é a razão, por meio da Ideia de infinito. Nas palavras de Deleuze (2002, p. 88): "a razão coloca a imaginação em presença de seu limite no sensível; mas, inversamente, a imaginação desperta a razão como faculdade capaz de pensar um substrato supra-sensível para a infinidade deste mundo sensível".

É assim que a imaginação alcança um uso "transcendente", tendo "por objeto seu próprio limite". Tal elevação, certamente, faz-se de modo negativo, na medida em que é o próprio caráter inacessível da Ideia que a imaginação trata de tornar presente. Liberada dos limites impostos pelo entendimento, a imaginação descobre sua "destinação supra-sensível". Para corroborar sua leitura, indicando que a exposição do juízo do sublime dá ocasião a uma gênese do acordo entre as faculdades, Deleuze (2002, p. 88-89) lembra que o sublime é objeto de uma Cultura. Tal Cultura não é meramente uma educação ou formação empírica, mas é uma "gênese transcendental".

Em *Diferença e repetição*, no capítulo intitulado "A imagem do pensamento", Deleuze mostra que há na tradição filosófica uma confusão entre pensar e representar, ou seja, uma concepção do pensamento como atividade de um sujeito que, por meio de suas faculdades com papéis bem determinados e distribuídos, apreende um objeto, submetendo-o a essas faculdades, confusão que ganha contornos mais claros a partir de Descartes. Para escapar aos pressupostos da representação era preciso mostrar a gênese do pensamento no ato de pensar, mostrar como o pensamento começa por uma violência sofrida pela sensibilidade, violência esta que é transmitida às outras faculdades, engendrando-as num uso que Deleuze chama de transcendente ou involuntário. A grande diferença entre o que encontramos em *Diferença e repetição* e a apresentação deleuziana do juízo estético do sublime na terceira *Crítica* diz respeito à necessidade de um senso comum.[7]

---

7. "*O caso da imaginação*: este caso é o único em que Kant considera uma faculdade liberada da forma de um senso comum e descobre para ela um exercício legítimo verdadeiramente 'transcendente'. Com efeito, a imaginação esquematizante, na *Crítica da razão pura*, ainda está sob o senso comum dito lógico; a imaginação reflexiva, no juízo de beleza, ainda está sob o senso comum estético. Mas, com o sublime, a imaginação, segundo Kant, é forçada, coagida a enfrentar seu limite próprio, seu *phantastéon*, seu máximo, que é do mesmo modo o inimaginável, o informe ou o disforme na natureza (*Crítica da faculdade do juízo*, § 26). E ela transmite sua coerção ao pensamento, por sua vez forçado a pensar o supra-sensível como fundamento da natureza e da faculdade de pensar: o pensamento

Em *Diferença e repetição*, Deleuze procura conceituar a gênese do pensamento a partir de um violento ataque dos signos à sensibilidade. Nesse modo de operar do pensamento, as faculdades funcionam sem a batuta de um senso comum que orquestraria seu funcionamento conjunto e harmonioso. Segundo a terminologia deleuziana, a um uso empírico das faculdades (justamente esse uso que é submetido a uma modalidade de senso comum) se contraporia um uso transcendente, também chamado de disjunto ou disjuntivo. O que esse tipo de uso transcende não são os objetos do mundo ou da experiência possível, mas a predeterminação do papel de cada faculdade e a configuração prévia dos objetos concernentes a cada uma. Nesse caso, a faculdade ultrapassa seus limites previamente estabelecidos. O âmbito do transcendental, com cada faculdade, seu modo de funcionar e seus produtos, deve ser objeto de uma gênese que permanece insuficientemente determinada, se pensada como um mero decalque do empírico (o funcionamento predeterminado das faculdades, vinculado ao modelo da recognição). O que deflagra a operação de cada faculdade e a engendra é algo de inapreensível do ponto de vista do funcionamento empírico dessa faculdade. O pensamento da diferença tem uma relação intrínseca com o impensável, na medida em que é pensamento do que ainda não foi pensando e não pode ser enquadrado nas formas já estabelecidas.

Qual é o elemento que engendra o exercício transcendente ou disjunto da sensibilidade, o qual, por sua vez, deflagra o surgimento e a operação da imaginação, da memória e do pensamento de modo geral? Nas palavras de Deleuze:

> [...] este elemento é a intensidade,[8] como pura diferença em si, ao mesmo tempo o insensível para a sensibilidade empírica, que só apreende a intensidade já recoberta ou mediatizada pela qualidade que ela cria, e aquilo que, todavia, só pode ser sentido do ponto de vista da sensibilidade transcendente que o apreende imediatamente no encontro.

---

e a imaginação entram aqui numa discordância essencial, numa violência recíproca que condiciona um novo tipo de acordo (§ 27). Desse modo, o modelo da recognição ou a forma do senso comum encontram-se ausentes no sublime, em proveito de uma concepção do pensamento totalmente diferente (§ 29)" (Deleuze, 2006, p. 208, nota 8).

8. Em uma aula sobre Kant, em curso proferido em 1978, disponível no site *La voix de Deleuze*, a noção kantiana de intensidade como antecipação da percepção é explorada por Deleuze.

Para tematizar a relação do pensamento com o impensável, Deleuze evoca Heidegger e Artaud.[9] Com respeito à abordagem heideggeriana do problema, no entanto, Deleuze ressalta que, em *Was heisst denken*,[10] Heidegger ainda mantém certa semelhança entre o pensamento e o que ele pensa, mantendo a primazia do Mesmo. A preferência pela tentativa artaudiana de produzir um pensamento sem imagem é manifesta. A experiência esquizofrênica do pensamento sem imagem, que não se confunde com a esquizofrenia enquanto transtorno psíquico, adquire crescente importância nos escritos de Deleuze – notadamente em colaboração com Guattari – e será usada para descrever o funcionamento do desejo. Ao lado desses pensadores já tão heterogêneos entre si, figura Kant, como pioneiro na concepção de um acordo discordante entre as faculdades, exemplificado pela relação entre imaginação e razão, marcada pelo exercício da força e pela desarmonia.[11]

Voltemos ao artigo que examinávamos para completar a exposição das gêneses que, aos olhos de Deleuze, têm lugar na *Crítica da faculdade do juízo*. A gênese do acordo discordante no sublime não pode ser simplesmente transposta para o caso do belo. É preciso engendrar o livre acordo entre entendimento e imaginação, assim como foi engendrado aquele entre razão e imaginação. Uma terceira gênese se fará necessária porque o primeiro princípio meta-estético evocado para engendrar o acordo entre faculdades no belo se restringe à natureza. Assim, Kant deverá convocar um outro princípio que dê conta da gênese do acordo no belo artístico. O primeiro desses princípios meta-estéticos é o interesse racional ligado à existência de objetos belos na natureza, que se liga à possibilidade de uma apresentação sensível das Ideias. O segundo princípio meta-estético é o Gênio, que exerce no âmbito da criação artística um papel análogo ao do interesse racional no campo dos objetos da Natureza. Contudo, a colocação do gênio como princípio precisa resolver uma dificuldade concernente à universalização da posição radicalmente singular da criação genial.

---

9. Deleuze refere-se à correspondência entre Artaud e Jacques Rivière.
10. A tradução espanhola intitula-se *Qué significa pensar?*, enquanto a tradução francesa se apresenta como *Qu'appelle-t-on penser?*
11. "(...) o acordo das faculdades só pode ser produzido como um *acordo discordante*, pois cada uma só comunica à outra a violência que a coloca em presença de sua diferença e de sua divergência com todas as outras. Kant foi o primeiro a mostrar o exemplo de tal acordo pela discordância, com o caso da relação da imaginação e do pensamento, tal como eles se exercem no sublime" (Deleuze, 2006, p. 211).

Poderíamos nos perguntar, antes de equacionar o problema do Gênio, se não haveria uma contradição em colocar o interesse racional como princípio meta-estético atuante no belo natural, uma vez que Kant já havia definido o prazer estético como desinteressado. Deleuze explica que o interesse racional quanto à existência de objetos belos não é parte inerente do prazer estético, nem do juízo estético, mas se junta a eles de modo sintético. O interesse racional não se refere ao "belo enquanto tal", e sim à "aptidão da natureza a produzir coisas belas". Tal aptidão dá lugar a um acordo entre a natureza e nossas faculdades. Esse acordo, no entanto, distingue-se do acordo entre as faculdades. Por se manter externo a tal acordo, o interesse racional pela capacidade da natureza de produzir coisas belas pode servir de princípio para fundá-lo. O interesse racional se diferencia do prazer desinteressado em outro aspecto. É que, enquanto o "sentido do belo" envolvia a reflexão da forma do objeto pela imaginação, o interesse racional, por sua vez, exerce-se sobre a matéria (cores e sons), "pois é com matérias que a natureza, conforme suas leis mecânicas, produz objetos prontos a se refletir formalmente". Os sons e cores se revestem de interesse para a razão na medida em que podem se constituir como "apresentações de suas Ideias" (exemplo do lis branco que desperta a Ideia de pura inocência, sem intuição correspondente).

Contudo, o interesse racional só atua na gênese do acordo entre as faculdades suscitado no sentimento do belo na Natureza. Quanto ao belo na arte, o acordo engendrado diante dele será explicado por outro princípio: o gênio. Se este pode ser chamado de "dom da natureza" (Kant, § 46), é porque pode ser definido como uma "disposição subjetiva através da qual a natureza dá regras à arte". Como instância criadora, o gênio também constitui um modo de apresentação sensível das Ideias. Deleuze chama atenção para a importância desse tema na *Crítica da faculdade do juízo*. No sublime, há uma apresentação das Ideias que se faz por projeção e permanece meramente negativa, na medida em que o sublime mostra o fracasso compreensivo da imaginação. O belo natural, ao dar ensejo à simbolização, também constitui um modo de apresentação das Ideias, mas, dessa vez, uma apresentação positiva. O gênio se configura como produtor de Ideias estéticas capazes de associar uma intuição a um conceito da razão, a partir de uma compreensão da criação artística como criação de uma natureza segunda. No acordo gerado entre entendimento e imaginação, cada uma das faculdades é também produzida, o entendimento alcançando um uso ilimitado, a imaginação liberando-se do jugo do entendimento. O problema é que o caráter singular da criação artística do gênio, para servir de regra ou princípio para a liberação da imaginação e a expansão do entendimento, precisa atingir a universalidade. Tal problema se resolve por meio de um aspecto paradoxal da genialidade. O gênio se define por sua originalidade radical, e o surgimento de um gênio é um acontecimento raro. Tendo apenas isso em vista, pensaríamos estar diante de um impasse: o gênio permaneceria enclausurado em sua singularidade. Mas a originalidade do gênio se alia a "uma intersubjetividade excepcional", de modo que há uma espécie de comunicação entre os gênios através dos tempos. A obra genial pode despertar num outro gênio a percepção de sua própria genialidade. Além disso, se a matéria trazida pelo gênio não pode ser imitada, a forma que exprime tal matéria, por sua vez, pode servir de exemplo, formar espectadores, suscitar imitadores, atuando, assim, na formação do gosto. Por meio desse caráter formador, o princípio da gênese do acordo das faculdades no belo artístico amplia seu espectro de atuação, alcançando a universalidade, na medida em que esta é afirmada por sua obra.

Com a exposição da teoria do gênio, Deleuze conclui a apresentação das três gêneses encontradas na *Crítica da faculdade do juízo*. Sustenta, contra o próprio Kant, que a perspectiva genética é a grande contribuição da terceira *Crítica* e que tal empresa ultrapassa largamente a função designada por Kant para esta obra: fazer a passagem do interesse especulativo para o interesse prático e mostrar a submissão do primeiro em relação ao segundo. Mas, para Deleuze, a realização de tal passagem deriva da tarefa genética empreendida na terceira *Crítica*. Mais do que uma complementação do sistema crítico, ela é sua fundação, pois mostra como as faculdades podem ser levadas a operar em conjunto segundo a legislação do entendimento ou da razão, ao revelar primeiro como elas operam de forma livre e ilimitada. Compreende-se que Deleuze não queria conferir um papel primordial à tarefa da passagem. Em primeiro lugar, o predomínio do interesse prático é um aspecto do kantismo que não agrada a Deleuze, em função das implicações teológicas da recuperação da ideia de Deus no campo da moral (perdoem-me a aparente redundância, mas é que a ideia de Deus não tem necessariamente implicações teológicas. Pensemos no Deus-Natureza de Espinosa). Por outro lado, a perspectiva genética é quase uma obsessão deleuziana desde, pelo menos, *Empirismo e subjetividade*. Ali, tratava-se de ler Hume a partir da pergunta: como o sujeito se constitui no dado? Nesse mesmo texto, que precede em dez anos o artigo aqui estudado, Deleuze compreendia Kant a partir de uma pergunta, por assim dizer, oposta: como o dado se constitui para um sujeito? Mas, ao extrair do kantismo uma perspectiva genética, torna-se possível incorporar a primeira pergunta à segunda, na medida em que a gênese se refere às faculdades, o que indica que o sujeito não está pronto e acabado antes de receber o dado. Contudo, a transposição da perspectiva genética do âmbito estético para o pensamento em geral é uma operação efetuada por Deleuze, não pelo próprio Kant. No final das contas, é difícil saber se Deleuze dá tanto destaque ao tema da gênese do acordo entre as faculdades e das próprias faculdades nesse artigo, por ser ele um de seus ritornelos, ou se o aprofundamento da perspectiva genética é um ganho propriamente extraído de Kant. O que se pode afirmar com certeza é que o tema da gênese é retomado em *Diferença e repetição* com um vocabulário que recupera muitos dos termos do artigo em questão, tais como: livre acordo, uso transcendente das faculdades e violência feita a uma faculdade. É interessante notar que, com a publicação de *Proust e os signos*, essa teoria genética das faculdades incorpora a ideia de um uso transcendente das faculdades, aquela de um uso involuntário e disjunto delas. A leitura deleuziana de Proust procura dar ênfase ao tema da aprendizagem na *Recherche*. Para Deleuze, a *Recherche* é, antes de tudo, o aprendizado de um homem de letras, e tal aprendizado concerne aos signos. São os signos que nos forçam a aprender.

Ora, tal aprendizado resulta numa maneira de pensar que envolve justamente o uso involuntário ou disjunto das faculdades. O pensamento como criação não encontra faculdades prontas e em harmonia pré-estabelecida assim como não encontra objetos constituídos numa inteireza e mesmidade asseguradas. Há algo no sensível que força a pensar, um encontro fortuito que faz despertar as faculdades, que as coloca em marcha e, no caso de Proust, deflagra a produção de uma obra de arte, não sem muitos percalços, paradas e toda sorte de peripécias. Com o estudo de Proust, Deleuze radicaliza ainda mais a perspectiva genética, que culmina no pensamento sem imagem de *Diferença e repetição*, ou seja, um pensamento que não se dá de antemão uma concepção do que significa pensar, de uma boa direção para o pensamento, e não se apoia num bom senso capaz de orquestrar o funcionamento conjunto das faculdades. Isso explica, ao menos em parte, o diálogo tão frequente entre Deleuze e vários campos das artes. É que o funcionamento livre e ilimitado das faculdades é mais facilmente percebido na criação artística. Mesmo o mais realista dos artistas sabe que não encontra seu objeto pronto na natureza assim como sabe que, antes de produzir a obra, não tem nenhuma garantia de vir a executá-la. Nesse sentido, a criação artística, em suas várias modalidades, é uma aliada poderosa para uma concepção do pensamento como potência de produção do novo. A criação conceitual não se identifica à criação artística, que envolve afectos e perceptos, segundo o vocabulário de *O que é a filosofia?*. Mas as duas são modos distintos de uma mesma potência de pensar.

Referências bibliográficas

DELEUZE, G. *Différence et répétition*. Paris: PUF, 1968.
_____. *Diferença e repetição*. Trad. Luiz Orlandi e Roberto Machado. 2ª edição com tradução revista. Rio de Janeiro: Graal, 2006.
_____. *L'île déserte. Textes et entretiens 1953-1974*. Paris: Minuit, 2002. Edição preparada por David Lapoujade.
_____. *Ilha deserta*. Trad. Luiz B. L. Orlandi, Hélio Rebello Cardoso Jr., Lia Guarino, Fernando Fagundes Ribeiro, Cíntia Vieira da Silva, Francisca Maria Cabrera, Tiago Seixas Themudo, Guido de Almeida, Peter Pál Pelbart, Fabien Lins, Tomaz Tadeu, Sandra Corazza, Hilton F. Japiassu, Roberto Machado, Rogério da Costa Santos, Christian Pierre Kasper, Milton Nascimento e Daniel Lins. São Paulo, Iluminuras, 2006.
_____. *La philosophie critique de Kant*. Paris: PUF, 1963.
_____. *Para ler Kant*. Trad. Sonia Pinto Guimarães. Rio de Janeiro: Francisco Alves, 1976.
_____. *Pourparlers*. Paris: PUF, 1990.
_____. & GUATTARI, F. *Qu'est-ce que la philosophie?* Paris: Minuit, 1991.
_____. *O que é a filosofia?*. Trad. Bento Prado Jr. e Alberto Alonso Muñoz. Rio de Janeiro: Ed. 34, 1992.
KANT, I. *Crítica da faculdade do juízo*. Trad. Valerio Rohden e António Marques. Rio de Janeiro: Forense Universitária, 2008.
MACHADO, R. *Deleuze, a arte e a filosofia*. Rio de Janeiro: Zahar, 2009.
SAUVAGNARGUES, A. *Deleuze. L'empirisme transcendantal*. Paris: PUF, 2009.
SILVA, C. V. "Gênese do pensamento: da arte à filosofia". *Revista Exagium*, v. 12, p. 1, 2014.

# O SUBLIME REVISITADO SOB PERSPECTIVAS FEMINISTAS

Carla Milani Damião[1]

Pressupomos três abordagens do sublime em teorias e críticas formuladas por feministas contemporâneas ou pós-modernas. Essas teorias se caracterizam por diferentes ênfases, mantendo, porém, uma relação intrínseca e desdobrada entre si. A que apresenta o entendimento antropológico do sublime é a que necessariamente revisa as teorias da estética moderna do gosto e da formação do juízo estético. Nessa revisão, opera-se uma divisão que acentua aspectos ideológicos da categoria, fortemente associada, no sentido antropológico, ao masculino. O sentido epistemológico, embora acompanhe a discussão, pode ser entendido de maneira emancipada do aspecto antropológico, mas, ainda assim, submetido a uma crítica radical de sua expressão na elaboração de um discurso que requer ser feminista. Nessa perspectiva, considera-se o aspecto ontológico, notadamente presente em teorias que superam a questão crítica e ideológica, característica ao trabalho de revisão da categoria. Neste artigo, desenvolveremos, com maior atenção, as duas primeiras perspectivas, indicando alguns direcionamentos relacionados à última.

Consideraremos, inicialmente, as teses de Catherine Korsmeyer, Luce Irigaray, Meg Armstrong, entre aquelas que se ocuparam em discutir o juízo de gosto e as categorias estéticas a este relacionadas: o belo e o sublime. A base da discussão dessas teorias são os filósofos Edmund Burke e Immanuel Kant.

---

[1]. Carla Milani Damião é doutora em Filosofia e professora adjunta da Faculdade de Filosofia da Universidade Federal de Goiás (FAFIL-UFG), na qual é responsável pela disciplina de Estética. Participa do Programa de Pós-Graduação na mesma Instituição e é colaboradora do Programa de Pós-Graduação "Linguagens e Representações" da Universidade Estadual Santa Cruz (UESC). E-mail: cmdw16@gmail.com

Relacionado ao temor, ao indizível, ao absolutamente fantástico, sem contornos ou arestas, o sublime dificilmente pode ser apreendido como forma física. A categoria do belo, mais normalmente associada ao corpo feminino, é assunto recorrente nas teorias em questão, bem como a associação entre o sublime e o intelecto masculino. Meg Armstrong discute a dominação ideológica que permeia essas teorias sobre a disposição estética do sublime. Como Korsmeyer, Armstrong encontra contradições inerentes à definição de belo e de sublime em relação a seus objetos e aplicações, ao perceber que há um elemento ausente nas observações do sublime e da cultura que faz a ligação com o "exótico", tendo em vista diferenças raciais. Sob a perspectiva do sublime, a escuridão é terrível, antes de qualquer associação com objetos particulares, mas Burke nos fornece um exemplo de como o corpo de uma mulher negra – que representaria também o elemento exótico – unificaria a mulher e o sublime em um único objeto.

Luce Irigaray é crítica da categoria moderna da subjetividade e, como consequência, daquilo que se entende por estética e gosto. Nessa perspectiva, não seria necessário elevar o estatuto das mulheres a um problema epistemológico, afirmado pelo gosto, a fim de torná-las "sujeitos morais" ou "sujeitos do conhecimento", para chegarmos à conclusão de que as mulheres não são apenas objetos bonitos ou exóticos, isto é, sexualmente atraentes aos olhos do homem-espectador. A questão em Irigaray se torna mais abrangente, além da crítica de que, na representação masculina do sublime, haveria uma tentativa de estabelecer uma imagem do homem a ser intelectualmente temido. Mais recentemente, a filósofa Judith Butler, parece eliminar a questão entre natureza e percepção do sublime das discussões empreendidas nessas teorias, uma vez que não existe a necessidade de equiparar, por meio do discurso, o feminino e o masculino. Haveria, nesse sentido, um abandono dessa categoria – tão fundamental para o pensamento estético e masculino –, na direção vislumbrada pelos estudos *queer*.

## Podem as mulheres ser sublimes?
### Sobre as perspectivas antropológica e epistemológica

Esse subtítulo é obviamente irônico, decorrente do conhecido texto de Kant, escrito aos 40 anos de idade, motivado pela discussão dos britânicos e franceses do século XVIII sobre o gosto. Essa ideia, como se sabe, está profundamente associada à de subjetividade moderna e a um tipo educado de sensibilidade.

Kant, em seu ensaio de 1764 (*Observações sobre o Sentimento do Belo e do Sublime*), fornece uma visão antropológica das categorias estéticas do belo e do sublime. Seguindo de perto o filósofo irlandês Edmund Burke, podemos afirmar que as categorias estéticas do belo e do sublime assumem uma distinção e um problema de gênero, quando Kant atribui, ao homem, o sublime e, à mulher, a beleza. "A mulher é bela; o homem, sublime": basta essa afirmação para notarmos a forte especulação feminista que comentaremos, uma vez que há uma explícita associação do sublime com razão, ao passo que a beleza está associada ao prazer sensorial e imediato.

No entanto, feministas, como Meg Armstrong, são cuidadosas em ressaltar o trabalho pré-crítico de Kant como a fonte de revisão para a estética feminista. Analisando a revisão estética de Kant pelas feministas, Kurt Mosser (1999, p. 321), em *Kant e Feminismo*, insiste que só certas afirmações de Kant poderiam soar "embaraçosamente brutas, se não risíveis" hoje em dia, referindo-se aqui às *Observações sobre o Sentimento do Belo e Sublime* (1764), às palestras sobre *Antropologia de um ponto de vista pragmático* (1772) e, também, às palestras sobre lógica (1770), quando Kant intenta distinguir os homens das mulheres, com base nas categorias estéticas de beleza e de sublime. Mosser cita parte da lógica de Kant: "Há ciências que exigem uma mente afiada, muita reflexão, e profundidade. Estas são para o sexo masculino. Por outro lado, há ciências que exigem inteligência e uma espécie de sentimento, e estas são adequadas para as mulheres" (*apud* Mosser, 1999, p. 322).[2] Segundo o autor, esta é a parte com base na qual o riso é permitido. Citando as aulas de Antropologia, Mosser (1999, p. 322) destaca e comenta: "a mulher deve reinar e o homem, governar", pois "as mulheres são movidas pela paixão e inclinação, enquanto os homens são caracterizados por sua compreensão". Assim, não é difícil chegar à conclusão

---

2. Todas as traduções de artigos em língua estrangeira, particularmente do inglês, são de responsabilidade da autora deste artigo.

de que: "As mulheres, então, em geral, estão sujeitas aos homens politicamente, economicamente, pedagogicamente, e em praticamente todas as maneiras em que a sociedade reflete seu poder, poder que é, sem exceções, adquirido pelos homens" (Mosser, 1999, p. 323). Além disso, Kant poderia ser criticado ao impor a universalidade, "abstraindo de todo o conteúdo, e ilegitimamente alegando universalidade para o que, de fato, é um modelo masculino da razão" (Mosser, 1999, p. 328). No entanto, ainda para Mosser, essas críticas só podem ser circunscritas às palestras da década de 1770, distantes do contexto da primeira *Crítica*. Voltaremos a esse assunto por meio de Korsmeyer e a estética feminista.

Se considerarmos as reflexões estéticas de Kant como o ápice do pensamento moderno, podemos dizer que elas se instalam entre o pré-moderno e pós-moderno, em relação à discussão de gosto. Na retomada pós-moderna, é possível perceber uma aproximação com o pensamento pré-moderno, por meio da categoria de gosto, originalmente conectada com o senso comum, com a ética, a política e a estética. A grande diferença é a desconfiança que marca essa recuperação, especialmente em autores e autoras que enfatizam a ideologia como o veículo central para manipulação daquilo que o século XVIII acreditava ser "natural": a sensibilidade e o gosto.

Carolyn Korsmeyer é uma importante e polêmica autora, no campo da Estética Feminista, associada à discussão sobre gosto. Publicou um livro em 1999, *Making Sense of Taste: Taste, Food, and Philosophy*, seguido por *Gender and Aesthetics: An Introduction*. No mesmo ano, escreveu o verbete da *Stanford Encyclopedia of Philosophy* sobre o tema "Estética Feminista".

Sua teoria foi severamente criticada por colegas estadunidenses, por muitos aspectos; em particular, em vista de definições como "artes plásticas", e não "artes visuais, por utilizar um amplo sentido de gênero e por ter aproximado a categoria estética do gosto ao paladar físico. Sabemos da analogia entre gosto e paladar, mas o que se quer com a analogia é compará-los, não identificá-los" (Korsmeyer, 2006).[3]

Korsmeyer assume que as perspectivas feministas em estética, em geral, estão relacionadas às influências culturais sobre a subjetividade, isto é, a subjetividade se torna moldável a fatores como raça, nacionalidade, contexto histórico e social. Em outras palavras, poderíamos dizer que seu ponto de partida tem a ver tanto com a estética como criação artística, como

---

3. Disponível em: http://act.maydaygroup.org/articles/Korsmeyer5_1.pdf>.

com a determinação ideológica do gosto, que ocorre de forma paralela a essa premissa. Sua pesquisa empreendeu, inicialmente, uma investigação sobre o gosto como paladar. Não o gosto estético, portanto, mas o "sentido corporal usado diariamente no curso de comer e beber" (Korsmeyer, 2006, p. 4). Esse início de pesquisa sobre o paladar conduziu a autora ao gosto estético, em particular para descobrir sua relação com o juízo estético do sublime, cuja associação imediata revela o aspecto ideológico:

> Em algumas das teorias do sublime que foram formuladas no século XVIII é explícita a presunção, às vezes até a estipulação, que só uma mente masculina pode estar em sintonia com as ocorrências profundas e perturbadoras que provocam apreensão do sublime. A este respeito, só a "masculinidade" se refere ao sublime, algo, literalmente, para homens. Que somente os homens possam experimentar o sublime é uma tese não só controvertida, mas altamente duvidosa, é claro, mas a comprovação por eles fornecida desta categoria estética é bastante consistente, com descrições e padrões de objetos sublimes, cujas propriedades estéticas distinguem-se de seus "opostos": as belas propriedades. (Korsmeyer, 2006, p. 9)

É importante ressaltar a definição de sublime como um juízo estético (masculino), cuja apreensão refere-se necessariamente a um objeto. Falamos, portanto, de uma relação tipicamente moderna, entre sujeito e objeto. Korsmeyer (2006, p. 9) descreve a definição de Edmund Burke do sublime e seus atributos em contraste com a beleza, com destaque para a diferença entre a percepção masculina, capaz de perceber o sublime, e a beleza. A inconsistência que ela aponta é que a mente masculina, de acordo com Burke, também pode ser atraída por "traços femininos [eróticos]".

> Mas, para além dos "traços estéticos", diz ela, que tornam um objeto sublime, estes são "masculinos" apenas num sentido restrito, pois eles também são características alegadas por um outro lado temível: o mítico "feminino". As mesmas qualidades que descrevem objetos sublimes na natureza – o caótico, o sem forma, o sem limites, o feroz – também se referem aos princípios da natureza selvagem que atingem sua extrema teorização no impulso dionisíaco da estética de Nietzsche ou no conceito psicanalítico da mãe má. Portanto, os objetos do sublime são apenas parcialmente colocados em termos de linguagem masculina. (Korsmeyer, 2006, p. 9)

Encontrar contradições internas à definição de sublime, seja em exemplos ou na própria definição, parece ser a estratégia dessa autora e de outras que a seguem, na busca por desvelar os aspectos ideológicos que condicionam o surgimento da Estética na formação da sociedade burguesa. Esses dados históricos de contexto e determinação das teorias, no entanto, são menos explorados, conquanto alegados como condição. Sua conclusão alcança a seguinte certeza:

> Finalmente, e mais problematicamente para a atribuição das categorias de gênero, existe a característica definidora central do sublime: a qualidade da experiência em si. É tradicionalmente teorizada como uma experiência fundada no terror, mas um terror que transcendeu e se transformou em admiração, um reconhecimento estético de poder e magnificência. Esta é a peça central de todas as teorias do sublime, e não vejo maneira mais convincente para argumentar que ela é apropriadamente caracterizada como uma espécie de experiência do "masculino". (Korsmeyer, 2006, p. 10)

Nesse sentido, Korsmeyer reivindica para o feminino a mesma experiência atribuída ao masculino, com base na ideia de igualdade entre os sexos. Não se trata apenas de uma premissa vaga ou de uma petição de princípio, mas de uma análise atenta ao próprio texto da terceira *Crítica* kantiana (Seção 26). A autora alega ser comum entre algumas feministas recorrer a Kant para afirmar que o objeto do sublime se configura na mente humana, em um jogo que requer a experiência do poder e da submissão. Disso resulta que, se há uma noção aproximada de sublime feminino – nesse caso, do juízo que se forma na mente humana, independente do gênero –, esse mesmo juízo requer submissão diante de um fenômeno impossível de ser controlado e dominado. Estar à distância, sem inserir-se no objeto que causa a dor, é a condição de impotência na experiência do objeto que se mostra preponderante. O não domínio e a submissão condizem com a atitude descrita como feminina, posição reconhecida pela autora, embora não aceite como verdadeira. O sublime, com base no exposto, seria a experiência do feminino como impossibilidade de dominar o objeto que aflige aquele que o experimenta, abrigado do perigo imediato e da dor que esse causa.

Meg Armstrong (1996), citada por Korsmeyer, oferece maior evidência de sua crítica nos textos de Burke e Kant, contribuindo para uma compreensão mais aprofundada de como as mulheres poderiam ser objetos do sublime. O título de seu artigo é parte do subtítulo da Parte IV, Seção XVII de *Uma investigação filosófica sobre a origem de nossas ideias do sublime e do belo*, de Burke. Ela distingue claramente as obras de Burke e Kant (pré-crítica), lidando com a categoria do sublime em mão dupla: como o efeito de um objeto que inspira o terror e como a disposição do sujeito em ajuizar sobre o objeto que o amedronta. Como Korsmeyer, e alguns outros intérpretes de Kant e Burke, ela encontra contradições inerentes ao texto na definição de belo e de sublime em relação a seus objetos e aplicações.

Ela insere outro elemento que diz faltar nas observações do sublime e da cultura relacionado com o "exótico", no contexto das diferenças raciais. O exótico, em inglês, não se refere apenas ao estranho e ao distante, mas à manifestação de sexualidade também.

> O que muitas vezes não foi reconhecido em análises subsequentes destes textos é que, em cada um, o sublime é descrito não só por meio de analogias sobre as diferenças entre os sexos (Burke e Kant), mas também como um produto de uma disposição estética inerente a características sexuais, nacionais e históricas (Kant), sendo às vezes provocado por imagens de diferença racial (Burke e Kant). [...] Em *Uma investigação*, Burke fornece um relato detalhado de certas propriedades (vastidão, escuridão, etc.) geralmente entendidas como sendo sublimes. Na oposição (beleza: feminino; sublime: masculino), Burke, educado como foi em histórias de horror gótico, atribui sublimidade à escuridão (*darkness*) e à negritude (*blackness*) das coisas. (Armstrong, 1996, p. 215)

De fato, na Parte IV de *Uma investigação filosófica sobre a origem de nossas ideias do sublime e do belo*, Burke apresenta a Seção I: "Sobre a causa eficiente do sublime e do belo". Interessante notar o cuidado do autor em dizer que seria uma "tentativa inútil" demonstrar por que certas afecções do corpo produzem determinada emoção no espírito e por que elas variam de pessoa para pessoa. Burke se refere a certas afecções capazes de transformar o espírito. Estas são as afecções que provém da dor e do medo ou terror, sendo o último a percepção da dor e da morte, geradora do sublime. A paixão destas difere do relaxamento que causa prazer em presença do belo, e é nomeada deleite (*delight*). Na continuidade dessa parte, Burke associa o sublime a dimensões grandiosas, à vastidão e ao infinito. Na Seção XIV, tece um comentário sobre a opinião de Locke sobre a escuridão (*darkness*), da qual discorda, ao dizer que não são as estórias de duendes e fantasmas contadas pelas amas-de-leite (*nurse*) ou criadas (*old woman*) às crianças que as fazem temer a escuridão, e sim, que pelo temor à escuridão é que se faz associações deste com duendes (*goblins*) e fantasmas (*ghosts*). Burke afirma ser a escuridão terrível pela própria natureza (Seção XV – que comentamos, por meio do exemplo de Cheselden[4] – e "por quê?" –, pergunta Burke na seção seguinte: pela dor que causa aos olhos). As duas seções seguintes descrevem fisicamente essa dor, fazendo a distinção entre *darkness* e *blackness*, sendo a última ideia caracterizada como uma escuridão parcial, existindo em contraste com corpos coloridos. Nesse contraste, o olho experimenta relaxamento ao encontrar o negro, pois há ali ausência de dor. Embora os efeitos do negro, relacionado parcialmente à escuridão, venham da dor, essa dor diminui em função do hábito. O terror diminui e se torna melancolia, um estado moderado de dor.

É interessante notar a contradição interna que Armstrong observa. A beleza está ligada à luz; o sublime, à escuridão e à negritude, que é uma escuridão parcial em contraste com as cores. O corpo de uma mulher negra, no entanto, pode assumir a afecção do sublime quando "o corpo feminino pode ser tanto (e seguramente) bonito e, no caso de um corpo que é negro e de mulher, sublime e ameaçador" (Armstrong, 1996, p. 215). A escuridão é terrível, antes de tudo, pela falta de associação com coisas particulares, pela infinitude, pela falta de forma, mas Burke nos fornece um exemplo de como o corpo de uma mulher negra – que representa, nesse exemplo, também o exótico, aos olhos de um menino – consegue unificar mulher e sublime em um único objeto.

Tendo por base essa passagem (Seção XV), Armstrong pretende mostrar as contradições internas ao texto. No entanto, é preciso dizer que, mesmo sendo o exemplo questionável e controverso, Burke formula o argumento da seguinte maneira: a negritude é uma escuridão parcial, à qual nos habituamos pela operação fisicamente dolorida da visão. No contraste com as cores, o negro relaxa e quase adquire aspectos do belo, o que caracteriza o sentimento de melancolia que brota dessa experiência. O exemplo do menino que vê a mulher negra e se aterroriza é uma exceção, pois se trata do caso clínico de um menino que, operado, passa a enxergar aos 14 anos, experimentando um sentimento de alegria com a visão e com as cores. A

---

4. Na nota 11 da edição do *Enquiry* organizada por James T. Boulton, lemos que Burke faz referência ao conhecido cirurgião William Cheldesen e ao caso exposto no artigo "Account of some Observations made by a young Gentleman, who was born blind, or lost his Sight so early, that he had no Remembrance of ever having seen, and was couch'd between 13 and 14 Years of Age". O organizador informa também que as conclusões de Burke sobre o episódio do tratamento, foram questionadas em *The Literary Magazine*, II, p.188.

visão da cor negra no corpo da mulher causa a perturbação (*uneasiness*), o desconforto que o faz lembrar a cegueira. Clinicamente, o argumento é combatido.

A crítica de Armstrong encontra sinais menos clínicos e mais ideológicos, associando o exemplo a um passo mal dado na argumentação de Burke, o qual revelaria não apenas o pavor pelo diferente, pelo exótico, mas incorreria em contradição, pois o objeto do sublime é caracterizado pela imensidão, pela ausência de formas e contornos. A escuridão causaria, coerentemente, o sentimento sublime, pois não é mensurável. Ora, a negritude é vista em comparação, e o corpo ao qual esta se aplica possui um volume delimitado. Logo, a experiência do adolescente na visão do corpo de uma mulher negra não pode ser equivalente ao absoluto terror experimentado pela escuridão, pois possui forma e contraste. A única justificativa seria o desconforto da lembrança da ausência de cor, da escuridão. O sentimento não seria de terror, mas de uma branda melancolia, o que descaracteriza o sentimento do sublime por completo. Meg Armstrong prefere acreditar que, na incongruência desse exemplo, podemos notar contradições internas à própria definição de sublime, conduzindo a especulações de ordem ideológica, sobretudo, racista.

## A perspectiva ontológica de Irigaray e o sublime

Se continuarmos seguindo a associação entre sublime e escuridão, Luce Irigaray nos dirá que tal vínculo é a condição de existência das mulheres, independentemente de sua cor de pele. Seguindo a psicanálise, Irigaray afirma que o início da vida sexual de uma criança do sexo feminino é "obscuro", de tal forma que teríamos de cavar muito fundo na verdade para descobrir, "nos subterrâneos, os vestígios dessa civilização, dessa história", a fonte de sua identidade. As mulheres não são o que são, sem deixar de ser o objeto de beleza para o olhar masculino. Irigaray coloca em questão, portanto, um significado ontológico, caracterizado pelo sublime e pelo terror, de não saber em que ponto estamos na busca por encontrar a própria identidade das mulheres. Sua teoria, que segue de perto seu mestre, Lacan, pode depositar, na linguagem e no significado, mais do que deveria, mas é possível ver consequências diretas da utilização da categoria estética do sublime em casos práticos.

Sue Chaplin, autora feminista, utiliza a teoria de Irigaray para apontar consequências práticas de sua teoria sobre sublime, em seu artigo intitulado: "How the Sublime Comes to Matter in Eighteenth Century Legal Discourse – An Irigarayan Critique of Hobbes, Locke and Burke". Como as demais autoras, Chaplin (2001, p. 200) comenta inicialmente que o sublime é geralmente associado ao medo ou horror, e, em acordo com a teoria de Irigaray, afirma:

> A obra de Luce Irigaray, em particular, expõe o status da mulher como um objeto de medo dentro do discurso da filosofia. [...] Dentro das discussões estéticas do sublime, particularmente no século XVIII, é normalmente o sublime transcendental que está em questão. O sublime transcendental é considerado ser o sublime pela maioria dos estetas do século XVIII e, [...] é usado também por comentadores jurídicos para justificar e glorificar o poder da lei inglesa.[5] A alegação aqui é que o sublime transcendental é de fato uma resposta a um objeto sublime originário que representa o terror.

O artigo de Chaplin aprofunda a relação legal com as teorias advindas do século XVIII, mas fornece um sentido originário ao sentimento do sublime, capaz de causar o terror, sem que este possa ser elaborado pela razão. No contexto oitocentista, entretanto, distantes do terror originário que marca o sentimento do sublime, as leis incorporaram os conceitos filosóficos do sublime como força política no controle da natureza rebelada em forma de revolução, apresentada na condição de um outro, o qual tanto aparecia associado à animalidade e ao caos, quanto ao feminino, todos sob a intenção prática do controle. As leis em questão, *The Black Act* e *The Marriage Act*, visavam, sobretudo, manter os direitos de propriedade e a estabilidade política do patriarcado.

Revendo o canônico ensaio de Burke, Sue Chaplin percebe a existência de algumas estratégias por meio da relação entre o belo e o sublime. Controlar emoções, mais do que criar um distanciamento estético, significa conter o terror causado pelo sentimento do sublime. O belo, por sua vez, passa por uma reconceitualização, a fim de mostrar a potência que exerce sobre a beleza feminina, cuja expressão maior é a fraqueza e a submissão. "A mulher é linda, porque ela se 'submete a nós'", diz a autora, citando Burke (Chaplin, 2001, p. 213).

---

5. A autora se refere especificamente à lei "The Black Act and the Marriage Act".

A beleza feminina, fundamentada na fraqueza feminina, garante, sobretudo, a potência da auto-identidade masculina. [...] Burke visa construir a mulher como uma idéia "limpa", uma "pequena" ideia. A beleza feminina, além disso, garante a coesão social, permitindo que os homens dirijam suas escolhas sexuais de forma adequada, conformando assim, a base do casamento monogâmico e da ordem social como um todo. Portanto, a beleza feminina ajuda a amenizar a política, bem como se torna uma ameaça ontológica. A beleza feminina é poderosamente importante.

Por meio de outras citações da obra de Burke sobre o uso de artifícios sedutores que perturbam homens e caracterizam a falsidade nas mulheres, bem como a construção da mulher sublime na figura política de Maria Antonieta (em referência à obra de Burke intitulada *Reflexões temáticas sobre Revolução Francesa*), a autora mostra que a concepção de beleza associada com a mulher resulta novamente em contradição. O medo de não ter reagido contra a tentação, aos "horrores da carne" na frente de um corpo nu "tremendo diante da natureza", mostra a associação com o sublime. Há um contraste, bem observado pela autora, entre os dois textos de Burke:

> A diferença entre os dois textos é, portanto, a diferença entre transcendência e controle como uma resposta para o objeto sublime, e por excelência o objeto sublime para Burke é a mulher revolucionária, ou a revolução-como-mulher [...]. Uma leitura irigarayana do discurso do sublime revela que o temor é construído pelo material de dentro da tradição intelectual ocidental na forma do objeto sublime – mulher / natureza / revolução. (Chaplin, 2001, p. 215)

Com base nessa distinção de fundo irigarayno, podemos retornar aos pressupostos iniciais, a fim de mostrar que, na construção moderna do juízo estético, estabelece-se, em contraste com o feminino, um domínio masculino, de maneira clara. No entanto, há reversos nas definições que abrem brechas para que tipos de mulher irrompam de forma a inverter a relação de domínio e de submissão. Esse jogo, claramente marcado na recepção do sentimento de sublime causado pelo terror, adquire e inverte as características antropológicas, indicando, dessa maneira, uma camada mais profunda dos textos considerados.

## Considerações finais

No campo dos estudos de gênero, tornou-se ainda mais difícil, a partir da década de 1990, considerar o aspecto antropológico presente nas teorias modernas do sublime. Os estudos de Judith Butler relativos à performatividade de gênero mostram que a subjetividade se desvencilhou da teoria feminista, que requeria igualdade com base na identidade feminino-masculino. Em *Gender Trouble*, Butler rejeita a afirmação de identidade e de que a heterossexualidade é determinada por diferenças naturais. Sua reflexão amplia a discussão sobre gênero, sexualidade e feminismo, sob a denominação de "corpos abjetos" (mulheres, homossexuais, transsexuais, etc.), em dois direcionamentos: ontológico-linguístico e ético-político. Ao transformar a questão de gênero em problematização e criar o espaço de uma comunidade "trans", Butler supera a procura pela identidade feminina, baseada no binarismo homem-mulher, e a questão mimética instalada na requisição por igualdade de gênero. A distinção entre belo e sublime parece esvair-se neste contexto, a não ser sob a perspectiva da revisão das formas de representação da mulher na cultura patriarcal.

Além disso, há uma diferença fundamental a ser resolvida entre a ideologia da estética – vista como idêntica à dominação patriarcal na cultura – e algumas perspectivas que identificam o sublime como uma representação masculina ambígua da mulher, bem como a tentativa do sexo masculino em estabelecer uma imagem temida como inapreensível e deformada no mundo.

A maioria das análises feministas incorpora a crítica da ideologia da estética, com algumas exceções, como Irigaray, que prefere adotar a ideia de sublime em perspectiva feminista, sem se preocupar com a predominância masculina do conceito transcendental de sublime.

Em busca de uma conclusão, também indicamos, como referência, a pesquisa de Márcia Tiburi (2012; 2010), ao considerar a ninfa como uma imagem que, a partir de uma beleza frágil e diáfana, é transformada pela violência, pelo abuso e pela morte. A imagem criada pela imaginação masculina na literatura, filmes e outros meios não se refere às mulheres como objetos do sublime, mas a própria imagem transparece como um fantasma de mulheres idealizadas, incapazes de ser transformadas em um objeto real, condenadas à morte simbólica na ficção, por uma espécie de elogio delirante romântico. Do ponto de vista de Irigaray sobre a origem mítica de mulheres como o possível sublime, cujo sentimento de medo é superado pelo juízo estético transcendental, pode-se mostrar como, além de discursos ideológicos e criação de leis, ficção – escritas por homens –, pode-se aplicar a inversão notada pelas intérpretes feministas da relação entre domínio e submissão que caracteriza o sentimento do sublime em figuras que performam, para fugirmos do binarismo de gênero, um jogo entre o poder e a impotência diante do aterrorizante.

Um aprofundamento dessas questões poderia servir para nos ajudar tanto a entender o reflexo das teorias feministas nas teorias de Burke e Kant quanto a apontar a contradição entre a imagem ideal de beleza adequada para as mulheres (pequenez, lisura, sinuosidade, delicadeza, limpeza, coloração suave, a falta de resistência, tranquilidade) e a objetificação dela como objeto do sublime (o corpo da mulher negra).

A interpretação de algumas partes dos textos de Burke e os trabalhos de pré-críticos de Kant sobre estética mostram, de acordo com as autoras, que o chamado discurso patriarcal apresenta um aspecto ilusório em planejar alguma coisa, ao mesmo tempo que mostram seu oposto. Pensar as mulheres como sublimes significa ir com profundidade a essas fontes, seja na literatura, na filosofia ou na psicanálise, a fim de compreender o que no discurso estético moderno emerge como reprimido, mas também como dominante. Desse modo, o que é apresentado nas teorias revisitadas é principalmente o corpo em sua objetivação bela ou sublime, submetido a um discurso estético, que pode encontrar representações drásticas de ordem ética e política.

### Referências bibliográficas

ARMSTRONG, M. "'The Effects of Blackness': Gender, Race, and the Sublime in Aesthetics Theories of Burke and Kant". *The Journal of Aesthetics and Art Criticism*, v. 54, n. 3, p. 213-136, summer 1996.

BURKE, E. *A Philosophical Enquiry into the Origin of our Ideas of the Sublime and the Beautiful*. A. Phillips (ed.). Oxford: Oxford University Press, 1757/1998.

BUTLER, J. *Undoing Gender*. New York: Routledge, 2004.

_____. *Gender Trouble: Feminism and the Subversion of Identity*. London, Routledge, 1990.

_____. *Bodies That Matter: On the Discursive Limits of "Sex"*. New York: Routledge, 1993.
CHAPLIN, S. "How the Sublime Comes to Matter in Eighteenth Century Legal Discourse – An Irigarayan Critique of Hobbes, Locke and Burke". *Feminist Legal Studies*, ed. 9, Netherlands: Kluwer Academic Publishers, p. 199-220, 2001.
FRÜCHTL, J. "Gosto e democracia das emoções". In: FREITAS, V.; DUARTE, R.; CECCHINATO. G.; SILVA, C.V. *Gosto, interpretação e crítica*. Belo Horizonte: Relicário, 2014. p. 113-128.
IRIGARAY, L. *Speculum of the Other Woman*. London, Routledge,1974.
_____. *Je, tu, nous: Towards a Culture of Difference*. London, Routledge, 1990.
KANT, I. *Crítica da faculdade do juízo*. Trad. Valério Rohden e António Marques. Rio de Janeiro: Editora Forense Universitária, 1993.
KORSMEYER, C. "Taste: Modern and Recent History". In: KELLY, Michael (ed.). *Encyclopedia of Aesthetics*, v. 4. New York: Oxford University Press, 1998. p. 360-362.
_____. *Making Sense of Taste: Taste, Food, and Philosophy*. Cornell University Press, 1999.
_____. *Gender and Aesthetics: An Introduction*. London: Routledge, 2004.
_____. "Response". *Action, Criticism and Theory for Music Education*, v. 5, ed. 1, jan. 2006.
MACKENZIE, J. "Judith Butler, Gender, Radical Democracy: What's Lacking?", *Transformations*. Issue No. 16, 2008 — Democracy Under Fire: the uses and abuses of democracy in the public sphere. Disponível em: <http://www.transformationsjournal.org/journal/issue_16/article_04.shtml>.
MANN, B. *Women's Liberation and the Sublime: Feminism, Postmodernism, Environment*. Published to Oxford Scholarship Online: September 2006.
MOSSER, K. "Kant and Feminism". *Kant-Studien* 90. Jahrg., S. 322-353, 1999.
TIBURI, M. "Gradiva Espectral". *Sapere Aude, Revista de Filosofia*. v. 3, p. 1-1, 2012.
_____. "Ofélia morta - do discurso à imagem". *Revista Estudos Feministas* (UFSC. Impresso), v. 18, p. 301-318, 2010.

# A MELANCOLIA

# "FILOSOFIA É, NA VERDADE, SAUDADE (*HEIMWEH*)"[1]

Jeanne Marie Gagnebin[2]

*Para Henning Teschke*

Suíça exilada (por livre e espontânea vontade) no Brasil, não sei mais tão bem de onde sou. Meu francês comporta vários lusitanismos e meu português, sempre com muito sotaque, é recheado de galicismos. Quando estou em Paris, os parisienses sempre riem do meu sotaque suíço, como se eles mesmos não tivessem sotaque algum. Uma vez, uma senhora parisiense me perguntou de onde eu vinha e, quando lhe respondi que tinha nascido e vivido toda minha juventude na Suíça, em Lausanne, ela me disse, pensando fazer um elogio: "Ora! Mas você fala muito bem o francês!". Aquilo me deixou sem voz.

Portanto, melancolia, nostalgia, saudade, pátria, *Heimweh* (saudades da pátria), *Heimat* (terra natal), o assunto me interpela. Proponho uma reflexão dividida em dois momentos: o primeiro, naturalmente, consagrado à *Odisseia*, esse poema supostamente do retorno ao país natal, para citar o título de Aimé Césaire (1956); o segundo, após um breve interlúdio, sobre a questão do elo entre o país natal, a língua materna e a infância. Apoio-me no livro de Barbara Cassin, *La Nostalgie*, mas também no verbete "*Heimat*" de Marc Crépon no *Vocabulaire européen des philosophies* (2004), no grande

---

1. Tradução de Debora Pazetto Ferreira.
2. Jeanne Marie Gagnebin nasceu em Lausanne (Suíça) em 1949. Estudou filosofia, literatura alemã e grego antigo na Universidade de Genebra. Concluiu o doutorado em filosofia na Universidade de Heidelberg (Alemanha) em 1977. Vive e leciona no Brasil desde 1978. Vários estágios de Pós-doutorado em Konstanz, Berlin e Paris. Coordena a edição crítica de textos de Walter Benjamin na Editora 34, São Paulo. Atualmente é professora titular de Filosofia na PUC/SP e livre-docente em Teoria Literária na Unicamp. Trabalha em particular sobre as relações da literatura e da filosofia.

livro de Jean Starobinski, *L'encre de la mélancolie* (2012), e no pequeno livro de Christoph Türcke intitulado *Heimat* (2006). Proponho, ainda, a leitura de outros dois textos: um fragmento de interpretação da *Odisseia* que Adorno oferece na *Dialética do esclarecimento* e o prefácio ao manuscrito encontrado por Giorgio Agamben da versão definitiva do texto de Walter Benjamin, *Berliner Kindheit um Neunzehnhundert*.

## Introdução

À guisa de introdução, gostaria de lembrar que o elo entre pensamento e país natal, terra natal, *Heimat* (mais do que pátria, *Vaterland*, como veremos), guia a filosofia da época contemporânea, justamente quando a existência de um verdadeiro país natal torna-se problemática, tanto politicamente quanto existencialmente. Essa ligação não é consensual, muito pelo contrário. Assim, Lukács cita ainda, na primeira página da *Teoria do Romance*, o famoso fragmento 857 do *Allegemeines Brouillon* de Novalis, no qual este declara: "*Philosophie ist eigentlich Heimweh – der Trieb überall zu Hause zu sein*" (Lukács, 1971, p. 21), fragmento que José Marcos Mariani Macedo traduz da seguinte maneira: "Filosofia é na verdade nostalgia, o impulso de sentir-se em casa em toda parte" (Lukács, 2002, p. 25). Lukács quer com essa citação ressaltar nossa desorientação contemporânea, fonte de desorientação literária.

Lukács opõe a grande tradição épica, em primeiro lugar a *Odisseia*, na qual o fogo do cosmos e o fogo da alma queimam no mesmo sopro, porque o homem está em casa no mundo, mesmo quando se perde nos mares desconhecidos, à tradição moderna e contemporânea do romance burguês da desilusão. De maneira semelhante, Heidegger inspira-se em uma interpretação bastante singular de Hölderlin para deplorar a *Heimatlosigkeit* (falta da terra natal) do pensamento contemporâneo e propor, como tarefa a esse pensamento, reencontrar um *Grund* (um fundo e um fundamento) e uma *Heimat*, um país natal, uma terra natal. O fundamento remete igualmente ao solo natal, ao *Boden*, palavra alemã de triste memória (devido ao famoso lema nazista do *Blut und Boden*, sangue e solo), e cabe ao pensamento lutar contra o desenraizamento contemporâneo e restaurar uma nova *Bodenständigkeit*, uma nova estabilidade do solo natal, poderíamos dizer – um projeto cujas conotações políticas são perigosamente suspeitas.³ Não prolongarei esse ponto.

Antes de Heidegger, como observa Marc Crépon, Nietzsche, todavia, proclamou que a verdadeira pátria é *unzeitgemäss*, não conforme ao tempo, intempestiva, e que ela não significa a nostalgia de uma pátria perdida, mas aposta mais "nas crianças do futuro" (Nietzsche, 1882, p. 628). Marc Crépon cita a bela passagem do *Zarathustra*, no livro II, intitulada "*Vom Lande der Bildung*" (Do país da formação):

> Eu não encontrei a terra natal (*Heimat*) em nenhum lugar, somente sou alguém que passa em todas as cidades e estou de partida em todos os umbrais. Eles me são estranhos, eles me são uma zombaria, esses homens do presente para os quais outrora meu coração chamava; eu sou banido do país dos pais e das mães (*vertrieben bin ich aus Vater – und Mutterländern*). (Nietzsche, 1882, p. 155)

Observemos que Nietzsche, como um bom filólogo, recusa tanto o *Vaterland*, a pátria, o país dos pais, da genealogia paterna e mesmo guerreira, quanto o *Mutterland* (país das mães), um neologismo que bem poderia ser sinônimo de *Heimat*, uma vez que o radical *Heim* remete ao lar e ao íntimo, portanto, àquilo que nossa cultura associa ao feminino. Depois, em Freud, ao *unheimlich*, ventre e sexo da mãe que são, simultaneamente, o familiar (todos passamos por aí!) e o proibido, secreto, misterioso (*heimlich* e *unheimlich*), angustiante. Sobre esse assunto, Christoph Türcke observa acertadamente que, se há uma experiência comum a todos de um exílio violento fora de uma *Heimat* originária, trata-se da experiência do nascimento, na qual a criança repentinamente, às vezes brutalmente, deve deixar o ventre materno, arquétipo sempre fantasmático de uma pátria

---

3. Em seu artigo "Heimat", Marc Crépon (*Vocabulaire européen des philosophies*, 2004, p. 546 ss.) cita, sobretudo, o texto "*Gelassenheit*", de 1955, no qual se misturam a crítica à técnica e a descrição do desenraizamento de muitos alemães, desenraizamento devido à guerra e à industrialização crescente. As analogias com as descrições de Lukács, não obstante os dois autores pertencerem naturalmente a campos políticos opostos, são impressionantes: "Gibt es noch jenes ruhige Wohnen des Menschen zwischen Erde und Himmel? Waltet noch der sinnende Geist über das Land? Gibt es noch wurzelkräftige Heimat, in deren Boden der Mensch ständig steht, d.h. boden-ständig ist?" (Heidegger, *Gelassenheit*, Verlag Neske, Pfullingen, 1959, p. 15) [Ainda há aquele habitar sereno do ser humano entre a terra e o céu? Vigora ainda o espírito meditativo sobre a terra? Ainda há pátria com raízes fortes, em cujo solo [*Boden*] o ser humano permanece [*ständig steht*], ou seja, nele possui sua sede [*boden-ständig*]? – Tradução de Verlaine Freitas]. Os estudantes de Belo Horizonte, em torno de Rodrigo Duarte, lembraram-me com justeza do belo título da autobiografia de Vilém Flusser, *Bodenlos*.

primeira e feliz (Türcke, 2006, p. 12). Notemos igualmente que Nietzsche evoca sua nostalgia de outrora pelos "homens do presente", na sequência dessa passagem, "*meiner Kinder-Land, das unentdeckte, im fernsten Meer*" (o país das minhas crianças, ainda não descoberto, no mar o mais longínquo).

Não é Heidegger, mas Adorno (2001) que retoma esse tema nietzschiano quando, citando a frase de Nietzsche da *Gaia Ciência*, "pertence à minha felicidade não ser proprietário", acrescenta que hoje, isto é, em 1943, na época em que escreve as *Minima Moralia*, "faz parte da moral não morar em casa própria", intitulando esse fragmento 18 com o profético título "Asilo para sem tetos".

## I. Da *Odisseia*

Pode-se perceber que a filosofia contemporânea é atravessada por numerosos paradoxos quanto à sua relação com o enraizamento, a pátria, a terra natal ou o país natal. Contudo, esse já não era o caso para a *Odisseia*, essa paradigmática viagem de volta ao país natal, segundo a tradição? Ulisses certamente volta para casa, mas sua viagem torna-se exemplar apenas porque, ao desejo de retorno, mistura-se a perdição pelos mares e pelas terras desconhecidas. Fosse apenas uma viagem de volta e não uma longa errância mortífera da qual somente ele sairá vivo, Ulisses não teria nada para contar nem na corte do rei Alcino, nem mesmo à Penélope, quando esta, enfim, o reconhece. Não haveria *Odisseia*, mas somente um *nostos* ("retorno", em grego), nenhuma nostalgia (dor do retorno), nem narrativa. Se Ulisses consegue voltar para casa, é talvez por duas razões que têm menos relação com seu desejo de volta, tantas vezes afirmado que não podemos deixar de duvidar do mesmo: primeiramente, porque, nessa epopeia inicial, não há diferença entre *Vaterland* e *Heimat*: o país dos pais, a genealogia é, por definição, repetida a cada ocasião e reconhecida como terra natal; em segundo lugar, porque todos, mesmo os piores monstros como Ciclope, falam grego, portanto, não existe verdadeiro expatriamento para fora da língua materna (é sabido que essa consciência dos outros, daqueles que não compreendemos, será o choque na origem das *Historiai* de Heródoto).

Como lembra Barbara Cassin, insinua-se, nessa narrativa, uma dúvida persistente sobre esse desejo de retorno ao país natal, inscrevendo já a presença do *Unheimlich* no desejo de *Heimat* (vale lembrar o belo título de W. G. Sebald a respeito da Áustria e da literatura austríaca: *Unheimliche Heimat* (2004), país natal angustiante). Com efeito, a *Odisseia* poderia ter acabado bem mais cedo, quando, no Canto X, a terra natal está à vista, são visíveis as luzes dos fogos de Ítaca e escuta-se, mesmo de longe, o som das vozes dos seus habitantes. Nesse instante preciso, Ulisses cede o leme a seus companheiros e, de repente, adormece profundamente, possibilitando-lhes assim abrir a famosa bolsa ofertada por Éolo, o deus dos ventos. Não há ouro nessa bolsa, mas os ventos que se soltam, e, assim, a *Odisseia* recomeça. Outro episódio, ligado também ao sono: quando Ulisses, deixado na praia pelos Feácios que o levaram a Ítaca, acorda, ele não reconhece sua pátria e acredita-se novamente perdido em uma praia estrangeira. Uma neblina matinal esconde os contornos da ilha, neblina que Atena, que ele tampouco reconhece sob sua aparência de jovem pastor, dissipará um pouco depois que ambos, Atena e Ulisses, rivalizem com ardis e histórias completamente inventadas sobre eles mesmos, em uma espécie de concurso de disfarces.

Em seguida, Ulisses certamente não poderá ficar muito tempo em casa, porque, segundo as determinações do adivinho Tirésias, consultado no Hades, ele deverá novamente partir para muito longe, talvez ainda mais longe, mas dessa vez por via terrestre, para apaziguar a cólera de Poseidon. Carregando o remo de um navio em seu ombro, ele deverá caminhar até o interior das terras, até encontrar um habitante que lhe pergunte que tipo de pá ele tem em seu ombro, até encontrar, portanto, pessoas que moram na terra e não conhecem nem o mar, nem os navios, nem o deus do mar, Poseidon. Assim, a *Odisseia* abre-se para outra partida até o fim do mundo, *finis mundi*, como escreve o poeta Haroldo de Campos, que tentou imaginar essa outra viagem.

Enraizamento e errância, *Heimweh* e *Fernweh* (saudade da pátria e nostalgia do longínquo), são, portanto, estreitamente ligados na *Odisseia* – e, talvez, em todas as narrativas humanas – como pontua Barbara Cassin. Adorno igualmente o afirma em sua análise da *Odisseia*. Sabemos, com efeito, que as passagens sobre Ulisses são mais devidas à redação de Adorno do que à de Horkheimer. Adorno vê, justamente nessa abertura do *epos* sobre outros poemas possíveis, uma narrativa certamente mítica, mas igualmente antimitológica. Mesmo nesse desejo de retorno ao país natal, a *Heimat* ou o *Vaterland* não podem significar, de acordo com Adorno, o solo mítico (*Boden!*) de uma identidade qualquer de um "povo" presumido, como queria a ideologia nazista. Cito Adorno nas últimas páginas do capítulo da *Dialética do esclarecimento* consagrado à *Odisseia*, "Ulisses ou mito e razão":

> É a saudade de casa que desfecha as aventuras por meio das quais a subjectividade (cuja proto-história é narrada pela *Odisseia)* escapa ao mundo primitivo. O facto de que o conceito de pátria se opõe ao mito (que a mentira fascista quer transformar na pátria) constitui o paradoxo mais profundo da epopeia. É aí que se encontra sedimentada a lembrança da passagem histórica da vida nomádica à vida sedentária, que é o pressuposto da existência de qualquer pátria. Se é na ordem fixa da propriedade dada com a vida sedentária, que se origina a alienação dos homens, de onde nasce a nostalgia e a saudade do estado originário perdido, é também na vida sedentária, em compensação, e na propriedade fixa apenas que se forma o conceito da pátria, objecto de toda nostalgia e saudade. A definição de Novalis segundo a qual toda filosofia é nostalgia só é correcta se a nostalgia não se resolve no fantasma de um antiquíssimo estado perdido, mas representa a pátria, a própria natureza, como algo de extraído ao mito. A pátria é o estado de quem escapou. Por isso a censura feita às lendas homéricas de "se afastarem da terra" é a garantia de sua verdade. "Elas voltam-se para a humanidade".[4]

"*L'idée de la patrie implique celle d'une fuite*" (a ideia da pátria implica a ideia da fuga), na tradução francesa; Guido de Almeida traduz, mais literalmente, "a pátria é o estado de quem escapou"; em alemão, "*Heimat ist das Entronnen sein*", ou "a pátria, o país natal consiste em ter escapado", escapado como a água que corre ou como as lágrimas, especifica o dicionário; portanto, ter fugido, sim, ter partido, ter-se arrancado às garras do

---

4. "Heimweh ist es, das die Abenteuer entbindet, durch welche Subjektivität, deren Urgeschichte die Odyssee gibt, der Vorwelt entrinnt. Dass der Begriff der Heimat dem Mythos entgegensteht, den die Fachisten zur Heimat umlügen möchten, darin ist die innerste Paradoxie der Epopöe beschlossen. Es schlägt sich darin die Erinnerung an Geschichte nieder, welche Sesshaftigkeit, die Voraussetzung aller Heimat, aufs nomadische Zeitalter folgen liess. Wenn die feste Ordnung des Eigentums, die mit der Sesshaftigkeit gegeben ist, die Entfremdung der Menschen begründet, in der alles Heimweh und alle Sehnsucht nach dem verlorenen Urzustand entspringt, dann ist es doch zugleich Sesshaftigkeit und festes Eigentum, an dem allein der Begriff von Heimat sich bildet, auf den alle Sehnsucht und alles Heimweh sich richtet. Die Definition des Novalis, derzufolge alle Philosophie Heimweh sei, behält recht nur, wenn dies Heimweh nicht im Phantasma eines verlorenene Ältesten augeht, sondern die Heimat, Natur selber als das dem Mythos erst Abgezwungene vorstellt. Heimat ist das Entronnen sein. Darum ist der Vorwurf, die homerischen Sagen seien jene, 'die der Erde sich entfernen', eine Bürgschaft ihrer Wahrheit. 'Sie kehren zu der Menschheit sich'" (Adorno, 1977, p. 97).

mito, como diz Adorno, em particular do mito da pátria originária e estável, *bodenständig*, segundo o adjetivo de Heidegger.

## Interlúdio

Antes de passar à segunda parte, sobre a relação entre *Heimat* e língua materna, gostaria de mencionar rapidamente algumas observações de outro sobrevivente do nazismo, outro exilado menos "sortudo" que Adorno e Horkheimer, Jean Améry, aliás, Hans Meyer, de origem judia austríaca. As observações de Jean Améry vão contra essa dessubstancialização da pátria que Adorno, nas pegadas de Nietzsche, propõe contra a mitologia nazista. Em seu livro de 1966, escrito, portanto, muito tempo depois de sua saída dos campos de concentração, *Jenseits von Schuld und Sühne. Bewältigungsversuche eines Überwältigten* (*Além do crime e do castigo: tentativas de superação*, na tradução de Marijane Lisboa), Améry (2013) consagra um capítulo inteiro à problemática do *Vaterland* e da *Heimat*, recusando-se a operar uma distinção que considera uma argúcia de intelectual em segurança. Confesso não ter conseguido identificar precisamente contra quem polemiza Améry. Contra Heidegger? Contra Adorno e Horkheimer? Mais tarde criticará Primo Levi que, segundo ele, teria "perdoado" com demasiada rapidez.

Citemos essa explícita declaração:

> Mas, como sou *heimatlos* [sem pátria] qualificado, ouso tomar o partido do valor que representa a *Heimat* e recuso decididamente aceitar a distinção aguda que se quer fazer entre *Heimat*, país natal, e *Vaterland*, pátria, pois creio finalmente que o homem da minha geração só poderia ser bem sucedido com os dois, que formam um. Aquele que não tem pátria (*Vaterland*), entenda-se: não tem asilo em um conjunto social representando uma unidade nacional autônoma e independente, tampouco tem uma terra natal. (Améry, 1995, p. 101)

Améry nos alerta contra uma tentação que consistiria em um tipo de idealização de esquerda (ou então francamente "pós-moderna") da condição do exilado. Nas entrelinhas, percebemos a mesma irritação que nutria Brecht em relação aos intelectuais de Frankfurt, segundo ele confortavelmente instalados (ao menos Adorno e Horkheimer!) em seu Instituto de pesquisa em Nova Iorque, depois em Los Angeles. Em outras palavras, podemos ler em Améry a lembrança de que somente consegue tornar-se um *Weltbürger* (cidadão do mundo), ou mesmo um exilado "feliz", aquele que conserva o conforto de uma pátria assegurada e que goza, portanto, do estatuto de *cidadão* dessa pátria, ainda que tenha sido banido. É esse sentimento de segurança política que a cidadania – outorgada pelo *Vaterland* – oferece mesmo ao cidadão exilado, quando ele não é destituído da sua nacionalidade, como foi o caso de muitos judeus durante o nazismo (entre outros, por sinal, Walter Benjamin).

Essa segurança se desdobra naquela que a língua materna proporciona quando é reconhecida pelos outros e continua a ser falada: cito Jean Améry (1995, p. 91) uma última vez: "faz-se a experiência do entorno do primeiro país da mesma maneira que se aprende a língua materna sem conhecer sua gramática. A língua materna e o país da infância crescem conosco e tornam-se assim o universo familiar que nos garante a segurança".

## II. *Heimat*, língua materna, infância

Essa observação de Améry introduz a última parte da minha exposição, a relação entre *Heimat*, língua materna e infância. Mais ainda, ela permanece como um alerta, talvez à revelia de seu autor. Com efeito, ela insiste na integridade de uma língua e na integridade de um país. Somente quando ambos, país natal e língua materna, são entidades reconhecidas e respeitadas também por aqueles que não pertencem nem a esse país, nem a essa língua, somente assim podem ainda oferecer aos cidadãos certa base existencial.

Entendo, então, que devemos distinguir entre o exílio de Adorno, de Hannah Arendt ou mesmo de Benjamin, de Cortázar ou de Semprun, de todos os exilados cuja cultura e cuja língua são reconhecidas e respeitadas, cuja pátria tem uma história talvez dolorosa, mas igualmente objeto do discurso científico estabelecido, da massa dos exilados, dos imigrantes, dos refugiados, das "pessoas deslocadas", segundo o eufemismo em vigor, cuja língua materna e cujo país natal são pouquíssimo representáveis (isto é, não pertencem às nossas representações corriqueiras), não pertencendo ao espaço público e cultural dominante. Entendo, desse modo, que, quando Adorno, Brecht ou Hannah Arendt chegam aos Estados Unidos, podem aí se reencontrar, por assim dizer, porque podem ser reconhecidos como cidadãos ou (ex-cidadãos) de um grande país e portadores de uma grande cultura. No entanto, o que acontece com os nigerianos, os sudaneses, os sírios, os curdos que, sobrevivendo ao naufrágio, são despejados em Lampedusa ou Lesbos – e cuja língua e, frequentemente, a cultura são desconhecidas pela Europa?

Preservemo-nos, portanto, parece advertir Améry, de uma idealização da *Heimatlosigkeit* (estado de apátrida) e do exílio, unicamente possível quando o exilado tem o *privilégio* de ser reconhecido e respeitado exatamente por causa da grandeza do país do qual precisou fugir e da grandeza de sua língua materna, que ele pode conservar.

Conservar sua língua materna: esse gesto parece essencial e poderia, de resto, indicar uma política de acolhimento, como se diz na França, bastante diferente. Isso não significa, é claro, deixar de aprender a falar ou escrever na língua do país estrangeiro onde se encontra o exilado. Pelo contrário, para muitos, a começar por Eneias, de acordo com Barbara Cassin, o aprendizado da língua estrangeira é fundamental não apenas para se comunicar como também é a ocasião de "desnaturalizar" a própria língua, portanto, igualmente de perceber sua estranheza, singularidade e beleza. Essas reflexões são o pilar da teoria da tradução em vigor nos românticos alemães, depois nos hermeneutas e nos críticos, de Schleiermacher a Benjamin, lido por Antoine Berman (1984). Contra uma tradição dita – pelos alemães! – francesa que consistiria em traduzir um texto de tal maneira que um leitor ignorante poderia pensar ler um texto originalmente escrito em francês, os poetas e os pensadores alemães, como Hölderlin ou Benjamin, tentaram manter em suas traduções algo como o "eco do original" (Benjamin, 1971, p. 16), transformando às vezes violentamente sua própria língua – que perde, portanto, sua "propriedade". Um fenômeno similar, mas inverso, para o locutor de uma nova língua, a do país do exílio, consiste em conservar um forte sotaque estrangeiro, aquele de sua língua, como aponta Hannah Arendt em sua famosa entrevista "somente resta a língua materna".[5] Inútil dizer que eu mesma sei disso depois de quase quarenta anos de português!

De todo modo, é notável que Arendt e Adorno, que se detestavam cordialmente, testemunhem da mesma desconfiança em relação a seu próprio uso do inglês e do mesmo apego a sua língua materna, o alemão. Arendt afirma que seus colegas exilados que falam "perfeitamente" o inglês, tendo, por assim dizer, reprimido sua língua materna, falam, sobretudo, por meio de "clichês" (Cassin, 2004, p. 30). Adorno, por sua vez, alega que nunca

---

5. Citada por Barbara Cassin no último capítulo de seu livro. A entrevista foi publicada em francês na revista *Esprit*, n. 6, jun. 1985.

podemos escrever (portanto, não apenas falar, mas também pensar) em uma língua estrangeira aprendida com tantas nuances e ritmo quanto na língua materna. Quando "se escreve em uma língua verdadeiramente estrangeira, então se cai, que se diga ou não, na obrigação de se comunicar e dizer coisas de tal maneira que outros possam assim compreender",[6] escreve ele. Frase bastante cômica quando pensamos nos textos alemães frequentemente difíceis, para não dizer incompreensíveis, de Adorno! Trata-se, contudo, tanto para Adorno como para Arendt, de confrontar uma concepção unicamente instrumental da linguagem ou da língua (*Sprache*), na qual a língua não tem espessura histórica e afetiva, nem mesmo poética e conceitual, e serve apenas para "comunicar", como diz Adorno, um tipo de banalidade linguística que não deixa de lembrar, como nota Barbara Cassin, a banalidade do mal. Desconfiemos um pouco, todavia, desse elogio da língua alemã... nesses dois exilados filósofos!

Arendt, que ficará nos Estados Unidos, e Adorno, que voltará para Frankfurt, estabelecem igualmente uma relação entre língua materna e infância, exatamente como o faz Améry. Quando Arendt declara que ainda guarda, em sua memória mais profunda, poemas em alemão, presentes, como ela diz, "*in the back of my mind*", na tradução francesa, "*derrière ma tête*" (atrás da minha cabeça), poderíamos entender como "atrás do meu espírito", isto é, aquilo que o espírito não domina no inconsciente da infância, das palavras, dos poemas, das canções da infância. Adorno, quando considera a questão que lhe poderia ser colocada, de porquê ele voltou para a Alemanha, responde, surpreendentemente, não tanto em razão do *Heimweh*, mesmo que esse sentimento também esteja presente, mas em razão da língua e, inseparavelmente, da infância:

"*Ich wollte einfach dorthin zurück, wo ich meine Kindheit verbracht hatte, wodurch mein Spezifisches bis ins Innerste vermittelt war*" (Adorno, 1965, p. 696-697), "eu queria simplesmente voltar ao lugar onde havia passado minha infância, por meio do qual havia se constituído [*vermittelt* não pode ser "comunicado", Adorno justamente critica essa concepção de "comunicação"], até o mais íntimo, o que me era específico". Algumas linhas abaixo, para nossa surpresa, Adorno acrescenta que aquilo que se realiza na vida

---

6. "Schreibt man in einer ernsthaft fremden Sprache, so gerät man, eingestanden oder nicht, unter dem Bann, sich mitzuteilen, es so zu sagen, dass die anderen es auch verstehen" (trad. JM G.), citação do artigo "*Auf die Frage: Was ist deutsch?*" (1965, p. 700).

não é muito diferente da tentativa de recuperar a infância (*"der Versuch, die Kindheit einzuholen"*).

Reencontrar aquilo que se tem atrás da cabeça ou recuperar a infância, ter em algum lugar a possibilidade de reestabelecer uma ligação com uma percepção – cheiros, gostos, uma luz, uma canção – anterior à idade adulta, a idade social do trabalho e das responsabilidades. A língua materna é um caminho, certamente privilegiado, dessa *Heimat*, ao passo que o território do país natal não o é necessariamente.

Em seu grande volume, *L'encre de la mélancolie* (2012), Jean Starobinski cita a *Antropologia* de Kant, nomeadamente a passagem em que Kant trata dessa "paixão irracional" que é a nostalgia (*Sehnsucht*). Citemos Starobinski (2012, p. 271) citando Kant:[7]

> O que deseja o nostálgico não é o lugar de sua juventude, mas sua juventude ela mesma; sua própria infância é ligada ao mundo anterior. O desejo não visa um lugar que ele pode reencontrar, mas um tempo de sua vida irrecuperável. De volta ao país, o nostálgico continua infeliz, pois encontra pessoas e coisas que não se assemelham mais ao que foram. Não se devolve a ele sua própria infância.

Starobinski (2012, p. 281) conclui, no fim desse capítulo, que em uma época de deslocamentos e de exílios como a nossa, "a literatura do exílio, mais abundante do que nunca, é, na sua grande maioria, uma literatura da infância perdida".

## Conclusão

Para concluir, proponho traduzir um pequeno texto de Walter Benjamin. Trata-se de uma espécie de antídoto contra a nostalgia, a *Sehnsucht*, a saudade do país natal (*Heimweh*) e até a melancolia, um texto escrito justamente no momento em que o exilado reflete sobre sua infância e se propõe escrever a respeito. Esse prefácio (*Vorwort*) da última versão que Benjamin desejava ver publicada da *Infância Berlinense por volta de 1900* foi encontrado por Giorgio Agamben em 1981, na Biblioteca Nacional da França, em Paris, e publicado no volume VII dos *Gesammelte Schriften* (Escritos reunidos), consagrado aos *Nachträge*, isto é, aos textos encontrados depois da edição

---

[7]. Infelizmente, não consegui localizar essa citação em alemão.

mais sistemática dos escritos. Esse prefácio põe em cheque as tentações nostálgicas.

No ano de 1932, quando me encontrava no estrangeiro, começou a tornar-se claro para mim que em breve teria de me despedir por longo tempo, talvez para sempre, da cidade em que nasci. Por mais de uma vez tinha sentido, no mais íntimo de mim, que o procedimento da vacinação me era benéfico. Guiei-me por essa intuição também nesta nova situação e apelei deliberadamente àquelas imagens que no exílio costumam despertar mais fortemente a nostalgia – as da infância. Mas o sentimento da nostalgia não podia, neste caso, sobrepor-se ao espírito, tal como a vacina não pode tomar conta de um corpo saudável. Procurei conter esse sentimento recorrendo ao ponto de vista que me aconselhava a seguir a irreversibilidade do tempo, não como qualquer coisa de casual e biográfico, mas sim de necessário e social.

O resultado foi que os traços biográficos, que se revelam mais na continuidade do que na profundidade da experiência, recuam completamente para um plano de fundo nestas tentativas. E com eles as fisionomias – tanto as da minha família como as dos companheiros de escola. Procurei, pelo contrário, apoderar-me das imagens nas quais se evidencia a experiência da grande cidade por uma criança da classe burguesa.

Não me custa acreditar que tais imagens estão destinadas a ter um destino muito próprio. Elas não estão ainda presas a formas pré-definidas como aquelas que se oferecem há séculos, com referência ao sentimento da natureza, às recordações de uma infância passada no campo. Pelo contrário, as imagens da minha infância na grande cidade talvez estejam destinadas, no seu núcleo mais íntimo, a antecipar experiências históricas posteriores. Espero que pelo menos nestas imagens se possa notar como aquele de quem aqui se fala prescindiu mais tarde do aconchego e da proteção que foram apanágio da sua infância. (Benjamin, 2013, p. 69-70)[8]

---

8. Texto em alemão em G.S. VII-1, p. 385: "Im Jahr 1932, als ich im Ausland war, begann mir klar zu werden, dass ich in Bälde einen längeren, vielleicht einen dauernden Abschied von der Stadt, in der ich geboren bin, würde nehmen müssen.
Ich hatte das Verfahren der Impfung mehrmals in meinem inneren Leben als heilsam erfahren; ich hielt mich auch in dieser Lage daran und rief die Bilder, die im Exil das Heimweh am stärksten zu wecken pflegen – die der Kindheit – mit Absicht in mir hervor. Das Gefühl der Sehnsucht durfte dabei über den Geist ebensowenig Herr werden wie der Impfstoff über einen gesunden Körper. Ich suchte es durch die Einsicht, nicht in die zu-

Fiquemos, então, com essas declarações de Benjamin, vacinado pelas imagens de sua própria infância contra a nostalgia e contra a melancolia. Não são mais as imagens de uma infância feliz e perdida, ao abrigo do mundo e do conflito. Nessas imagens se lê, em filigrana, uma experiência histórica e social, diz Benjamin, a da fuga e do exílio por vir.

Referências bibliográficas

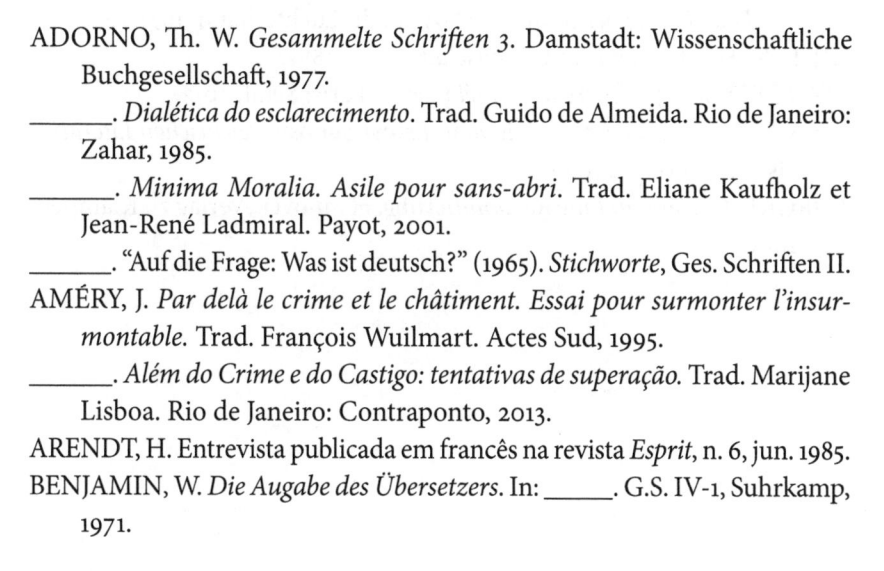

ADORNO, Th. W. *Gesammelte Schriften 3*. Damstadt: Wissenschaftliche Buchgesellschaft, 1977.
_____. *Dialética do esclarecimento*. Trad. Guido de Almeida. Rio de Janeiro: Zahar, 1985.
_____. *Minima Moralia. Asile pour sans-abri*. Trad. Eliane Kaufholz et Jean-René Ladmiral. Payot, 2001.
_____. "Auf die Frage: Was ist deutsch?" (1965). *Stichworte*, Ges. Schriften II.
AMÉRY, J. *Par delà le crime et le châtiment. Essai pour surmonter l'insurmontable*. Trad. François Wuilmart. Actes Sud, 1995.
_____. *Além do Crime e do Castigo: tentativas de superação*. Trad. Marijane Lisboa. Rio de Janeiro: Contraponto, 2013.
ARENDT, H. Entrevista publicada em francês na revista *Esprit*, n. 6, jun. 1985.
BENJAMIN, W. *Die Augabe des Übersetzers*. In: _____. G.S. IV-1, Suhrkamp, 1971.

---

fällige biographische sondern in die notwendige gesellschaftliche Unwiederbringlichkeit des Vergangenen in Schranken zu halten.
Das hat es mit sich gebracht, dass die biographischen Züge, die eher in der Kontinuität als in der Tiefe der Erfahrung sich abzeichnen, in diesen Versuchen ganz zurücktreten. Mit ihnen die Physiognomien – die meiner Familie wie die meiner Kameraden. Dagegen habe ich mich bemüht, der Bilder habhaft zu werden, in denen die Erfahrung der Grossstadt in einem Kinde der Bürgerklasse sich niederschlägt.
Ich halte es für möglich, dass solchen Bilder ein eigenes Schicksal vorbehalten ist. Ihrer harren noch keine geprägten Formen, wie sie im Naturgefühl seit Jahrhunderten den Erinnerungen an eine auf dem Lande verbrachte Kindheit zu Gebote stehen. Dagegen sind die Bilder meiner Grossstadtkindheit vielleicht befähigt, in ihrem Innnern spätere geschichtliche Erfahrung zu präformieren. In diesen wenigstens, hoffe ich, ist es wohl zu merken, wie sehr der, von dem hier die Rede ist, später der Geborgenheit entriet, die seiner Kindheit beschieden gewesen war".

_____. G.S. VII-1.
_____. "Infância berlinense: 1900". In: *Rua de mão única/Infância berlinense: 1900*. Trad. João Barrento. Belo Horizonte: Autêntica, 2013.
BERMAN, A. *L'épreuve de l'étranger*. Paris: Gallimard, 1984.
CASSIN, B. *La nostalgie. Quand donc est-on chez soi?* Paris: Ed. Autrement, 2013.
_____. (org.). *Vocabulaire européen des philosophies*. Paris: Seuil, 2004.
CÉSAIRE, A. *Cahier d'un retour au pays natal*. Paris: Présence africaine, 1956.
HEIDEGGER, M. *Gelassenheit*. Pfullingen: Verlag Neske, 1959.
LUKÁCS, G. *A teoria do romance*. Trad.de J. L. M. Macedo. São Paulo: Editora 34, 2000.
_____. *Die Theorie des Romans*. Darmstadt: Luchterhand, 1971.
NIETZSCHE, F. *Fröhliche Wissenschaft*. KSA, 1882.
STAROBINSKI, J. *L'encre de la mélancolie*. Paris: Seuil, 2012.
SEBALD, W. G. *Unheimliche Heimat. Essays zur österreichischen Literatur*. Fischer: Verlag, 2004 (1995).
TÜRCKE, C. *Heimat. Eine Rehabilitierung*. Hannover: Verlag zu Klampen, 2006.

# A SUPERAÇÃO DA MELANCOLIA NO ESPÍRITO DA MÚSICA OU PERSPECTIVAS DA ESTÉTICA PÓS-MODERNA HOJE. UM ARRAZOADO[1]

Susanne Kogler[2]

## Introdução

O congresso traz à pauta três conceitos que pretendem superar a lacuna negativamente carregada entre sujeito e objeto: a tragédia, o sublime e a melancolia. Embora o sublime seja, pelo menos desde a caracterização por Wolfgang Welsch sobre a *Teoria estética* de Adorno como Estética do sublime, um tema importante também para a estética musical, a ligação do sublime com a tragédia no terreno da estética musical praticamente não foi colocada. Por outro lado, a estética da tragédia no âmbito da ópera e do teatro musical tem sido sempre tematizada.

Também à questão da melancolia foram, até o momento, dedicadas apenas contribuições isoladas. Isso é ainda mais surpreendente diante do fato de que a música, desde o século XIX, é tida como a mais romântica das artes e de que toda a música do século XX se refere, em grande medida, à do XIX.

A partir desse duplo desiderato, dedicar-me-ei, com base em um exemplo do campo do teatro musical, à questão de uma estética musical atual e sua relação com a melancolia. Pretendo destacar especialmente dois aspectos:

---

1. Tradução de Myriam Ávila e Rodrigo Duarte.
2. Susanne Kogler é colaboradora da universidade de Graz, pesquisadora visitante na Universidade Paris VIII e professora na Karl-Franzens-Universität de Graz.

1. O significado que a música possui também para a filosofia da arte do século XX e sua repercussão no XXI, o que, até agora – mesmo no que diz respeito ao legado de Adorno –, a meu ver, ainda não foi adequadamente tematizado.

2. O significado de uma estética crítica hoje. Como o título sugere, gostaria que minhas considerações fossem entendidas como um arrazoado a favor de uma estética crítica.

Minha exposição divide-se em três partes:

Quero tematizar primeiramente, em um panorama histórico, motivos importantes da concepção da melancolia, para tornar compreensíveis seus efeitos sobre a estética dos séculos XX e XXI. Com base nesse pano de fundo motivístico, abordarei, em seguida, a estética antimelancólica pós-moderna de Jean-François Lyotard. Como terceiro ponto, lançarei, a partir da estética pós-moderna, um olhar crítico sobre o empreendimento cultural atual: especificamente, à reencenação feita por Peter Konwitschnys de *A conquista do México*, de Wolfgang Rihm, no Festival de Salzburg de 2015. Com isso, pretende-se indagar até que ponto se sobrepõem, contradizem ou recobrem as posições filosóficas e artísticas – em especial no que tange à questão da melancolia. Essa parte final é, ao mesmo tempo, pensada como exemplo de uma crítica cultural atual de base estético-filosófica, colocando-se, assim, como modelo para a discussão.

### I. Uma pequena história da melancolia desde o século XVII até a pós-modernidade
#### Corte e salão como lugares da ordem e do tédio (séculos XVII e XVIII)

**Melancolia e política**

Quando nos voltamos para a sociedade dos séculos XVII e XVIII, torna-se evidente a ligação entre melancolia e política, ou seja, a posição do indivíduo e das condições sociais. Wolf Lepenies (1998) clarificou essa mudança de relacionamento também com auxílio das categorias ordem e tédio, diferenciando corte e salão, de acordo com cada contexto histórico, como lugares impregnados pela melancolia.

No século XVII, por sua vez, o tédio figurava como "comportamento resignado" daquela camada da sociedade que não mais podia influenciar o desenvolvimento real, por estar "alijada da ação política relevante" (Lepenies, 1998, p. 55). Entretanto, no salão do século XVII, "o estado dos afetos privados ainda era socialmente compartilhado e tornado comunicável" (Lepenies, 1998, p. 59). O salão não é o refúgio da interioridade, mas, a par da corte, parte da sociedade: "Os afetos explícitos (...) sujeitam-se ao controle público" (Lepenies, 1998, p. 64 *et seq.*). Enquanto a melancolia aristocrática permanecia em contato com o mundo no século XVII, no século XVIII o burguês da Alemanha, que ainda não tinha tomado o poder, mas – graças principalmente ao seu crescente significado econômico – o persegue, cai em uma melancolia que se afasta do mundo, pois este "pertence" aos nobres" (Lepenies, 1998, p. 122). O modelo leibniziano da mônada representa, por essa perspectiva, o pequeno Estado alemão e pode ser compreendido como "metafísica da solidão". A ação revolucionária ou a intimidade são as alternativas. A natureza torna-se um refúgio em que a solidão pode ser vivida, um lugar de fuga melancólica. O burguês imerge com sua própria humanidade e seus sentimentos em uma "subjetividade emocionalmente saturada". Daí inclusive o interesse no *Trauerspiel* (drama trágico ou drama barroco). Abalo e comoção são procurados; o sofrimento ganha em interesse (Lepenies, 1998, p. 124).

Sob o signo do esclarecimento, a razão é invocada contra a melancolia, ao que o esclarecimento teológico se volta "tanto contra os espíritos livres como contra os fanáticos", como aponta Hans-Jürgen Schings (1999, p. 115). As sensibilidades profana e religiosa estão na mesma medida no foco da crítica. Os fanáticos colocam não apenas a razão, mas também a felicidade em dúvida, e representam, assim, uma dupla ameaça para o indivíduo e a sociedade.[3] A crítica do fanatismo, do êxtase e do entusiasmo é sempre ligada, desde o século XVI, com o veredito contra a rebelião política. Em contraposição a ele, deve-se recorrer ao "moralismo alegre" (Schings, 1999, p. 120, nota 7).

---

3. "Quando o fanatismo atingiu sua força total e adquiriu a primazia, então ele esteve em condições não apenas de perturbar a religião, mas também de levar os governos humanos e a sociedade civil à máxima confusão" (Sinistra *apud* Schings, 1999, p. 119, nota 7).

## Arte como retiro dos fugitivos do mundo: a melancolia dos românticos (século XIX)

### Morte, sofrimento, dor e música

Insuperável contradição entre a sintonia interna e a natureza exterior do mundo: eis a fonte do sofrimento dos românticos e o motivo de sua fuga do mundo. Para eles, é evidente que a liberdade individual e as leis do mundo estão em conflito. Por isso, coube ao Gênio a "invocação tácita da decadência", embora estando em sua natureza promover a cobertura de ambos os polos.[4] Esse dom de ultrapassar as fronteiras aproxima o gênio da loucura, leva-o à margem da sociedade (Földényi, 1999, p. 143). Heinrich von Kleist interpretou desse modo o famoso quadro de Caspar David Friedrichs, *Monge à beira-mar*.

Como demonstra Laszló Földényi (1999, p. 146), a morte precoce de muitos românticos pode ser relacionada com essa disposição de sua arte.

> A autonomia historicamente conquistada em confronto com o mundo desmorona lentamente. Os gênios tornam-se paulatinamente loucos, envelhecem em sua genialidade ou são por ela abatidos. A nenhum é dada a genialidade por toda a vida [...]. O gênio melancólico tem plena consciência de sua fatídica aspiração à individualidade, de sua calamitosa genialidade e da armadilha que o mundo lhe arma; e a consternação [...] tem como consequência a voluntária aceitação da morte e concomitantemente o livre abandonar-se à melancolia.

Outro quadro famoso de Caspar David Friedrich mostra a posição liminar dos românticos: *Penhascos de calcário em Rügen*. Ousar estar tão à beira do penhasco como as figuras do quadro significa colocar-se em perigo extremo de morte, dado que o calcário se quebra com a mínima pressão, levando consigo ao abismo os curiosos. "Quem está à beira do penhasco, de repente já não está lá" (Földényi, 1999, p. 147). As figuras no quadro são dois homens e uma mulher. Nessa constelação pode-se, como Földényi, ver "a mais interessante e maior evocação da paixão nas relações amorosas", com o que se acena com a tendência à destruição das fronteiras morais da sociedade. Na profundidade do abismo tornam-se reconhecíveis

---

4. "O gênio reconhece que a genialidade é um estado que não pode durar muito, já que o mundo burguês se esforça exatamente pela eliminação dessa genialidade e não admite que legalidade objetiva e liberdade subjetiva possam ter sua verdade respectiva validada do mesmo modo. Inegavelmente uma das duas adquire a primazia (...)" (Földényi, 1999, p. 143).

os próprios abismos interiores. O tédio, "uma das principais características da melancolia moderna" (Földényi, 1999, p. 148), assume a roupagem da indiferença diante do perigo da morte.

Na aproximação da morte pelos românticos está imbricada, no entanto, uma visão que coloca em questão a fronteira entre o são e o doente: a consciência de que o indivíduo está diante não apenas de limites, mas também da infinitude.

> A finitude da vida humana, o desaparecimento inexorável de pessoas lembranos, a nós contemporâneos e descendentes, [...] de que as pessoas individualmente, assim como a vida individual, devido exatamente a seu caráter insubstituível, possuem sua verdade exclusiva, irrevogável e definitiva da mesma forma que a possuem a História que ultrapassa os homens, o "desenvolvimento" e o "progresso", ou mesmo uma perspectiva histórica necessariamente derivada da melancolia. (Földényi, 1999, p. 151)

Diante do reconhecimento da morte de Deus, da qual os românticos derivam a noção de que seria ridículo nortear os objetivos da vida por valores criados pelo homem, estes se tornam "encarnações da dor" que, em consequência da cultura e da civilização, não se deixam curar. Ela se torna "a cópia negativa do amor e do mundo 'exterior' desprovido da crença" (Földényi, 1999, p. 154). Porém o sofrimento é o preço das experiências e das obras que nascem da interioridade. Ele proporciona, ao mesmo tempo, a possibilidade de "gozar livremente de um novo mundo" (Földényi, 1999, p. 159). Os românticos nos lembram, com isso, a "multiplicidade da existência plena" e sua "inelutável contradição" (Földényi, 1999, p. 155). O mundo exterior perde sua inteireza, torna-se "fissurado" (Földényi, 1999, p. 160). Como não veem nada a que servir, não estão dispostos a nenhum serviço. A indiferença para com a política é um traço genuinamente romântico.[5]

"O prisioneiro", de Emily Brontë, por exemplo, é um testemunho poético do romantismo libertário que menospreza a morte, romantismo esse de que decorre também a relevância da música para a concepção de arte do gênio.

---

[5]. "O romantismo não via nenhum todo transcendente, no qual o indivíduo juntamente com sua alma e seu corpo pudesse se incorporar" (Földényi, 1999, p. 162).

## A cultura e o interior burgueses: luto, reflexão e o tempo redescoberto (séculos XIX e XX)

### Melancolia e utopia

O interior burguês é mais um espaço no qual a relação entre melancolia, tédio e sociedade pode ser examinada (Lepenies, 1998, p. 136, nota 1). Theodor W. Adorno – referindo-se a um escrito de juventude de Kierkegaard – descreveu o *flâneur* como viajante ao redor do quarto, que percebe a realidade meramente como reflexão. "O espelho refletor denuncia a falta de objeto – só a aparência das coisas é o que ele traz para o cômodo – e a reclusão. Espelho e luto remetem, portanto, um ao outro" (Lepenies, 1998, p. 137). O dândi que morre diante do espelho, como o Dorian Grey, de Wilde, pertence a essa tradição. Através da imagem do espelho, entretanto, a perda do mundo liga-se também com uma crescente compulsão à reflexão. Dado que o mundo é duplicado pelo espelho, ele pode simultaneamente ser percebido como realidade e aparência. Adorno vê aí, em última análise, uma saída: "A possibilidade da reconciliação" (Lepenies, 1998, p. 137).

Hannah Arendt apontou em Proust a determinação social de seu isolamento. Também ela enfatiza o valor da reflexão e da distância: para Proust, a melancolia atua como "auxílio (...) para reconhecer a realidade e assim poder representá-la literariamente" (Lepenies, 1998, p. 147). No romance, o interior é o lugar em que a realidade é dominada. Em lugar da melancolia, reina ali "a confiança daquele que, na construção do sistema literário, reinventa o mundo" (Lepenies, 1998, p. 148). "A proximidade formal que esse procedimento possui com relação ao pensamento utópico é visível", comenta Lepenies (1998, p. 149). Porém, "o tempo redescoberto corresponde a uma utopia concretizada e retroversa. Dela (...) desapareceu a melancolia (...); desaparecido também o tédio". No entanto, a realidade presente também é poupada. O sistema traz legitimidade apenas para aquele que o cria.[6]

---

6. "O tempo recuperado de Proust adquire o seu caráter otimista em virtude de sua grande medida de liberdade; de fato, ela não declara uma interioridade solipsista como a única verdadeira e não difama o mundo; mas remete a uma segunda realidade que corresponde à primeira: como aparência. Desse modo, o motivo do espelho torna-se visível também pelo fato de que a proximidade de Proust ao mundo, sugerida pelo espelho, foi produzida numa construção estética" (Lepenies, 1998, p. 150).

# Intelecto, utopia e pós-modernidade (séculos XX e XXI)

## Capitalismo e pós-história

A história dos intelectuais é ligada à da melancolia. Para Paul Valéry (Lepenies, 1998, p. 18), os melancólicos são *"les malheureux qui pensent"* (os infelizes que pensam). O intelectual lamenta-se a respeito do mundo do qual o pensamento utópico se origina, "que projeta um mundo melhor do qual a melancolia fosse expulsa" (Lepenies, 1998, p. 21). O essencial é que aí trabalho e melancolia se encenam como polos opostos.

> A melancolia dos intelectuais toma o aspecto de topos europeu a partir do momento em que, com o triunfo do capitalismo e da ética protestante, a *vita activa* torna-se o ideal de comportamento universalmente aceito e a *vita* contemplativa passa a demandar justificação na sociedade burguesa. (Lepenies, 1998, p. 20)

A "mentalidade econômica capitalista é tida bem cedo como remédio contra a melancolia". Também a utopia "projetada contra a miséria do instante", não conhece tédio, embora tenha implícita a totalidade. O tédio, ao contrário, "assinala (...) para um resto de privacidade no planejamento, de espontaneidade na ociosidade" (Lepenies, 1998, p. 121).

Hoje, na era da pós-história, as palavras-chave "fim da utopia" e "fim da história" caracterizam a essência do mundo pós-comunista. A crença no desenvolvimento positivo da comunidade mundial marcada pelo mercado com a ajuda da ciência e da técnica tende a desaparecer. Isso também mudou a posição dos intelectuais na Europa. Enquanto no Leste eles se mostraram em parte ativos e engajados no desenvolvimento político, no Ocidente dominou antes um recuo diante do desenvolvimento voltado para a "comunidade mundial do mercado global" (Lepenies, 1998, p. 25). Segundo Lepenies, os intelectuais deveriam por fim ao silêncio e se tornar agentes. Ainda de acordo com esse autor, a separação entre a Europa política e a do espírito não é mais aceitável hoje. Colocam-se também para os intelectuais questões profundamente políticas: "É hora de [...] uma reconsideração do esclarecimento no espírito crítico" (Lepenies, 1998, p. 28).

## II. O nascimento da estética pós-moderna de dentro do luto da modernidade
## Música, linguagem e utopia: Bloch, Benjamin e Adorno

### Luto e conhecimento do ser

A ligação de origem romântica entre a música e a melancolia prossegue no pensamento utópico do século XX. Determinantes, nesse sentido, são Ernst Bloch e Walter Benjamin.

Benjamin chamou a música explicitamente à cena em suas considerações sobre o drama barroco. Para ele, o drama barroco marca a transição do tempo dramático em tempo musical. Tanto a palavra como a nota musical colocam-se no contexto nietzscheano do eterno retorno, pelo qual o infindável potencial de sentido inerente a uma como a outra alcança seu efeito.

Para Benjamin, a palavra é tanto mais expressão do sentimento quanto mais se torna som. O sentimento do luto está especialmente ligado ao conhecimento do ser. Por meio da expressão pesarosa, os sons da natureza se tornam música (Tubb, 2013, p. 195-208). Como Ernst Bloch fala de uma música original, que equivale ao cantar para si mesmo, o som da natureza de Benjamin é reflexivo-expressivo: não a música culturalmente formada, senão a expressão e a comunicação sem referência verbal. Como essa dimensão ainda é audível também na música culturalmente formada, a expressão do lamento permanece presa a ela, que, ao mesmo tempo, volta-se utopicamente para o futuro e está conectada com o passado. Uma dimensão utópica é atribuída à música, como em Ernst Bloch, porque ela remete para além do mundo.[7]

A música é lembrança do que está por vir que se manifesta na linguagem da arte. A linguagem dos homens é, de acordo com Benjamin, pensada como tradução da linguagem das coisas. Ela é conhecimento via nomeação com base na mímesis: reconhecimento produtivo. Como mediadora, a expressão falada é sempre também expressão do luto, ligada à percepção da inadequação da linguagem humana e da mudez da natureza. Desse modo, o lamento está em seu elemento na mudez. O fundamento de toda melancolia

---

7. Em Bloch, a música não se submete a qualquer estrutura linear de tempo, mas – com referência a Beethoven – é caracterizada espacialmente enquanto equilíbrio de forças, como unidade dinâmico-dramática de lampejos, amplos incêndios, gigantescas palavras "enfeitiçadas". Essa constelação espacial de um imediato, de um todo, corresponde à compreensão benjaminiana do tempo messiânico.

está, para Benjamin, na linguagem, que continuamente tenta nomear sem jamais alcançar a nomeação divina, o que fornece motivo para o lamento infindável, e tal luto excede a dimensão subjetiva:

> A idéia de luto, que seria usada convencionalmente para denotar uma emoção ou sensibilidade subjetiva, adquire agora um significado objetivo precisamente porque a subjetividade da humanidade falante e escrevente impõe-se sobre os objetos através de uma "sobrenomeação". (Penksy *apud* Tubb, 2013, p. 208, nota 36)

Com a ideia de conceber a linguagem musical como utópica, Theodor W. Adorno se associa a Bloch e Benjamin. Por exemplo, nesta passagem de "Fragmento sobre a música e a linguagem":

> Em contraste com a linguagem significante, a música é de um tipo muito diferente. Nisso reside seu aspecto teológico. O que ela diz é, como aparição, simultaneamente determinado e oculto. Sua ideia é a forma do nome divino. Ela é oração desmitologizada, libertada da magia do fazer acontecer; da tentativa humana sempre fracassada de nomear o nome mesmo, sem comunicar significados. (Adorno, 1978, p. 252)

Também a ligação com o romantismo reverbera nesse texto: "Análoga à linguagem mostra-se novamente a música pelo fato de, fracassando como a linguagem significante, ser levada à errância da comunicação infindável, com a intenção de capturar o impossível" (Adorno, 1978, p. 254).

Considerando-se essa proximidade ao romantismo, não é de espantar que também a música de Schubert, à qual Adorno dedicou um texto em 1928, apresente-se como modelo de uma tal linguagem utópica. Para Adorno

> [...] a música de Schubert traz a mensagem da mudança qualitativa do homem. A ela responde bem a propósito o pranto: [...] Choramos sem saber por que; porque ainda não somos como aquela música promete, e na felicidade inominada de ela apenas precisar ser assim para nos assegurar de que um dia o seremos. Não a podemos ler; mas para o olho desfalecente, marejado ela apresenta as cifras da reconciliação finita.[8]

Uma música com tal força de impacto e tal potencial utópico é, em última análise, também modelo para a linguagem filosófica, como, inclu-

---

8. Theodor W. Adorno, "Schubert" in *Musikalische Schriften IV* (GS 17), S. 33.

sive, os títulos dos escritos musicais de Schubert, *Moments musicaux* e *Impromptus*, dão a entender.[9]

## Lyotard, o silêncio e a música

Em Jean-François Lyotard, convergem e adquirem um novo impulso muitos dos aspectos já mencionados. Lyotard é um pensador profundamente político. Seu objetivo é, por meio do reconhecimento das contradições da realidade, tornar útil o potencial de conhecimento da arte para o mundo. Cético diante da força crítica da reflexão do sujeito, abandonou a forma clássica do intelectual.[10] Segundo Lyotard, só são permitidas as tomadas de posição mais "defensivas e mais locais" com base em uma "responsabilidade ética e cidadã" (Reese-Schäfer, 1995, p. 54). Com isso, ele, no entanto, não foge à reflexão, como mostra a conotação artística do título do artigo "Tombeau de l'intellectuel". O gênero "*tombeau*" é relacionado à rememoração.

---

9. Também para Adorno, a linguagem e a expressão da música ultrapassam, como algo transcendente, o *status quo*. Por isso, para ele, também a configuração da temporalidade específica da música é decisiva para sua qualidade. O pensamento da possibilidade de uma linguagem musical ainda não realizada se encontra no centro de *Vers une musique informelle*. Essa linguagem deve se ver com a ausência, a qual tem de ser reescrita. Ela é uma linguagem da falta, que é acompanhada igualmente de esperança e de desespero.

Se em Bloch e Benjamin a ideia da música é, antes de tudo, a de que a qualidade da linguagem traz a recordação, diante da consciência, da bifurcação de significado e significante, de sujeito e objeto, e, portanto, contém um traço fundamental melancólico, em Adorno, o mesmo pensamento se desenvolve diante do pano de fundo da crítica social da *Dialética do esclarecimento*, no qual os temas da natureza e da liberdade desempenham um papel preponderante. Muitos textos dos seus escritos musicais deixam entrever esse pano de fundo, como, por exemplo, o ensaio, publicado em 1955, "Fantasia sopra Carmen". Adorno retoma aqui o motivo da liberdade ainda por ser realizada. Carmen é defensora da liberdade na medida em que não empreende qualquer embelezamento da realidade, mas aceita amor e morte abertamente como predestinados e incontornáveis. A natureza mostra-se nela como poder natural que se contrapõe irreconciliavelmente ao sujeito, ao qual o sujeito está entregue. No conhecimento desse poder reside, para Adorno, um caminho para a reconciliação. A liberdade é resultado da autorreflexão do sujeito, que conhece o amor enquanto natureza, à qual ele também pertence.

10. Reese-Schäfer (1995, p. 53) apresentou resumidamente essa "nova modéstia" da seguinte forma: "A separação dos âmbitos diversos da arte, da política e da filosofia leva, de fato, a desempenhos maximizados dos âmbitos parciais, mas não a uma transferência automática da competência adquirida num âmbito a outros setores da vida. (...) A essência de um intelectual é a transferência do nome que ele adquiriu num âmbito num outro. Isso é uma confusão dos níveis, uma arrogância inadmissível e seria, então, somente legítima, se um tipo de universalidade tivesse validade ininterrupta".

Estamos em rememoração. [...] O que permanece é uma espécie de linha de resistência mínima. [...] Para além disso, há uma resistência mais secreta, que se pratica na conversação e na escrita. (Reese-Schäfer, 1995, p. 55)

Para desenvolver essa "linha de resistência mínima" com ajuda da arte, Lyotard quer se afastar do ponto de vista melancólico. Segundo ele, o princípio da troca capitalista também penetra, em última análise, no pensamento dialético.

A dissipação da subjetividade dentro e pelo capitalismo, aí vê Adorno, como Marx, uma derrota; ele não poderá superar esse pessimismo senão fazendo dessa derrota um momento negativo dentro de uma dialética da emancipação e da conquista da criatividade. Mas essa dialética não é menos teológica que o niilismo da perda do sujeito criador, ela é sua resolução terapêutica dentro do quadro de uma religião; aqui, uma religião da história. Assim a justificação dada pela nova música, que é essencialmente a de Schoenberg, é que ela tomou para si todas as trevas e toda a culpabilidade do mundo, que ela encontra toda a sua felicidade em reconhecer sua desgraça, toda a sua beleza na interdição da aparência do belo. A arte é uma espécie de Cristo [...]. (Lyotard, 1994, p. 99)

Lyotard critica a *Filosofia da nova música* de Adorno citando, principalmente, o motivo da culpa, ao qual são inerentes, a seu ver, as estruturas capitalistas, como ele afirma em "Adorno come diavolo" em seus comentários sobre o "Doutor Fausto" de Thomas Mann:

O diabo [...] faz saber à sua vítima e cúmplice que o mal contraído no bordel vem como contraparte do gênio: "Procuramos paroxismos: transportes e iluminações, a experiência das emancipações e das irrupções, dos sentimentos de liberdade, segurança, leveza, potência e triunfo. [...] E entretanto a intervalos uma queda correspondente em profundidade, também gloriosa – não somente no vazio, na desolação e sua tristeza impotente, mas também na dor e nas perversidades. [...] Que seja preciso pagar o mais alto pelo mais baixo, o mais ágil pelo mais pesado, a vida intensa pela morte: que um não exista sem o outro, isto é tão simplesmente a metamorfose das energias e dos investimentos [...]. O diabo é primeiro um intermediário (o capitalista) colocado entre dois estados da energia libidinal. [...] as intensidades referenciadas a um mestre, as potências subordinadas a um poder. (Lyotard, 1994, p. 101)

Como o capital seria hoje a força que tudo move, dever-se-ia entender a sociedade com recurso ao sistema libidinal freudiano. A dialética cristã-marxista é o que se deveria superar, dando fim a toda forma de representação. Em Adorno, que teria tentado levar a questão um pouco adiante, restaria apenas a teologia trágica e irreconciliada. Também a noção de crítica da *Teoria Crítica* é, para Lyotard, não mais adequada. A crítica permaneceria, por um lado, presa demais ao criticado, e, por outro lado, seria uma forma de prática de poder: poder linguístico e poder de representação. Para confrontar o princípio capitalista, seria necessário um deslocamento (*Verschiebung*) mais amplo do investimento libidinal. Em lugar da crítica, a afirmação deveria combater o niilismo, o ceticismo e a melancolia: afirmação como ação crítica antissistêmica, como força ativa. Em lugar do pensamento dialético, Lyotard quer trazer para a arena energias subversivas, para tirar, como que "de dentro", o sistema capitalista de órbita. Cabe à música nesse processo uma atenção especial, dado que ela, ao contrário, localiza-se, em virtude da conexão do som ao tempo, distante da representação.

O silêncio é um importante ponto de partida para Lyotard refletir sobre a função não representativa da música. Na Europa clássica, onde o silêncio seria um sinal de saúde, o ouvido é tido meramente com "instrumento de polícia". O primado controlador do silêncio mostra-se tanto no concerto como na ocultação da maquinaria de palco. Segundo Lyotard, a alternativa silêncio/ruído deveria ser superada assim como a oposição entre profundidade e superfície, registro e suporte. A arte deveria ser pensada como fluxo de energia. Uma vez que, segundo ele, o sentido gerado pela audição está ligado a uma "dessensibilização", Lyotard advoga por uma sensibilização extrema que possa ter como consequência o fim do dispositivo de filtro. A música deve ser libertada dos sistemas de ordenação de modo que se possa ouvir a "verdadeira música".

As antigas categorias teriam, no atual estado de desenvolvimento do sistema capitalista, perdido seu poder de conhecimento. Também o sublime no sentido tradicional kantiano está obsoleto.[11] Para Lyotard, a arte é um arrazoado em favor do singular e do irrepetível. A repetição musical implica outro conceito de identidade, que tem como fundamento a ausência da coisa. Daí Lyotard denominar sua matéria "imaterial". A cor e o timbre representam a individualidade irredutível, não são medíveis no sentido físico nem divisíveis em graus numa escala. O efeito irrepetível da matéria sobre o

---

11. Ver, a esse respeito, também o motivo do *Dandys* em Lyotard e suas reflexões sobre o tédio na sua monografia sobre Jacques Monory.

espírito recebe em Lyotard a denominação de vestígio, chama, evento. Ele é o sinal de uma presença intangível que o sujeito não pode sintetizar e que ele só tenta captar retroativamente, de forma análoga à descrição da morte por Epicuro: evento intangível, puro "que": *quod*. Para essa presença paradoxal de matéria intangível estar aberta, o estado da estética é "para o sublime". Quebrando-se as antigas estruturas, emerge um ritmo que requer uma atenção diferente: ocorre o evento. Para descrever sua concepção dessa experiência temporal genuína da música, Lyotard vai buscar o modelo hierárquico das mônadas leibnizianas: elas representam os limites da experiência possível do tempo. Lyotard reivindica para a música que se aproximar dos limites da experiência do tempo, nos termos em que Heinrich von Kleist a coloca – como a graça das marionetes –, seria aquilo a que cada "música verdadeira" aspira:

> Toda música aspira, creio eu, a essa graça. Toda música verdadeira. Aspira à isenção das sínteses, das formulações, dos devires, das intenções e retenções, da repetição, enfim. Aspira a essa única pontada ou a essa "beliscada" do único onde a diferenciação entre o um e o múltiplo não tem mais lugar ou mais tempo. (Lyotard, 1988, p. 175)

A audição (*Hören*), que está no centro da questão,[12] toma uma dimensão ética. Isso mostra também que Lyotard a vincula à "obediência" (*Gehorsam*). A obediência, que reluz por um momento na arte sonora, não significa senão que conhecemos, sejamos nós o que e quem formos, que devemos a nós mesmos o dom do evento. A "música verdadeira" é também, em Lyotard, lamento inaudível, e lembra, sim, a fragilidade do homem.

"A respiração é atonal. A arte dos sons, a *Tonkunst*, abre-se primeiro a uma queixa qualquer, e, em seguida, a modula. A música não fazer ouvir a respiração, não a pode imitar, porque nada audível se lhe pode assemelhar, ela é forçada a frasear o pathos, matizá-lo, cortá-lo em alturas, durações, intensidades" escreve ele em "Musique, mutique" (Lyotard, 1993, p. 193 *et seq.*). Porém, ao mesmo tempo, ela é também afirmação da vida. "A música é um hino à glória e ao futuro daquilo que é, em sua distinção de ente e a graça de sua determinabilidade infinita, porquanto guarda em si, inaudito, o eco de uma estupidez submetida ao vento do não-ser, ou seja, do ser" (Lyotard, 1993, p. 194).

---

12. Aqui pode ser vista uma decorrência da ideia de Adorno de uma "*musique informelle*", na qual também o ouvido desempenha um importante papel.

Saber até que ponto a afirmação do sensual, do momento, da diferença como perspectiva crítica pode se tornar manifesta, será possível elaborar com a ajuda de posições artísticas.

### III. A conquista do México de Wolfgang Rihm: Festival de Salzburg 2015

O teatro musical de Wolfgang Rihm, que estreou em Hamburgo em 1992, é baseado em um conceito de Antonin Artaud que encerra uma radical revisão do teatro ("Die Eroberung Mexikos", 2015a, p. 96-101). A concepção musical, a imaginação de eventos sonoros complexos e indomesticados por Artaud e sua intenção de desencadear energias revolucionárias para dar expressão ao indizível podem ser considerados pós-modernos no sentido lyotardiano. Artaud (2015a, p. 96) pensa os "homens com suas paixões e sua psicologia individual" como "harmonização de determinadas forças e sob a ótica dos acontecimentos e do destino, no qual cumpriram seu papel". O enredo representa de forma crítica a "arrogância da Europa" contra o paganismo e as religiões naturais (Artaud, 2015a, p. 96). Duas visões de vida e de mundo entram em choque: a visão dinâmica da cristandade e a visão estática dos nativos, a "anarquia católica" e a "ordem pagã" (Artaud, 2015a, p. 97). Daí deverá desencadear um "tumulto de forças e imagens". Para a luta interior de Montezuma, que promove os ritos, mas por dentro duvida, acorrem "o espírito das multidões", o "hálito dos acontecimentos", que se "transmitem à peça como matéria moldada e aqui e ali se erigem em linhas de força" (Artaud, 2015a, p. 98).

O problema do teatro é conjugar e harmonizar essas linhas de força, "de forma a concentrá-las e obter delas melodias sugestivas (...). Pois o princípio é, do mesmo modo como a notação ou cifra das melodias sobre o papel pautado, o que não se pode descrever em palavras" (Artaud, 2015a, p. 98). A revelação, Artaud já a detalhara anteriormente, de onde se reconhece sem sombra de dúvida sua concepção musical. Ele escreve, por exemplo, a respeito do primeiro ato, "Os indícios": através da iluminação, as cidades, os monumentos, a terra, a floresta, as ruínas e as grutas, o seu aparecimento, o seu desaparecimento e a sua plasticidade são carregados de opressão.

> A maneira musical ou imagética de enfatizar suas formas, de conservar suas cruezas, é construída no espírito de uma melodia secreta, inacessível ao es-

pectador, que corresponde à inspiração de uma poesia repleta de alento e estro. (Artaud, 2015a, p. 99)

O terceiro ato, "Os levantes", mostra a "revolta em todas as camadas da terra" (Artaud, 2015a, p. 99).

Montezuma rasga o próprio espaço, rompe-o como o sexo de uma mulher para que dele surja o invisível. [...] O zodíaco, que ruge com todos os seus animais na cabeça de Montezuma, torna-se uma multidão de paixões humanas, incorporadas pelas cabeças agudas, até resplandecentes de sutileza, dos palradores oficiais [...]. Entrementes os verdadeiros guerreiros deixam seus sabres gemer, amolam-nos nas casas. Navios voadores cruzam um pacífico violeta-e-azul-índigo, transbordando da riqueza dos fugitivos; em compensação, armas são contrabandeadas em outros navios voadores. [...] O espaço está entulhado até em cima com um redemoinho de gestos, rostos medonhos, olhos estertorantes, punhos cerrados, jubas, armaduras e de todos os cantos do teatro despencam membros, armaduras, cabeças, barrigas como granizo, cujo bombardeamento sobre a terra provoca explosões sobrenaturais. (Artaud, 2015a, p. 100)

O quarto ato, "A abdicação" traz mais imagens concebidas musicalmente sem sentido preciso.[13]

Um outro documento importante do qual se podem inferir as ideias de Artaud é "O teatro do serafim", escrito em abril de 1936 no México, do qual o compositor Rihm se ocupou mais de uma vez. Nele, Artaud fixa a sua visão de um teatro do corpo, que faz desaparecer as fronteiras entre o masculino e o feminino. No centro está um grito, o "grito da revolta, que o homem pisa, do medo armado na guerra e da reinvindicação" (Artaud, 2015a, p. 102, nota 53). O grito parte do vazio, do silêncio e do corpo.[14] O

---

13. "Estupefação concreta se levanta dos tesouros emergentes (...). Luzes e sons se fundem, se dissolvem, incham e se empacotam como frutos molhados que se desmancham no solo. (...) Em todos os níveis de expressão apareceram também brotos surdos, sons, palavras, flores venenosas que explodem coladas ao solo. E, simultaneamente, um hálito religioso faz pender as cabeças, sons arrepiantes como relincho de asno, irrompendo abruptamente de uma costa escarpada ao sabor das colorações temperamentais do mar sobre uma superfície incomensurável de areia. É o cortejo fúnebre de Montezuma (...)" (Artaud, 2015a, p. 99).
14. "Com a barriga deve começar o mutismo (...). A respiração desce até a barriga, cria um vazio a partir do qual ela o lança de volta aos alvéolos pulmonares. Isso significa: para escrever não preciso de força alguma, preciso de fraqueza e a vontade nascerá da fraqueza, mas viverá para recarregar a fraqueza com toda a força da reivindicação" (Artaud, 2015a, p. 102).

masculino, o ativo, "será comprimido", porém, "conservará a vontade enérgica da respiração. Conserva-lo-á para o corpo todo (...)".

A distância que a ação teatral transmite e a consciência de que a ação é um sonho se tornam compartilháveis e vivenciáveis por meio das espantosas experiências.[15] O "teatro verdadeiro" que Artaud pretende alcançar com essa ação corporal está ligado a uma magia que significa que o grito "não gira mais em torno de si mesmo, e sim desperta seu duplo primal nos muros de abóbodas subterrâneas. E esse duplo é mais do que um eco, é a lembrança de uma linguagem cujo mistério o teatro perdeu" (Artaud, 2015a, p. 105). O público deveria ser envolvido nessa magia. Artaud (2015a, p. 106) imagina uma recepção corporal que permita ao espectador se identificar "hausto a hausto e compasso a compasso" com a peça e, assim, buscar sua própria realidade.

Também o conceito de Rihm coloca em questão a práxis operística corrente. Com ele, Rihm suspende o pensamento em oposições, como deixa claro sua "Nota sobre a *Conquista*":

> O "bem" e o "mal" não são mais reconhecidos, certificados e carimbados: opostos, mas sim incidem no mesmo e único organismo; há diferentes redes temporais como estruturas/vestígios de um único processo. [...] O espaço dramatúrgico México torna-se musicável, mas dificilmente operável. (Rihm, 2015, p. 48)

Ao lado da camada histórica que afeta tanto as culturas quanto os indivíduos, Rihm volta-se para a camada da linguagem:

> O aparato da linguagem, toda a maquinaria da mecânica da fala (respiração, garganta, sons da língua e dos lábios, etc.) espraia-se como uma película acústica sobre o som instrumental: A articulação é ouvida como tentativa de tradução; o grito como soma de todas as articulações é retraduzido, desfaz-se em ações singulares, audíveis como instrumento, como texto. (Rihm, 2015, p. 49)

---

15. "Estou realmente numa abóbada subterrânea, respiro, oh milagre, com fôlego adequado e sou isso: o ator. (...) Imito um guerreiro paralisado de horror, que se encontra totalmente só, caído nas cavernas da terra e que, tomado de medo, grita. Então o grito que acabei de soltar puxa para si um buraco de silêncio, um silêncio que se contradiz a si mesmo, depois do murmúrio de uma catarata, um ruído aquático, o que é muito normal, pois o ruído faz parte do teatro. Desse modo entra em função em todo teatro verdadeiro o ritmo verdadeiramente compreendido" (Artaud, 2015a, p. 105).

A ideia dramatúrgica de Artaud de um teatro-evento corporalizado "cria um bloco temporal quádruplo, espaços de imaginação de um teatro-evento para além da coordenação unidirecional. Os acontecimentos ocorrem em centrifugação, emergem como contrações energéticas do corpo dramático "México em estado de conquista" (Rihm, 2015, p. 49). O quão difícil é a revelação no teatro de hoje demonstra a recente encenação em Salzburg. O texto de Artaud é precedido por um lema: "Não há detalhes suficientes para compreender. Precisar seria destruir a poesia da coisa" (Artaud, 2015a, p. 102). Essas palavras, por sua vez, mostram a grande discrepância entre a abordagem de Artaud e a do diretor responsável pela peça em Salzburg, Peter Konwitschny, para quem se trata de "semantização" e de "homem e mulher" (Artaud, 2015b, p. 7). Mesmo que sua intenção seja, sem dúvida, atual e crítica contra a sociedade europeia patriarcalmente estruturada, o potencial crítico de uma linguagem-evento não é utilizado.

> Semantizamos tudo, ou seja, fornecemos uma representação esclarecedora, mesmo nos pontos em que o compositor não oferece nenhum significado nem no texto nem nas rubricas. Também esses pontos necessitam, quando trazidos para o palco, um aterramento conteudístico. Senão a ópera se transforma em puro disparate. (Artaud, 2015b, p. 9)

Interessante aqui é verificar como por meio disso se coloca a conexão entre música e melancolia. Ela se explicitará principalmente no fim, que Konwitschny comenta como se segue: "Quando se vê na peça que Cortez chega tarde demais, significa para nós que ele entende tarde demais o que pode ser uma mulher, o que pode ser a vida. Diferente do curso real dos acontecimentos históricos os espanhóis são derrotados pelos astecas. Cortez se suicida" (Artaud, 2015b, p. 13). A chance do amor se perdeu na época virtual, restam apenas a morte e a nostalgia transformadas em som: "Ambos, desviados do curso por falsos modelos e pelo funcionamento civilizatório, expressam em um magnífico canto a capela seu desejo de proximidade, calor e amor" (Artaud, 2015b, p. 13).

Peter Konwitschny deu, com base nessa interpretação da questão da presença da melancolia na arte hoje, uma resposta inequívoca: o fracasso das relações homem/mulher e a desarmonia das forças masculinas e femininas tornam o futuro impossível, cobrem de luto a vida. A encenação do Festival de Salzburg escreveu uma história que atribui à frieza do nosso mundo e à nostalgia que soa na música um motivo preciso localizado na história. O princípio dualístico de pensamento, cuja impossibilidade é representada, permanece incólume. As possibilidades de uma nova estética e de um novo pensamento, que já em Artaud se manifestara e que foi apropriado por Rihm, permanecem intocadas.

O problema não reside no fato de que a crítica aqui não foi articulada, e sim em como a crítica pode ser articulada hoje. Pois, afinal de contas, o potencial crítico da peça de Konwitschny foi construído em termos de uma modernidade que já se extinguiu. Em lugar de um evento teatral experimental e voltado para o futuro, vive-se a continuação profissional do estabelecido. A atualidade de um lamento que faz explodir um sentido linguístico não domesticado permanece desatendida, o hálito existencial da música muda é sufocado. Aqui é preciso tomar uma posição crítica. Pois é dever de todos os que lidam com a arte – no campo acadêmico como no cultural – fortalecer perspectivas inovadoras e se distanciar das já obsoletas. A diferenciação tem de ser feita caso a caso, como Lyotard exige dos intelectuais de hoje.

Referências bibliográficas

ADORNO, Th. W. "Schubert". In: *Musikalische Schriften IV (GS 17)*, S. 33.
_____. "Fragment über Musik und Sprache". In: *Musikalische Schriften I-III (GS 16)*. 1978. p. 252.
ARTAUD, A. "Das Seraphim-Theater". In: *Programmheft der Salzburger Festspiele*. 2015a.
_____. "Neutro, feminino, masculino. Peter Konwitschny und Johannes Leiacker im Gespräch". In: *Programmheft der Salzburger Festspiele*. 2015b.
FÖLDÉNYI, L. "Der frühe Tod der Romantiker". In: WALTHER, Lutz. *Melancholie*. Leipzig: Reclam, 1999. p. 143-163.
LEPENIES, W. *Melancholie und Gesellschaft*. Frankfurt am Main: Suhrkamp, 1998.
LYOTARD, J.-F. "Dieu et la marionette". In: *L'inhumain. Causeries sur le temps*. Paris: Editions Galilée, 1988.
_____. "Musique, mutique". In: *Moralités postmodernes*. Paris: Éditions Galilée, 1993.
_____. "Adorno come Diavolo". In: *Des dispositifs pulsionnels*. Paris: Galilée, 1994.
REESE-SCHÄFER, W. *Lyotard zur Einführung*. Hamburg: Junius, 1995.

RIHM, W. "Mexiko, Eroberungsnotiz". In: *Programmheft der Salzburger Festspiele*. 2015.

SCHINGS, H. J. "Melancholie und Aufklärung: 'Warnung vor dem Fanaticismus'". In: WALTHER, Lutz (org.). *Melancholie*. Leipzig: Reclam, 1999.

TUBB, I. "Musical Figurations of Melancholia in Walter Benjamin and Ernst Bloch". In: RICHTER, Gerhard; SOLIBAKKE Karl; WITTE, Bernd (orgs.). *Benjamins Grenzgänge*. Würzburg: Königshausen & Neumann, 2013.

# "AMÓDIO" E MELANCOLIA NA *MEDEIA* DE LARS VON TRIER

Carlos Cézar Mascarenhas de Souza[1]

> *"Assim a sombra do objeto caiu sobre o eu"*
> (Sigmund Freud, *Luto e Melancolia*)

O caráter trágico da dor diante da perda do objeto amado tem, na figura de Medeia, uma das mais pungentes ilustrações. Singularmente, na versão cinematográfica de Lars Von Trier, reafirma-se a intensidade da dimensão inquietante com que essa personagem, desde Eurípides, vem se traduzindo, sob a imagem insana na qual o amor se vê subjugado aos imperativos desmedidos da paixão. Nas considerações do presente trabalho, recorreremos ao ponto de vista psicanalítico, visando descobrir até que ponto um desejo furioso por vingança, devido à dor da separação amorosa, comporta uma espécie de voto que aqui designamos (a)mortal da melancolia, como forma de punição em direção ao amado perdido.

Não será forçoso detectar, na visão poética de Eurípides, alguma ressonância com o que se descortinou modernamente em tom de novidade no advento do discurso psicanalítico. Assim, se aqui visássemos um eixo comum para endossar a justificativa desse intercâmbio, bastaria observar o quanto, em ambas as perspectivas, se sublinha a respeito da derrisória condição da racionalidade diante do que não se deixa apreender e resiste a qualquer tentativa de colonização pelas redes da razão.

Limitaremos o foco da nossa leitura, portanto, às cenas da narrativa fílmica a partir das quais, nos diálogos entre as personagens, possamos assinalar o que se enuncia pelo *pathos* da vingança efetuado por Medeia;

---

1. Graduado em Psicologia, com doutorado em Teoria Literária pela Universidade Federal de Pernambuco (UFPE); atualmente, é professor no curso de Teatro da Universidade Federal de Sergipe (UFS), onde desenvolve pesquisas interdisciplinares que envolvem Psicanálise, Estética teatral e Cinema.

quer dizer, aquilo que, por consequência desse ato, venha resultar em um possível voto de melancolia endereçada a Jasão. Portanto, não se trata de efetuar uma leitura psicológica da personagem, diagnosticando-a sob o enquadramento de uma categoria clinicamente situável.

A dimensão saturnina[2] que preside a morbidez do temperamento melancólico, cujo caráter implacável se traduz na imagem de um deus que devora os próprios filhos, já povoava o imaginário grego desde a sua aurora mitológica. Aliás, essa é a imagem do quadro de Goya que Lacan (1995) pôs na capa do seu seminário que tem por tema "a relação de objeto".

Todavia, iremos situar, a partir de Freud, uma reflexão aguda, graças à sutileza de uma escuta clínica que pinçou, nos queixumes apresentados pelas falas dos seus pacientes, os curiosos mecanismos de uma experiência vivida na subjetividade de uma forma enigmaticamente particular. Foi comparando com o "afeto normal do luto" (Freud, 1992, p. 275) que Freud observou as nuances da natureza psicogênica desse sofrimento, vindo a se surpreender com a intensidade mórbida com que tais pessoas reagiam frente às suas perdas.

Espera-se de um luto bem sucedido a efetuação de um razoável desligamento, graças a um trabalho vivenciado por alguém que precisa se afastar de algo irremediavelmente perdido e que, por isso mesmo, não será mais acessível no plano da realidade tangível. Entretanto, é justamente nesse trabalho de superação da perda, que as coisas parecem estancar, quando se trata do indivíduo melancólico. Devido a esse impasse, no qual o indivíduo internamente se sente como um fracasso, advêm os traços que delineiam a configuração de um quadro clínico marcado por uma negatividade, cujo excesso na economia da dor revela uma perturbação na autoestima, "a ponto de encontrar expressão em auto-recriminação e auto-envilecimento, culminando numa expectativa delirante de punição" (Freud, 1992, p. 276).

Sendo assim, parece que uma espécie de aporia se instala na posição melancólica quanto à devida efetivação de um trabalho do luto, como se o texto da sua vida aí se obstruísse, em razão, provavelmente, de haver algo nele que o impeça de se descolar do que foi perdido. Escutemos Freud (1992, p. 281), no que ele observa em torno dessa mórbida lassidão melancólica, sugerindo que, em tais casos:

---

2. A propósito da repercussão simbólico-imaginária na vida cultural moderna, associada ao mito de Saturno, recomendo o formidável artigo *"Sob o Signo de Saturno"*, de Susan Sontag, em que essa autora discorre acerca da trajetória intelectual do filósofo Walter Benjamin.

A libido não foi deslocada para outro objeto; foi retirada para o eu. Ali, contudo, não foi empregada de maneira não especificada, mas serviu para estabelecer uma *identificação* do eu com o objeto abandonado. Assim, *a sombra do objeto caiu sobre o eu* [grifo nosso], e este pôde, daí por diante, ser julgado por um agente especial, como se fosse um objeto, o objeto abandonado.

De acordo com a preciosa passagem anterior, ilustra-se o ponto nodal do desdobramento subjetivo, que faz entrar em cena o mecanismo da "identificação" com o "outro" e o respectivo investimento nos jogos das idealizações. Freud delineia uma conjuntura subjetiva, cuja dinâmica faz emergir a instância do supereu, donde resulta ao eu "ser julgado por um agente especial". Com efeito, é no cerne dessa complexa relação que se situa um fato primordial para o que aqui temos em vista. Freud (1992, p. 284) refere isso nos seguintes termos:

> Na melancolia, as ocasiões que dão margem à doença vão, em sua maior parte, além do caso nítido de uma perda por morte, incluindo situações de desconsideração, desprezo ou desapontamento, que podem trazer para a relação sentimentos opostos de amor e ódio, ou reforçar a ambivalência já existente.

Lacan ressalta o acento sobre essa questão que, para ele, representa uma valiosa contribuição que a psicanálise nos trouxe, em comparação a tantos outros discursos que se proferiram na cultura ocidental sobre o amor. Então, afirmava ele a certa altura do seu último seminário, "O que, para vocês, eu gostaria de escrever hoje como a *hainamoration*, uma enamoração feita de ódio (*haine*) e de amor, um *amódio* [grifo nosso], é o relevo que a psicanálise soube introduzir para nele inscrever a zona da sua experiência" (Lacan, 1985, p. 122). Portanto, é fundamental reconhecer uma íntima vinculação entre o amor e o ódio, para não elidir o que verdadeiramente se passa na base da reflexão psicanalítica em torno da temática amorosa. Isso é justamente o que mais se comprova mediante o fenômeno da "transferência" no plano concreto da experiência clínica. Por isso, Lacan (1992, p. 122) chega a observar que é, precisamente, nessa estreita ligação entre o amor e o ódio que emerge "um traço ausente no ponto de partida dessa tradição, se este ponto de partida – é preciso que se o escolha em algum lugar – for escolhido por nós como o socrático".

O fascínio da heroína euripidiana, embora já plenamente consagrado por meio de tantas outras versões, na versão fílmica do diretor dinamarquês Lars Von Trier adquire a expressão de uma densidade poética ímpar.

Seu estilo cinematográfico, marcado por uma evidente teatralidade que se faz patente desde o trato dos aspectos estéticos do cenário, bem como no ritmo das ações com respeito às referências de tempo e espaço, na atenção às sutilezas dirigidas à carga simbólica dos gestos presentes na movimentação expressiva dos atores, que resulta em uma visualidade fotográfica impecavelmente insuspeitada. A atmosfera fílmica, nesse caso, no tocante ao movimento das imagens com seus enquadramentos desconcertantes, acompanha e, sensivelmente, traduz, com precisão, o estado de aflição e angústia que permeia todo o drama encarnado pelo sofrimento de Medeia.

Já é reconhecida a fama de Medeia como aquela que carrega com sua mera presença "a melancolia escura do exílio" (Steiner, 2006, p. 131). Dona de poderes mágicos é por isso mesmo a detentora dos segredos e feitiços capazes de, inclusive, inspirar medo no rei Creonte. Há uma cena do filme em que Creonte declara esse medo em relação a ela, quando vai ao seu encontro num ambiente pantanoso, exigindo-lhe que abandone a cidade. Vejamos o diálogo:

> Creonte: Medeia precisa deixar essa cidade. Estou banindo tu e teus filhos. Não retornarei ao palácio até que as portas da cidade fechem para ti.
> Medeia: Tens medo de mim, rei Creonte?
> Creonte: Sim.
> Medeia: Por que?
> Creonte: Tu és sábia. Conheces as artes do mal. Podes ferir as pessoas.
> Medeia: A quem?
> Creonte: A minha filha. Eu. Jasão.

Contudo, será valioso apontar no viés da presente leitura que, além da máscara imaginária associada aos poderes mágicos de Medeia, é imprescindível notar em meio às suas ações, a respeito de um fator que atua no manejo da linguagem discursiva da personagem de uma maneira crucial. Disso dependerá todo o triunfo de Medeia na execução do cumprimento trágico dos seus planos. Queremos chamar a atenção, nesse caso, sobretudo, sobre o aspecto da eficácia teatral que atua no plano da dissimulação verbal, isto é, na "*facies hippocratica*" do seu discurso. Trata-se dos momentos em que se tem a oportunidade de se assistir a um movimento de dissimulação por onde se denota todo um jogo de cena e mascaramento, em que as palavras se distanciam das verdadeiras intenções de quem as pronuncia. Pois não foi ao cair na lábia de Medeia que se engendrou, tanto para Creonte quanto para Jasão, o que resultou de funesto em suas respectivas desgraças?

Dentro dos limites do nosso foco, é preciso dar realce a esse aspecto que, aliás, no filme, é possível assistir o quanto isso incide no coração mesmo da cena onde acontece a discussão entre Medeia e Jasão. Momento este, onde se deflagra uma espécie de economia passional do *amódio*. Vejamos as palavras e as posições de ambos nas falas dessa discussão:

Jasão: Casei-me com ela pelo teu bem
Medeia: Pelo meu bem?
Jasão: Para assegurar teu futuro e o das crianças. Teu orgulho é tua desgraça, Medeia.
Medeia: E teu orgulho, Jasão... é a tua boa fortuna. Minha fraqueza e cegueira me fizeram encorajar tua vaidade. Tu queres que pareça que fui eu que lhe abandonou. Estás traindo os teus próprios filhos!
Jasão: Eu pensei nisso, mas agora é tarde demais.

Dessa tentativa de negociação com Medeia, Jasão tenta justificar seu oportunismo e, sofisticamente, desmentir o objeto da sua paixão, cuja mira tem por alvo unicamente o poder. Essa cena, no filme, dá-se em um cenário agudamente simbólico. Medeia não aceita recebê-lo no interior da casa e vai ao seu encontro, fazendo com que o diálogo tenha lugar no espaço externo onde existe um tear. O tear e seus fios que ilustram plasticamente a metáfora de uma história que fora entretecida pelo casal. É, com efeito, nesse *tetê a tête* em que se situa a cena paradigmática da disputa verbal, o *agon* da argumentação conflitante entre Medeia e Jasão, cujo desdobramento irá trazer à tona na cena do diálogo seguinte entre ambos, o que se revela da habilidade teatral operando no plano da dissimulação discursiva de Medeia. Nesse segundo momento, ela tenta convencê-lo de que reconhece seu equívoco por não ter entendido seus planos e aderido a eles, fingindo-se, então, de aliada em suas ambições. No entanto, por sua vez, já vai dando curso à consecução da desejada vingança. Escutemos como esse diálogo se dá no filme:

Jasão: O que queres?
Medeia: Perdoa-me por minhas palavras amargas. Percebo agora que fui eu quem fui dura e cruel.
Jasão: Então agora tens bom senso.

Medeia: Sim. Mudei de ideia. Por que não somos amigos? Afinal não vivíamos juntos com amor e compreensão? Casando-te com Glauce, conquistas poder e riqueza suficientes... Para assegurares o meu futuro e o dos meus filhos. Isto é apenas bom senso.
Jasão: Assim como sua mudança de atitude.
Medeia: Que estupidez a minha não ter ajudado nos teus planos! Mas nós mulheres somos estúpidas às vezes. Lembra-te Jasão?
Jasão: Esta pergunta esteve sempre em teus lábios.
Medeia: Agora é pela última vez. Lembra-te Jasão?

Embora fingindo-se aliada, Medeia demanda a Jasão que se lembre da dívida contraída com ela, pelas ajudas e artifícios que a ela coubera para que ele tivesse chegado às vitórias de tantas conquistas. Nessa tentativa de acerto de contas, Medeia finge aceitar o que está se passando, convence Jasão da sua mudança de ideia, mas não deixa de expressar a dor da sua desilusão narcísica quando, ainda na cena, diz "Conheço-te, Jasão! Vendeste-te pra ela! Teu corpo bastou pra ela!", e, olhando para a imagem do próprio rosto na superfície especular das águas, ainda diz "quando eu me vejo, entendo-te, Jasão. Eu partirei".

Desse modo, parece ser indispensável perceber aí, nessa aparente mudança no "bom senso" de Medeia, todo um artifício dramático no jogo de uma habilidade que se efetua graças à eficácia teatral das palavras em fazer com que o interlocutor acredite no sentido superficial da máscara discursiva. Eis a *"facies hippocratica"* que faz de Medeia alguém com o poder de manipular o discurso pelo simples fato de saber, com astúcia e sagacidade, a respeito da ambiguidade essencial inerente à natureza da linguagem. Visto que, a depender do modo como se conduza o uso que dela se faça, a palavra, enquanto máscara, pode estar tanto a serviço do entorpecimento ludibrioso da enganação quanto do despertar voltado à revelação da verdade. Nisso é que reside o poder do teatro *phármakon*, referido por Jacques Derrida em seu formidável texto *A farmácia de Platão*; o discurso enquanto máscara, cuja eficácia teatral em termos de dissimulação tanto atua como remédio, como pode ser veneno. Assim, observando-se o modo como Medeia se comporta com as palavras do seu discurso, não será excessivo afirmar que é, justamente, a partir desse plano que se fará incidir uma abertura decisiva à via trágica das ações pelas quais o seu mórbido intento irá se efetivar. A propósito das tendências paradoxais do *phármakon*, escutemos Jacques Derrida (1997, p. 14):

Sócrates compara a uma droga (*phármakon*) [...] Esse *phármakon*, essa "medicina", esse filtro, ao mesmo tempo remédio e veneno, já se introduz no corpo do discurso com toda a sua ambivalência. Esse encanto, essa virtude de fascinação, essa potência de feitiço podem ser – alternada ou simultaneamente – benéficas e maléficas.

Ademais, em termos psicanalíticos, é disso que se trata com respeito ao ato de se lançar numa operação de leitura, quando Lacan adverte que na curiosa fisiologia da linguagem é necessário estar atento ao que se veicula nas pretensas mensagens. Nisso consiste mesmo todo o cuidado de uma experiência, uma vez que, em seus efeitos, há algo como um gérmen que é importante "separar dos corpos junto aos quais ele veicula vida e morte conjuntamente" (Lacan, 1985, p. 132).

E, ainda cabe ressaltar outra questão do ponto de vista da linguagem no texto verbal discursivo, que atua decisivamente como uma espécie de móvel na constituição do sentido trágico de certas ações, que afetam negativamente a vida das personagens. São nos momentos em que, por vezes, pela própria voz dos personagens, se manifesta na estrutura textual do drama trágico uma espécie de desejo pelos maus augúrios como que através das maldições. É curioso notar, que a questão da maldição se faz presente, determinando o cumprimento de certas ações a partir dos efeitos desses dizeres que em diversos momentos se enunciam no texto de Eurípides e, também, no plano textual da narrativa fílmica, tal como na cena em que Medeia, ao saber da traição cometida por Jasão, fala queixosamente para sua ama nos seguintes termos:

> [...] queria ser morta! A morte traria paz. Minha vida é tão vazia como esta cama que dividíamos quando eu tinha serventia para ele. Ele era meu tudo... Eu já não tenho o homem que ajudei. E fui apenas presa dele. Desejo regressar à minha terra natal! Desejo rever minha mãe... As minhas irmãs e todos os outros. Desejo vingança.

## O *ethos* trágico em Eurípides e a melancólica falência da Razão

Considerado por Aristóteles como o mais trágico dos trágicos, a visão poética de Eurípides teve, por ambição, mostrar no palco a figura humana, tal como ela se apresenta na própria realidade. Diferentemente de Ésquilo e Sófocles, como referiu Nietzsche (2014, p. 76), "com Eurípides, surge um corte. Ponto de vista sem consideração e sem piedade com relação ao antigo". No seu racionalismo, há sempre um apelo ao reconhecimento sobre o que há de duvidoso nas deliberações racionais dos homens diante das motivações da paixão; pois, em que pese o esforço das explicações e argumentos de um discurso racionalista, parece ao mesmo tempo que, como bem observou Sábato Magaldi, "Eurípides se compraz em mostrar a melancólica falência da razão ante a fúria irracional" (Magaldi, 2008, p. 20).

No universo trágico as fatalidades sombrias estão à espreita do destino humano de maneira indefectível, e, não obstante os vinte e cinco séculos que nos distanciam desse legado grego, ainda é possível perceber de algum modo o ressoar desse sentido da vida na pele das banalidades mais superficiais dos nossos dias. Porém, como bem já se observou, "é impossível estabelecer precisamente onde ou como a noção de tragédia formal se apossou da imaginação pela primeira vez" (Steiner, 2006, p. 4). Além do mais, a sua função parece estar movida em nos lançar à extremidade de um limite, que desafia qualquer tentativa de domesticação no âmbito da compreensão racional. Todavia, e talvez por isso mesmo, o desafio do conteúdo configurado em tais obras nos interrogam de modo a permanecer oferecendo a extração de muitos frutos nas oportunidades dos exercícios implicados em nossas aprendizagens.

Não se deve olvidar quanto à conjuntura do contexto político-cultural da Grécia no momento da produção poética de Eurípides, pois, nessa época, o pensamento sofista adquire um relevo considerável e, por conseguinte, a desconfiança na "entronização da *ratio*" (Lesky, 2010, p. 190) parece ter sido uma marca típica desse período. Protágoras, uma das vozes norteadoras desse movimento filosófico, enunciava, de forma lapidar, que "o homem é a medida de todas as coisas", dando ensejo ao descortinar de um novo modo de se pensar no mundo. Segundo Albin Leski (2010, p. 190):

> Nas palavras de Protágoras encontramos, como algo decisivo, a ruptura com a tradição em todos os setores da vida; há nelas a reivindicação revolucionária de converter em objeto de debate racional todas as relações da existência humana, tanto a religião quanto o Estado e o Direito. Para esses homens perdeu o sentido – e assim tornou-se impossível – orientar o pensamento e a atuação, segundo o costume consagrado pela tradição, pelos *nomos*, e só podem esperar que suas normas lhes venham do próprio pensar. Mas este não lhes oferece uma imagem unitária do mundo que solucione, com a força

da convicção religiosa, suas contradições numa unidade mais elevada, como vimos com Ésquilo, ou, ao menos, que as mostre contidas em tal unidade, como ocorre na obra de Sófocles.

É possível se verificar a visão de mundo de Eurípides a partir de algumas sentenças que são enunciadas pelos personagens nesta peça, tais como nas palavras de Medeia para Creonte "Que flagelo é o amor para os mortais" (Eurípides, 1976, p. 18). Ou, ainda, por meio da voz do mensageiro que enuncia a loucura que habita o pensamento dos que "se crêem sábios":

> A vida dos mortais não é senão uma sombra, não é de hoje que o penso. E também não receio dizê-lo, os que se crêem sábios e profundos pensadores são os mais atingidos de loucura. Ninguém tem a felicidade em partilha. Se nada na opulência, pode um homem crer-se mais que outro favorecido pela sorte, mas não pode dizer-se feliz. (Eurípides, 1976, p. 51)

O *ethos* trágico na visão poética de Eurípides consiste, assim, na exposição da condição humana inteiramente à mercê dos dilemas e desilusões de uma época, cujo amparo tem como apoio apenas si mesmo, perante a instabilidade caótica no mundo de inconciliáveis contradições. Aqui, nesse contexto, "toda a carga de sua própria decisão e responsabilidade, recaía agora, com esse conhecimento, sobre o homem, colocado em meio às antinomias" (Lesky, 2010, p. 191). No texto de Eurípides, o momento em que Medeia expressa a sua decisão é bastante ilustrativo sobre essa posição do sujeito prontamente convencido pela vontade trágica que lhe remete à consecução do ato desejado. Escutemos a culminante passagem em que o discurso de Medeia se dirige ao coro, mas ao mesmo tempo a si mesma, expressando o desdobramento de uma subjetividade em que se denota a face terrível da exigência superegoica sobre o "eu", cuja lei mortal empurra-o ao cumprimento trágico da desgraça:

> Amigas, minha decisão está tomada: quero, sem tardar, matar eu mesma meus filhos e fugir desta terra, em vez de expô-los, por minhas lentidões, a perecer sob os golpes de mão inimiga. É absolutamente necessário que morram, e, pois que é preciso, sou eu que lhes darei a morte, como fui eu que lhes dei a vida. Vamos, arma-te, meu coração! Que esperas? Recuar diante de mais um ato terrível, mas necessário, é uma covardia. E tu, mão infeliz, toma o punhal, toma-o! Vai, Medeia, entra nesse caminho de dores que se abre à tua frente. (Eurípides, 1976, p. 51)

Psicanaliticamente, a angústia relativa à perda do objeto amado faz ressonância à memória inconsciente pela qual se remonta ao objeto mítico primordial (a Coisa, *das Ding*) que desde sempre já fora perdido. Nisso consiste o estatuto da angústia em sua função como uma espécie de sinal da infernal nostalgia a respeito de um tempo em que o sujeito fora afetado pelo desejo enigmático do Outro. As modalidades nas diversas relações dos sujeitos e seus objetos se referem, portanto, à marca dessa perda ou queda original. Por isso, diz Lacan (2005, p. 59), "a angústia é, no afeto do sujeito, o que não engana", uma vez que a apreensão do objeto supostamente a ela referida estaria intimamente vinculada ao efeito significante desse trauma inicial. Doravante, no plano concreto da vida, aferir-se-á a posição existencial do sujeito em face das provas da realidade ao longo das experiências enfrentadas pelo dia a dia.

## Do *amódio* ao objeto (a)*mortal* do voto melancólico

Em Medeia, não deixa de impressionar como ela passa do amor ao ódio de modo tão imediato e, aparentemente, caprichoso. Disso dimana o caráter instrutivo dessa obra, cujo impacto inquietante repousa nesse paradoxo pelo qual se ilustra, de forma exemplar, uma conjugação tão estreita entre sentimentos aparentemente opostos.

A questão da sublimação não deixa de apresentar problemas à perspectiva ética do pensamento psicanalítico, visto que, diz Lacan (1997, p. 122) "o bem como tal, que foi o eterno objeto da pesquisa filosófica no que diz respeito à ética, a pedra filosofal de todos os moralistas, o bem é negado por Freud". Entretanto, entendamos que, essa negação do bem se refere à ilusão de se pensar na pureza de um bem que existiria independente das implicações com o que se denomina por mal. A interrogação da ética psicanalítica incidiria, entretanto neste ponto, com a seguinte indagação: mas esse bem, se é que ele existe, então, é o bem de quem? Desse modo, abordar a questão da sublimação em termos psicanalíticos significa entender, diz Lacan (1997, p. 125) que:

> No nível da sublimação o objeto é inseparável de elaborações imaginárias e, muito especialmente, culturais. Não é que a coletividade as reconheça simplesmente como objetos úteis – ela encontra aí o campo de descanso pelo qual ela pode, de algum modo, engodar-se a respeito de *das Ding*, colonizar

com suas formações imaginárias o campo de *das Ding*. É nesse sentido que as sublimações coletivas, socialmente recebidas, se exercem.

Resulta que, no "nível da sublimação", o que se produz nesse efeito de engodo, por meio de alguma "formação imaginária", reflete o brilho de uma miragem dando sustentação a um gozo que enlaça, a um só tempo, o individual e coletivo. Marie-Claude Lambotte (2000, p. 96), considerando a impossibilidade paradigmática do melancólico no sentido de fracassar por não conseguir fazer o luto, pergunta: "O que fazer com os vínculos brutalmente rompidos senão tentar consertá-los custe o que custar, na cena de um teatro imaginário de cortina definitivamente puxada?"

Medeia ainda enuncia no texto de Eurípides (1976, p. 46-47): "Sei que atrocidade vou cometer, mas a cólera em mim é mais forte que a razão, é ela quem causa aos mortais as maiores desgraças". Esse ponto de vista, em que a personagem se debate, interiormente dilacerada não apenas com as aparentes contradições, mas, principalmente, devido ao reconhecimento fundamental de uma divisão sofrida em si mesma, demonstra a dimensão de um conflito insuportável com relação à deposição ou queda da imagem sofrida pela perda do objeto amoroso.

A decepção que descortina a angústia devido à queda da imagem idealizada de alguém resulta no que sobra como um resto que Lacan denominou de "*a*", este objeto causa do desejo, que na relação especular com o sujeito, dá o suporte à fantasia amorosa. Esse objeto "*a*" é um elemento central na teoria lacaniana, na medida em que ele representa o objeto que participa de modo imprescindível na estrutura da fantasia e norteia todo o movimento desejante do sujeito. Vejamos o que diz Lacan (2005, p. 113) acerca desse objeto em seu seminário sobre "a angústia":

> Eu gostaria de conseguir dizer-lhes hoje um certo número de coisas sobre o que lhes ensinei a designar por objeto *a*, para o qual nos orienta o aforismo que promovi da última vez a respeito da angústia: que ela não é sem objeto. O objeto *a*, este ano está no centro do nosso discurso. Se ele se inscreve no âmbito de um seminário que intitulei "a angústia", é por ser essencialmente por esse meio que se pode falar dele, o que também quer dizer que a angústia é sua única tradução subjetiva. O *a* que aparece aqui, no entanto, foi introduzido há muito tempo. Anunciou-se na fórmula da fantasia como suporte do desejo ($<>a$), $ desejo de *a*.

Da fórmula anterior, não é difícil perceber que se estabelece de modo inevitável entre o sujeito e o objeto *a* causa do desejo, uma relação de espelhamento ou de identificação que, como referiu Juan-David Nasio (1997, p. 138), "estruturalmente falando, toda fantasia se forma graças a essa identificação do sujeito com objeto". Por isso, diz Lacan (1985, p. 14), "a análise demonstra que o amor, em sua essência, é narcísico, e denuncia que a substância do pretenso objetal – papo furado – é de fato o que, no desejo, é resto, isto é, sua causa e esteio de sua insatisfação, se não de sua impossibilidade".

A última cena em que Medeia e Jasão se encontram é bastante elucidativa a esse respeito. Medeia fala contemplando a imagem do seu próprio rosto que se reflete no espelho d'água e, meditando, parece compreender a verdade fatal sobre a confusão especular em que se mantivera imaginariamente refém, dizendo: "Quando eu me vejo, entendo-te Jasão. Eu partirei". No entanto, sua partida não acontecerá sem que antes se desfira o golpe letal que em segredo vem tramando em seu desejo de vingança. É nesse ponto da tragédia que se denota uma das imagens mais exemplares do que, em psicanálise, entende-se por "função metonímica do desejo". Precisamente aí, com esse golpe, é que, de modo inexorável, se opera o corte em que se inscreve o gesto da heroína no cumprimento da função mortífera do seu intento. No texto de Eurípides, a elocução desse pensamento expressa, igualmente, seu letal esplendor no movimento metonímico do desejo que, procurando atingir seu alvo de maneira indireta pela vizinhança da contiguidade, se enuncia literalmente, quando ela diz "Estremeço ao pensamento do que me restará fazer: matarei meus filhos... Ele não reverá os filhos que de mim teve... Não tenho outro meio para dilacerar o coração do pai deles?" (Eurípides, 1976, p. 37-38). No discurso fílmico, é igualmente possível destacar a função metonímica do desejo fazendo despontar a visada trágica crucial que se enuncia pela expressão de um voto em direção ao que aqui propomos designar "objeto (a)mortal" do desejo melancólico. Isso se dá na própria literalidade do discurso de Medeia, na última cena em que dialoga com a ama nos seguintes termos:

Ama: O que farás Medeia?
Medeia: Estou pensando nas crianças e em mim.
Ama: Como?
Medeia: Esperava que eles jogassem terra sobre mim quando eu morresse.

Ama: Então os leva contigo.
Medeia: Com a morte deles poderei afetar o pai.

A plasticidade, enfim, referente ao *como* o sujeito se arranja frente ao sofrimento penoso diante da dor do luto parece ser o lugar onde a nossa reflexão precisa chegar para situar o móvel da sublimação, no momento preciso em que se surpreende o elo da estreita implicação entre a sublimação e ética.

Como se percebe, é inevitável abordar a questão da melancolia psicanaliticamente sem que outros temas interdependentes venham à luz. Razão pela qual, além da dor referida à perda de um amor, vieram à tona os problemas da angústia, da identificação, do narcisismo, da memória e da sublimação do ódio, enfim.

A experiência freudiana como referência da apreensão da realidade humana, no que concerne à economia das suas satisfações, convoca o sujeito a se arranjar na relação com o mundo a partir de um mandamento ético bastante delicado, uma vez que isso só aconteça na medida em que lhe é exigido situar-se até onde consiste o seu desejo diante das demandas pulsionais e seus respectivos sintomas. Daí, o trabalho a que o sujeito humano está exposto na travessia desse imenso arco erótico em que se empenha na história de seus laços, através das experiências por que passa ao longo de toda uma vida.

Para finalizar, quando Lacan (2006, p. 86), a certa altura, observa que "a psicanálise é uma chance. Uma chance de voltar a partir", que quereria dizer acerca do alcance desta, aparentemente, tão simples definição, senão apenas sinalizar o "parto" a que o animal humano está convidado a passar, para além da mera garantia de se safar imaginariamente, através de uma sobrevivência instintiva pautada em um real biológico? Pois o "parto" que estaria em jogo aí não evoca a ética trágica que convoca o sujeito a responder perante as suas dificuldades de modo significante, quer dizer, sublimando-as em nome de uma singular verdade, que só cabe mesmo a ele realizar simbolicamente no parto da dor de existir?

Talvez não tenhamos esgotado a questão do enigma do luto com respeito à dimensão melancólica, pela atenção que aqui teremos que dispensar aos limites de espaço. Todavia, é precisamente nas imagens finais do filme que se dramatiza o brilho intolerável pelo qual se vislumbra a intensidade do corte produzido pelo gesto trágico. Por um lado, vê-se Jasão prostrado, sozinho, caído sobre o chão no vazio de uma paisagem ignota, exausto de tanto correr em desespero, após se deparar com a aterradora visão dos filhos mortos, enforcados e dependurados numa árvore. Por outro lado, Medeia em silêncio no barco de Egeu, é levada por um mar de horizonte indefinidamente aberto. Na alternância dessas imagens, não é difícil reconhecer que, desse voto (a)mortal da melancolia, resulta apenas, para ambos, o resplendor de uma dura verdade, pela qual se revela o inapreensível "fantasma da Falta" pairando sobre o impossível luto da dor.

Referências bibliográficas

DERRIDA, J. *A farmácia de Platão*. São Paulo: Editora Iluminuras, 1997.
EURÍPIDES. *Medeia*. 1ª edição. Rio de Janeiro: Abril Cultural, 1976.
FREUD, S. *Luto e melancolia*. Obras Completas. Rio de Janeiro: Imago, v. XIV, 1992.
LAMBOTTE, M. C. *Estética da melancolia*. Rio de Janeiro: Companhia de Freud, 2000.
LACAN, J. *O seminário, livro 20: mais, ainda*. Rio de Janeiro: Jorge Zahar, 1985.
_____. *O seminário, livro 8: a transferência*. Rio de Janeiro: Jorge Zahar, 1992.
_____. *Meu ensino*. Rio de Janeiro: Jorge Zahar, 2006.
_____. *Nomes-do-Pai*. Rio de Janeiro: Jorge Zahar, 2005.
NIETZSCHE, F. *Introdução à tragédia de Sófocles*. São Paulo: Editora WMF Martins Fontes, 2014.
MATOS, O. *O iluminismo visionário: Benjamin, leitor de Descartes e Kant*. São Paulo: Editora Brasiliense, 1993.
MAGALDI, S. *O texto no teatro*. São Paulo: Perspectiva, 2008.
NASIO, J.D. *O livro da dor e do amor*. Rio de janeiro: Jorge Zahar, 1977.
STEINER, G. *A morte da tragédia*. São Paulo: Perspectiva, 2006.

# AO REDOR DE UM OBJETO INSTÁVEL:
esculturas contemporâneas e a reverberação de uma Melancolia

Cláudia Maria França da Silva[1]

Este texto relaciona-se à investigação em curso sobre a conduta criadora do artista, em seu processo de criação. Quando estudamos o trabalho de um artista e nos debruçamos sobre suas operações, manifestadas entre sua intenção artística e o resultado obtido nesse processo, podemos nos deparar com uma dinâmica singular, muitas vezes marcada por desvios, fracassos, movimentos reiterativos e inacabamentos. Não é regra, no entanto, que essas ocorrências sejam imediatamente visíveis no objeto artístico resultante; mas acreditamos que uma leitura atenta para esse viés pode ressignificar o objeto como fenômeno estético.

Há um particular interesse na relação espacial do corpo do artista com o "corpo" do trabalho em processo; para tal, a escultura nos fornece diversos exemplos, em função de que a matéria escultórica é, via de regra, mais corpórea: tem peso, volume, densidade, dureza, temperatura, entre outros valores. Interessamo-nos por relatos do processo de criação em escultura nos quais o artista, em algum momento, abandona o seu fazer e se distancia daquele corpo em processo. Talvez ele termine o trabalho depois, talvez não. Há inúmeras razões para isso; as indicações de melancolia seriam uma delas – as quais despertam nossa atenção.

O texto apresenta duas imagens de trabalhos tridimensionais contemporâneos. A primeira é o registro de uma ação de Joseph Beuys, realizada

---

[1]. Artista visual natural de Belo Horizonte. Doutora em Artes pela Unicamp, Mestre em Artes Visuais pela UFRGS, Bacharel em Artes Plásticas pela UFMG. Professora do Instituto de Artes da UFU, Uberlândia, atuando na Graduação (Artes Visuais) e na Pós-Graduação (Mestrado em Artes). E-mail: claudiafranca08@gmail.com

em 1965; a segunda imagem refere-se a uma escultura do artista australiano Ron Mueck, realizada em 2000.

Temporalmente, tais trabalhos são relativamente distantes entre si; mesmo como resultados de distintas técnicas e proposições, percebemos nesses trabalhos algo em comum – certa carga psíquica que ambos trazem em função de um corpo prostrado e inerte nas representações. A proposta textual é dar relevo, por meio dessas referências, à melancolia como afeto possivelmente presente em *uma espacialidade presente na obra de arte que se funda no distanciamento do artista de seu objeto em processo*. Cumpre ressaltar que é uma investigação inicial; portanto, não é um texto conclusivo. No entanto, torna-se necessário que, antes, apresentemos dois documentos que nos auxiliam nessa questão: a imagem do trabalho de Albrecht Dürer, *Melencolia I* (1514), bem como o texto de Sigmund Freud publicado em 1917, *Luto e Melancolia*.

### *Melencolia I*, Albrecht Dürer[2]

Essa carga psíquica percebida nas imagens de Beuys e Mueck promove uma conexão à gravura de Albrecht Dürer, *Melencolia I*. A obra de arte impõe-se qualitativamente por atravessar séculos, sempre como emblema ou objeto de estudo de teóricos da arte e artistas visuais; podemos pensar que sua atualização, para além de sua legitimação histórica e estética, deve-se ao fato de abordar o afeto melancólico desde seu título e ainda oferecer-se como documento que representa um artífice em trabalho, ou, após terminar o entalhe de alguns volumes.

Rudolph Wittkower, em *Escultura* (1990), faz uma história da escultura por meio de suas técnicas e procedimentos, valendo-se de uma série de índices para desenvolver seu pensamento em relação aos procedimentos anteriores ao século XIX. Considerando obras de arte e signos indicativos do fazer nessas obras (o caso dos *non finito* de Michelangelo, por exemplo), o autor utiliza-se de imagens de escultores em trabalho, sejam gravuras, iluminuras, desenhos esquemáticos, relevos e vitrais. Por meio delas, Wittkower percebe, por exemplo, a angulação correta de um cinzel. O mais importante naquelas imagens está na revelação de um modo de

---

2. Sugerimos que o leitor acesse o *link* <http://www.wikiart.org/en/albrecht-durer/melancholia-1514> para visualizar a imagem.

fazer, e nesse sentido, elas revelam algo de uma poética. É desse modo que a gravura de Dürer pode tornar-se índice (documento) de um modo de agir, um modo de operar o entalhe dos sólidos geométricos.

Kenneth Clark considera a gravura de Dürer como uma alegoria: ela "é a própria humanidade evoluída, com asas para voar alto". Ele complementa, descrevendo a cena: "À sua volta, encontram-se todos os emblemas do trabalho de construção: o serrote, a plaina, pinças, balanças, um martelo, um cadinho de fusão e dois elementos de geometria sólida, o poliedro e a esfera" (Clark, 1980, p. 175).

Elementos frequentes em um ateliê de Escultura, essas representações podem nos indicar que a figura alada é um escultor. Dando cabo às formas executadas – poliedro e esfera – seu afastamento das peças e sua postura corporal representariam um momento de necessário descanso, acompanhado de meditação. No entanto, o título dado a essa gravura, *Melencolia I*, nos induz a considerar o afastamento das peças e o corpo prostrado como signos de um determinado "estado de espírito". É como se a gravura fosse uma "imagem dialética" (Walter Benjamin), porque nos chama mais a atenção à inação do anjo do que às formas geométricas que ele produziu. Ela é mais emblemática de uma crise, espécie de ausência de sentido no fazer. O anjo alado interrompe seu trabalho de dar forma à matéria, "porque o trabalho perdeu o sentido: sua energia está paralisada não pelo sono, mas pelo pensamento. A melancolia não é, deste ponto de vista, somente um caso mental, mas um ser pensante em perplexidade" (Matos, 1987, p. 151). De fato, Kenneth Clark (1980, p. 175) confirma a suspeita, ao apontar que "todos esses auxiliares de construção estão abandonados e [a figura] medita sobre a futilidade do esforço humano".

A gravura, finalizada em 1514, é considerada emblemática de uma época em que o Homem – paulatinamente consciente de si mesmo e de sua importância na construção do ambiente circundante – emerge como investigador que tudo quer conhecer pelo prisma da mensuração. A ciência, por meio de leis matemáticas, observação e racionalização da natureza, procura tornar visíveis as estruturas dos objetos diante dos quais se detém; arte e arquitetura valem-se desse racionalismo, fortalecendo o vínculo da construção artística com a elaboração do pensamento. No entanto, o anjo que se cerca de instrumentos, números, formas, animais e outras figuras mitológicas encontra-se meditativo. Coloca-se, assim, no impasse do homem moderno, sentindo-se estranho no âmbito da mensuração de um mundo com muitas incertezas insistentes.[3]

A melancolia representada na gravura é um misto de inventividade e tormenta interna, atribuição dada a humanistas e artistas; essa ideia remonta à Antiguidade grega. Naquele período (séc. IV a. C.), a melancolia era considerada como oscilação entre a genialidade e a loucura. Segundo a Teoria dos Humores de Hipócrates, a partir de princípios pitagóricos, quatro humores regiam o funcionamento do corpo humano: o sangue, o fleuma, a bílis amarela e a bílis negra. O equilíbrio entre os quatro tipos indicava boa saúde mental e física. Seu regulamento se dava pela aplicação no corpo, de substâncias correspondentes ao humor que se opõe ao humor em excesso. Aristóteles aborda a questão em Problemata XXX (Dias, 2003). Para ele, a preponderância de um tipo de humor em um indivíduo influencia o seu temperamento e comportamento. A melancolia provém do domínio da bílis negra, gerando comportamentos do tipo tristeza sem causa específica, alternância de estados passivos e ativos, isolamento e furor criativo.

Na Idade Média, a melancolia passa a ser associada a um dos sete pecados capitais, a Preguiça, pelo fato de certa passividade e indolência no comportamento do melancólico em seus períodos de baixa energética. A melancolia também passa a ser vista como influência do planeta Saturno. Segundo os preceitos astrológicos, Saturno é vinculado a *Chronos*, deus grego do tempo, aquele que consome tudo o que cria – a causa da morte inexorável. Por haver sido humilhado por seus filhos sobreviventes, Saturno se filia à humildade, à lentidão e à negação do orgulho de nossa capacidade racional.

Com as transformações que ocorrem ao fim da Idade Média – o humanismo, o interesse pela antiguidade pagã, o cientificismo e a valorização da produção humana como um todo –, reemerge o princípio da vinculação antiga entre a melancolia e a genialidade. A emergência do sujeito nos séculos XV e XVI é acompanhada por um movimento pendular que vai de sua condição ativa de criação e invenção, de estudo e domínio da natureza,

---

3. No livro *De Vita Triplice*, Marsilio Ficino interpreta a teoria da melancolia como correspondente às virtudes triádicas – as Virtudes Teológicas, as Virtudes Intelectuais e as Morais. A *Imaginatio*, símbolo da inspiração divina, é relativa às ações dos artistas; a *Ratio*, presente nos filósofos, e a *Mens*, a virtude da conduta correta que afasta o homem da loucura. Para cada uma dessas virtudes, Dürer fez uma gravura: *Melencolia I*, para a *Imaginatio*; *São Jerônimo em sua cela*, para a *Ratio*; e *O Cavaleiro, a Morte e o Diabo*, para a *Mens* (*in* Dias, 2003). Disponível em: <http://www.dialética-brasil.org/lffdias.htm>

crença no futuro e nas realizações futuras do homem, à desorientação pelas revoluções religiosas (Reforma) e a constatação da solidão humana no seu contato com o divino, já que a Reforma desautorizou a função dos santos e pontífices como intermediários do humano e o divino, entre outros fatores. A melancolia pode ser vista então

> [...] com os olhos de Aristóteles, como afecção dos homens de gênio, o que corresponde a dizer que quem não a apresenta é homem comum, e não demora muito para que a melancolia comece a ser fingida e ostentada, assim como a profundidade de pensamento que proporciona. (Dias, 2003, s./p.)

Aby Warburg percebe o próprio Dürer como personalidade melancólica "do tipo mais nobre", porque consegue metamorfosear o aspecto grotesco da representação de *Chronos* – antes dada pela foice, com a figura portadora do compasso, agregando à gravura o atributo de Júpiter (o quadrado mágico, à direita do anjo), planeta que poderia atenuar os efeitos saturnianos sobre o comportamento do melancólico. Essa metamorfose mais corresponde, de acordo com Warburg (1999, p. 647), com a produção de uma mente que "luta pela liberação mental e religiosa da humanidade moderna".

## *Luto e melancolia,* Sigmund Freud

Um espaço temporal de aproximadamente 400 anos separa *Melencolia I* do texto de Freud, *Luto e melancolia*, publicado em 1917. Nesse intervalo e para além dele, o afeto melancólico é representado em diversas obras de arte e estudos teóricos em diversas áreas, acentuando-se no século XIX e perpassando o século XX, sobretudo como marca existencial de um grande período pontuado por guerras, exílios e desorientações, deixando no ar a perplexidade e o questionamento do vazio da existência.[4] Melancolia,

---

4. Em seu livro *Filosofia do tédio*, Lars Svendsen (2006, p. 20-21) estuda a melancolia e o tédio, aproximando-os e entendendo que o contexto moderno favorece o surgimento de diversos termos afins a essas afecções, bem como filósofos e literatos que os apresentam: "Encontramos [...] discussões sobre o tédio desenvolvidas por filósofos importantes como Pascal, Rousseau, Kant, Schopenhauer, Kierkegaard, Nietzsche, Heidegger, Benjamin e Adorno. E na literatura, temos Goethe, Flaubert, Stendhal, Mann, Beckett, Büchner, Dostoievski, Tchekhov, Baudelaire, Leopardi, Proust, Byron, Eliot, Ibsen, Valéry, Bernanos, Pessoa... A lista está incompleta; o tema é descrito de maneira tão ampla que qualquer relação que se faça é arbitrária. Devemos notar, no entanto, que todos esses escritores e filósofos pertencem ao período moderno".

então, relaciona-se à lamentação da morte, horror ao vazio que se dá por perdas. Nesse viés, ela adquire um decréscimo em sua acepção romântica (tida como a alternância do furor criativo), para ser compreendida também como alteração de humor, depressão, passível de ser vivenciada por qualquer indivíduo, não necessariamente o artista. Desse modo, as considerações de Freud constituem-se em um novo patamar de entendimento dessa afecção.

Nesse texto, escrito durante a Primeira Guerra Mundial, Freud trata da perda do objeto e o sujeito melancólico, fazendo, para isso, uma importante distinção entre luto e melancolia. Ambos conduzem relações específicas com um objeto de perda. Embora Freud considere a definição de melancolia como algo "flutuante", cuja "síntese em uma unidade não pareça certificada" (Freud, 1987, p. 241), o autor percebe-a no corpo como perda do interesse pelo mundo exterior e inibição da produtividade.

No luto, sabe-se do objeto perdido, e essa perda absorverá a libido do enlutado, sendo um ato penoso desvencilhar-se das lembranças daquele (ou daquilo) que se foi, independente do quanto isso dure. No entanto, "o fato é que, quando o trabalho do luto se conclui, o ego fica outra vez livre e desinibido" (Freud, 1987, p. 242). O autor complementa:

> Cada uma das lembranças e situações de expectativa que demonstram a ligação da libido ao objeto perdido se defrontam com o veredicto da realidade segundo o qual o objeto não mais existe; e o ego, confrontado, por assim dizer, com a questão de saber se partilhará desse destino, é persuadido, pela soma das satisfações narcisistas que deriva de estar vivo, a romper sua ligação com o objeto abolido. (Freud, 1987, p. 247)

Se, no luto, há um objeto perdido (uma pessoa amada, por exemplo), que determina o desinteresse do enlutado pelo mundo exterior, na melancolia não é possível precisar o objeto de perda. O objeto perdido causa uma sensação de algo mais que se vai com a perda. O sujeito até reconhece o objeto perdido, mas não tem consciência do que perdeu de si nesse processo. Nas palavras de Freud (1987, p. 244), "mesmo que o paciente esteja cônscio da perda que deu origem à sua melancolia", isso se dá "apenas no sentido de que sabe quem ele perdeu, mas não o que perdeu nesse alguém". E ainda: "A diferença consiste em que a inibição do melancólico nos parece enigmática porque não podemos ver o que é que o está absorvendo tão completamente".

Essas considerações nos permitem pensar que a figura do artista, nas concepções mais antigas da melancolia, era pensada em sua excepcionalidade; a melancolia vinculava-se a uma oscilação própria do temperamento do artista: uma alternância entre uma excitação no fazer e o não fazer. No caso da concepção freudiana, a melancolia, sendo pensada a partir da perda objetal, poderia envolver a relação do artista com seu objeto (artístico) em processo. Perda envolve distanciamento, pois o objeto não está necessariamente morto, desaparecido, mas pode ter sido *afastado*.

Esse afastamento é perceptível na gravura de Dürer, em que a personagem está a certa distância do irregular poliedro, seu objeto. Esta relação de distanciamento físico e temporal com o objeto, próprio da Melancolia, é muito significativa na análise do processo de criação, especificamente em produção escultórica. É comum nos afastarmos com certa angústia da matéria em processo quando não sabemos como agir.

Seria interessante mencionar, a esse respeito, a Teoria da Formatividade, de Luigi Pareyson, para quem o formar é um fazer que se inventa no ato. Isso significa dizer que, para o esteta, existe uma força na presentidade do fazer do objeto, um "puro tentar" que atua no processo de criação. Pareyson ainda considera que, no fazer da obra, operam as intencionalidades do sujeito, mas a obra também "opera" por seus próprios meios.

> Eis o mistério da arte: a obra de arte se faz por si mesma, e, no entanto, é o artista quem a faz. E dizer que a obra se faz por si mesma é aludir a um processo unívoco que, quando consegue desenvolver-se, vai em linha reta da semente ao fruto maduro, e que a forma cresce com o processo permanecendo íntegra em cada grau de desenvolvimento. Já dizer que a obra é feita pelo artista é aludir a uma série de tentativas às voltas com múltiplas possibilidades e diversas direções, chegando-se à forma compondo, construindo e unificando. (Pareyson, 1994, p. 76 *et seq*)

Desse modo, cremos que o fazer da obra por ela mesma angustia o artista, na medida em que revela forças que atuam à revelia de sua consciência. Por se caracterizar em um embate entre o escultor e o trabalho em formação, a relação de inconsciência sobre a perda objetal, apontada por Freud como diferenciador entre luto e melancolia, torna-se uma referência fundamental.

Esse aspecto ainda nos remete a um trecho de outro texto de Freud – *Além do princípio do prazer* (1920) –, trecho em que descreve as experiências de seu netinho de ano e meio com um brinquedo, especificamente um carretel. A criança jogava repetidamente o carretel para longe de si, emitindo uma expressão que depois foi identificada como *"fort"*. Logo após puxava o carretel de volta por meio de um fio, saudando "o seu reaparecimento com um alegre '*da*'". Freud vinculou a brincadeira a um jogo, repetido incessantemente, como construção simbólica a partir do afastamento da mãe – o ir e vir do objeto equivaleria às alternâncias entre a saída e a chegada da mãe, criando-se a correspondência com as palavras *"Fort"* e *"Da"*.

> Essa, então, era a brincadeira completa: desaparecimento e retorno. Via de regra, assistia-se apenas a seu primeiro ato, que era incansavelmente repetido como um jogo em si mesmo, embora não haja dúvida de que o prazer maior se ligava ao segundo ato. (Freud, 1996, v. XVIII, p. 27)

Freud interpretou o jogo como uma "renúncia à satisfação instintual que [a criança] efetuara ao deixar a mãe ir embora sem protestar". Agindo assim, a criança compensava aquela importante falta, "encenando ele próprio o desaparecimento e a volta dos objetos que se entrecruzavam a seu alcance" (Freud, 1996, v. XVIII, p. 27). Desse modo, jogando com a perda, a criança passa de uma condição passiva na experiência, para uma condição ativa, determinando a transferência do que lhe é desagradável para um substituto.

Esse trecho já foi trabalhado por Georges Didi-Huberman em *O que vemos, o que nos olha* (1998, p. 80 *et seq*), ao vincular aquele jogo infantil do carretel com brincadeiras posteriores do desenvolvimento da criança, seja com a boneca, seja com o cobrir-se por um lençol (brincar de desaparecer), a uma "arqueologia do símbolo":

> É talvez no momento mesmo em que se torna capaz de desaparecer ritmicamente, enquanto objeto visível, que o carretel se torna uma imagem visual. O símbolo, certamente, o "substituirá", o assassinará – [...] mas ele subsistirá num canto, esse carretel: num canto da alma ou num canto da casa. (Didi-Huberman, 1998, p. 83)

Interessado em discutir o potencial antropomórfico dos cubos do artista Tony Smith, Didi-Huberman põe em xeque a afirmativa de outros artistas minimalistas (Donald Judd e Frank Stella) de que os cubos nada mais são do que formas geométricas. Desse modo, vê os trabalhos em análise como imagens dialéticas, pois figuram algo além do que se percebe de imediato. Tais imagens se fundam nesse trânsito entre cubo e corpo ou "antropomorfismo e dessemelhança", entre o estar próximo e o estar distante, recolocando-se como figuras auráticas. É desse modo que percebe também o processo de elaboração de um poliedro de 13 faces, chamado por Alberto Giacometti, seu autor, de "O cubo".[5]

No texto *Face du dessin qui cherche son entaille* (1992), Didi-Huberman apresenta-nos esse trabalho de Giacometti, elaborado durante o luto pela perda de seu pai. Feito em gesso, o poliedro transitava da mesa de trabalho do escultor a um lugar acima do armário, atrás de outros gessos (tal como um carretel), sendo que a cada retorno à mesa, tinha uma de suas faces sulcadas com um desenho ou letra, inscrições que remetiam ao escultor ou à figura de seu pai; em uma ocasião, Giacometti desenha o próprio poliedro em uma das faces. O volume torna-se então suporte para diversas inscrições:

> Desenhar o poliedro no poliedro, escrever seu nome próprio "Alberto Giacometti" e gravar os traços do seu próprio rosto, era produzir um ato de re-apropriação, mas ao mesmo tempo era produzir a marca infeliz de uma relação que não tinha acontecido, de uma meditação que tinha desabado. O Cubo partido em direção dessa região caótica suscitada por um momento de luto, voltava ao seu autor para lhe significar apenas uma coisa: você fica só. Você tem dificuldade de assinar o objeto e de se representar nele, essa marca redobrada só significa sua própria solidão. (Didi-Huberman, 1992, p. 173)

O cubo possui um aspecto aurático por estar tão perto de Giacometti – dentro de seu atelier, de suas ações conscientes –, mas também tão longe, pelo processo onírico de formação de imagens (explorado pelo próprio artista nesta época, 1934), pelo ato de afastamento de si (atrás de outros gessos no atelier), pela descontinuidade em sua poética como um todo e até mesmo por suas aparições desenhadas ou "coadjuvantes" em outros trabalhos, até a sua *"cristalização no volume soberano do cubo"*. Essa ação de afastá-lo dá-se pela não correspondência do cubo com nada que ele visse ou se interessasse conscientemente:

> O cubo era "existente", singular não como abstração específica e desencarnada, mas como um "calmo bloco caído" de uma ruptura obscura, o cristal de uma guerra interior, mas concreta, dura e branca como uma massa de gesso contornando o vazio, levada com a perda. A perda, que não tem de ser ale-

---

[5]. Sugerimos que o leitor acesse o *link* <http://rudygodinez.tumblr.com/post/56061098320/alberto-giacometti-cube-nocturnal-pavilion> para visualizar a imagem.

gorizada, ou estilizada, ou "abstrata", mas a perda que é a própria abstração, a escavação achando a sua forma, a marca defectiva, insistente e soberana, inclusa nas coisas, no volume das coisas. (Didi-Huberman, 1992, p. 181)

Voltemos a Freud em seu texto sobre a melancolia:

O objeto talvez não esteja realmente morto, mas se perdeu como objeto de amor. [...] E em outras circunstâncias nos cremos autorizados a supor uma perda, mas não atinamos em discernir com precisão o que se perdeu, e com maior razão, podemos pensar que tampouco o melancólico pode apressar em sua consciência o que ele perdeu. Este caso poderia apresentar-se ainda sendo notória para o doente a perda ocasionadora da melancolia: quando ele sabe a quem perdeu, mas não o que perdeu nele. Isto nos levaria a referir de algum modo a melancolia a uma perda do objeto subtraída da consciência, à diferença do luto, no qual não há nada inconsciente que o relacione à perda. (Freud, 1987, p. 243)

Vinculando a perda objetal ao jogo do *Fort-Da*, elaboração da criança diante de uma situação de perda, podemos inferir, numa aproximação dessas considerações ao campo do fazer artístico, que a relação de distanciamento físico e temporal com o objeto, próprio da melancolia, é muito significativa na análise do processo de criação, especificamente quando lidamos com produção escultórica. As considerações de Georges Didi-Huberman sobre os cubos pretos de Tony Smith e o poliedro de gesso de Alberto Giacometti nos auxiliam na percepção de que a gravura de Dürer e o processo de criação são dialéticos, não no sentido de um terceiro incluído, mas no sentido em que produzem ambiguidades: "a ambiguidade é a imagem visível da dialética" (Benjamin, *apud* Didi-Huberman, 1998, p. 173).

# Em nós... abaixo de nós... terra abaixo de Joseph Beuys[6] e Big man[7] de Ron Mueck

Segundo Freud, no quadro da melancolia, destaca-se "o desagrado moral com o próprio eu", com o indivíduo aparentando "quebranto físico, fealdade, debilidade, inferioridade social", completando-se com um "desfalecimento, no extremo assombroso psicologicamente, da pulsão que compele a todos os seres vivos a aferrarem-se à vida" (Freud, 1987, p. 244-245). Essa inibição da postura corporal – o corpo retraído, dobrado – é perceptível desde a gravura de Dürer, mas está presente nas duas obras de arte apresentadas a seguir: "Em nós... abaixo de nós... terra abaixo", realizada por Beuys em 1965 e *Untitled (Big man)*, realizada por Ron Mueck em 2000.

 A experiência de quase-morte de Beuys é assunto demasiadamente colocado na arte contemporânea, sendo alvo de várias polêmicas.[8] Tais acontecimentos comporão uma subjetividade distinta e complexa, em que não cabe uma vivência estritamente individualizada. A atuação de Beuys se dará com materiais identitários: a gordura animal, o feltro, o cobre, o mel, ouro e esparadrapo. Tais materiais podem gerar tanto associações de cunho espiritual quanto dizer da reversibilidade dos estados da matéria, permitindo-nos analogias com nossa condição humana. Os elementos minerais, vegetais e animais presentes em seus trabalhos indicam o desejo de reconciliar cultura e natureza. Beuys busca também uma conexão entre dicotomias clássicas, como razão x intuição, corpo x espírito, ocidente x

---

6. Beuys, Joseph. *"Em nós... abaixo de nós... terra abaixo"*. Galeria Wupperthal, 1965. Disponível em: <http://info-buddhism.com/dalai_lama_art_louwrien_wijers.html>.
7. Mueck, Ron. Untitled (Big Man), 2000. Resina e fibra de vidro, 203.2 x 120.7 x 204.5 cm. Ver imagem nos links: <http://www.gettyimages.com/detail/news-photo/new-york-united-states-a-giant-sculpture-titled-big-man-by-news-photo/73166953> e <http://www.hirshhorn.si.edu/collection/detail=-of-ron-muecks-big-man/#collection-ron-mueck>.
8. Beuys nasce em Krefeld ou Cléves, em 1921; morre em Düsseldorf, em 1986. Em 1939, presta serviço militar alemão, atuando durante a Segunda Guerra Mundial. Entre 1943 e 1944, o avião que pilotava é abatido na Criméia (Ásia), região coberta de neve. Beuys é projetado para fora da nave, com fraturas por todo o seu corpo. Em estado inconsciente e semicongelado por vários dias, é por fim encontrado por tártaros que o enrolam em gordura e feltro até que recobre a consciência. Após a guerra, estuda arte aos 26 anos. No início da década de 1960, Beuys já é professor de arte em Düsseldorf, e essa experiência será a ponte entre uma produção artística pessoal e uma atuação política, na formação de associações acadêmicas e do próprio Partido Verde, na década de 1970. Quanto à polêmica se os fatos sobre a vida de Beuys são verdade ou não, conferir Borer (2001, p. 12 *et seq*).

oriente. Por essa razão, uma de suas questões mais reincidentes será a Eurásia, junção de Europa e Ásia, referindo-se não somente ao local de sua experiência fundamental, mas à reunificação política do ocidente e do oriente, e posteriormente, das duas Alemanhas. Em suas ações, o artista fará uso da fala e da palavra escrita. Seja em solilóquios, em diálogos ou em conferências públicas, Beuys não distingue, nessas formas, o artista do pensador e do professor, mas as percebe todas como fatos artísticos.

No registro da ação de 1965, é ressaltada a "inação" de Beuys.[9] Podemos ver vários fragmentos de elementos dispersos, como papéis em suportes para partituras, um suporte negro com palavras escritas em branco – alusão ao quadro negro tão utilizado pelo artista –, pedaços de feltro dobrados, um pequeno suporte de madeira, uma forma preta dentro de um recipiente branco, entre outros elementos não identificáveis. Tais materiais encontram-se dispersos no fragmento do espaço à mostra, como se o autor, na ação, tivesse utilizado e manipulado cada um deles antes de se despojar sobre o monte de gordura.

Considerando que o artista "dorme" na imagem, interessa-nos pensar sobre esse estado meditativo – a aparição de um corpo estático, não congelado pelo ato fotográfico, mas que se deixou registrar em imobilidade. Isso fica ainda mais em evidência na fotografia de Sturtevant: um retorno ao poder da centralização composicional pela retirada dos elementos antes dispersos. Essa unidade gestáltica posta, plenamente constituída na figura singular de Beuys, confirmaria a importância deste momento de descanso do autor.[10] Acreditamos que isso seja mais do que a reapresentação de fatos biográficos de Beuys.

---

9. Esse aspecto é ainda mais ressaltado na fotografia realizada pela artista norte-americana Elaine Sturtevant em 1971. Sturtevant se interessa, desde meados da década de 1960, pela elaboração fotográfica de réplicas ou reapresentações de trabalhos de artistas contemporâneos, a partir da anuência dos mesmos. Após trabalhos com vários artistas norte-americanos, a artista trabalha com Beuys a partir da ação mencionada acima, produzindo "Beuys Fat Meditation", uma fotografia autônoma (e não mais documental).
10. É interessante pensar que essa outra potência comunicante, por meio da imobilidade do corpo de Beuys, ocorre também um ano antes, em 1964 – *O chefe*, ação realizada em Berlim. Ali, no recinto isolado da Galeria René Block, entre elementos dispersos como blocos de gordura, barra de cobre enrolada em feltro e uma lebre morta, está o artista, deitado e enrolado em um grande cobertor de feltro, por oito horas. Em intervalos irregulares, Beuys emite sons ininteligíveis, como se fossem os sons do animal morto. Há também um amplificador que fornece os sons dos batimentos cardíacos do artista.

Em contrapartida, temos a escultura de Ron Mueck, *Big Man*. Mueck é um artista australiano residente em Londres; sua técnica escultórica é fruto de sua experiência no cinema, na categoria de efeitos especiais: trabalhando com fibra de vidro, silicone e resinas, Mueck se esmera na reprodução dos mínimos detalhes do corpo, como pelos, rugas, manchas e expressões faciais. O artista tornou-se famoso por reacender o debate em torno do hiper-realismo estadunidense dos anos de 1960-70. Se, por um lado, seus trabalhos recuperam o fazer mimético das figuras tridimensionais realizadas com base em fotografia e pelo uso de materiais sintéticos, marca daquele movimento, por outro, Mueck trabalha com diferenças escalares. Indo da mínima à máxima ocupação espacial, Mueck ativa em nós experiências com a monumentalidade em alguns trabalhos, mas também com a intimidade, em outros; isso nos aproxima e nos afasta com relação à recepção dos trabalhos; desse modo, ele relativiza o ilusionismo de que as esculturas hiper-realistas tomavam partido.

Nesse trabalho de 2000, comumente chamado de *Big Man*, vemos a posição típica do melancólico: a figura reclinada, sentada com a cabeça apoiada em um dos braços, encontra-se meditativa. A feição do rosto encontra-se tensa, os lábios rijos, o olhar em direção a algum ponto um pouco longe de si, em direção ao chão.

Kenneth Clark inicia seu estudo "O nu" com uma importante distinção entre o nu artístico e o nu corporal. Enquanto este é o despojamento de nossas roupas, causando-nos certo embaraço, porque expõe a realidade de nossos corpos, o nu artístico tem sido um pretexto, desde a Antiguidade Clássica, para se trabalhar o ideal de perfeição: não se trata de imitar o modelo real, mas de aperfeiçoá-lo (Clark, 1987, p. 19). Já Susana Sousa (s.d, s.p.) chama de nu-máscara o processo de idealização da figura nua, já que essa idealização satisfaz nossa "necessidade de fuga da sua sexualidade manifesta e da sua violência construtiva", pacificando a relação que temos com nosso próprio corpo. É como se, mesmo nua, a escultura estivesse vestida de ideias, de conceitos filosóficos que nos obrigasse a olhá-la, não de frente, "mas por desvio" (Didi-Huberman *apud* Sousa, s.d, s.p).

A disposição de *Big Man* no espaço expositivo, sem outros objetos ou atributos – a nudez seria o seu único atributo, talvez – dificulta a construção de uma narrativa para o espectador, a detecção de uma causa para o seu estado melancólico. Podemos pensar também que, por não haver outro corpo na mesma dimensão que a escultura, é acentuada a sua solidão. Podemos ainda pensar que *Big Man* contraria a ideia de nu-máscara de Susana Sousa, pois, em contato com a obra, não conseguimos despistar nosso mal-estar.[11]

*Big Man* recosta-se nu no canto da sala; parece indicar que encontrou na junção de duas paredes, sua morada básica. Há ecos visuais ou reverberações entre a dobra do espaço (a quina) e a dobra de seus punhos, braços e pernas, seu corpo enfim. Nesse múltiplo encolhimento, toda a expressão de dor e tensão psíquicas da figura se distribui entre os membros flexionados e a rigidez das extremidades: a cabeça recolhida, os punhos cerrados, os pés firmemente plantados ao chão do lugar; inércia que se desdobra em direção ao canto da sala, espaço de estagnação. Na medida em que não olha para ninguém, não se trata aqui de um olhar convidativo.

Uma cerca invisível, ou quase, apenas pronunciada numa linha divisória tênue, demarcada no chão do espaço expositivo: a linha é o limite de aproximação do espectador. Alia-se à direção do olhar e à escala monumental, fatores que nos afastam do corpo da obra. A linha coloca-se para além do resguardo técnico de contato da escultura conosco: é uma divisória entre um estado melancólico que sabemos ser nosso, mas que não queremos admitir. *Big Man* é um estranho e monumental espelho.

### Considerações finais

Durante o processo de elaboração de uma peça escultórica, é comum nos afastarmos da matéria em processo para que ela "apresente" os seus próprios modos de se fazer. Ocorre uma lentidão no processo de criação em tridimensionalidade, dada pelo embate com a matéria escultórica, que imprime, por sua vez, uma lentidão nas ações do artista.

Uma espécie de identificação de tempo e movimento permite-nos aqui uma licença poética para este texto. A licença poética refere-se à ideia de

---

11. O nu de *Big Man* é mais radical, em sua melancolia, do que a nudez de *O Pensador*, de Rodin. Essa escultura, originalmente concebida para encimar a *Porta do Inferno*, foi destacada do grupo escultórico, passando a ser também um vulto pleno, autônomo. No entanto, ela ainda possui um volume sobre o qual se assenta e, sendo colocada em pedestal que valorize o seu olhar para baixo, ela permanece distante de nós por essa mesma função do pedestal. *Big Man* ocupa o chão que nós também ocupamos; o elemento físico, para além da própria peça, a nos separar de sua realidade é o elemento linear que impede o contato físico do espectador.

que a figura humana representada por Ron Mueck possa ser um escultor, cujo objeto esteja totalmente afastado de si.

Considerando-se essa licença, temos então duas situações: a ausência do objeto de lida gerando uma quarta nudez na representação de *Big Man*: o nu corporal, o nu artístico, o nu pela ausência de qualquer atributo ou pedestal e o nu melancólico, porque a direção do seu olhar se volta para um lugar além do espaço em que está, como se buscasse o objeto perdido.

Já no caso de Beuys, o bloco de gordura poderia ser o seu objeto de lida. No entanto, tão próximo está de si que o peso de sua cabeça se imprime na docilidade do bloco de gordura. Nessa situação, temos o contato radical, a tatilidade que supera a visão: o negativo da sua face no bloco "se obtém cegamente", havendo um "esmagamento tátil" que rouba nosso olhar (Didi-Huberman, 1997, s.p.): será por isso que o artista fecha os olhos, será que a questão posta é não ver? Nessa representação de melancolia, ao dormir, o artista se identifica de certo modo, com os objetos inanimados do ambiente. Se, ali, ele supostamente dorme, potencializa outras ações mentais, como o devaneio e a imaginação.

Na gravura de Dürer, a matéria se sujeita a uma ideia, a instrumentos específicos, ao domínio da tradição escultórica, enfim. A "forma" de Beuys seria o resultado da impressão do peso sobre a matéria informe. Em última instância: "forma" será uma "contra-imagem" (Gil, 1996), aquilo que provém da meditação do autor, de seu ato de dormir, em que seu inconsciente se sobrepõe à consciência. Pelo título da ação, há um movimento do corpo para baixo, dando-nos a sensação de uma cabeça se enterrando na matéria informe. Temos assim, uma "sensação tipicamente depressiva de um corpo que se imobiliza" (Didi-Huberman, 1992, p. 187). Em Mueck, a forma e a matéria estão ausentes.

As imagens de obras de arte aqui apresentadas, instigam-nos por seu *pathos* melancólico. Juntamente com o texto de Sigmund Freud, elas são importantes documentos para o artista, no sentido em que podem representar e nos chamar a atenção para os afastamentos, voluntários ou não, de um objeto em processo. Há, por parte da matéria em transformação, uma espécie de solicitação de lentidão que reverbera ou contamina a ação própria do artista, como se um processamento cego obliterasse a lógica e o enquadramento da conduta criadora em uma linha de tempo estável e contínua, tendente à finalização.

As imagens de obras de arte aqui apresentadas nos afetam enquanto obras de arte, podendo acessar, pela empatia, a melancolia que existe, subsiste e resiste em cada um de nós. Mesmo sendo documentos de época, cada qual explicitando uma afirmação na desorientação de seus contextos específicos, há uma determinada atemporalidade na afecção que elas indicam, pois se trata de uma questão existencial, de uma desorientação que nos marca desde a modernidade. É nesse sentido que a vinculação feita entre obras contemporâneas – obras de Beuys e Mueck – com a gravura de Dürer, é uma vinculação trans-histórica, ocorrendo por meio delas, uma prega no tecido do tempo que as une pela carga psíquica que instauram.

Referências bibliográficas

BORER, A. *Joseph Beuys*. São Paulo: Cosac & Naify, 2001.

CLARK, K. *Civilização: uma visão pessoal*. SP/Brasília: Martins Fontes/ UnB, 1980.

_____. *El desnudo*. Madrid: Alianza Editorial, 1987.

DIAS, L. F. F. 2003. *Dialética e melancolia: a possível organização dialética de alegorias melancólicas em gravuras de Albrecht Dürer*. Disponível em: <http://www.dialética-brasil.org/lffdias.htm>.

DIDI-HUBERMAN, G. *O que vemos, o que nos olha*. São Paulo: Ed. 34, 1998.

_____. "Face du dessin qui cherche son entaille". In.: _____. *Le cube et le visage*. Paris: Macula, 1992. p. 159-181

_____. *L'Empreinte*. Catálogo de exposição. Paris: Centre Georges Pompidou, 1997.

FREUD, S. "Luto e melancolia". In: FREUD. *Obras completas (Edição Standard Brasileira das Obras Psicológicas Completas de Sigmund Freud)*. V.14. Rio de Janeiro: Imago, 1987.

_____. "Além do princípio do prazer". In: FREUD. *Obras completas (Edição Standard Brasileira das Obras Psicológicas Completas de Sigmund Freud)*. V. 18. Rio de Janeiro: Imago, 1996.

GIL, J. *A imagem-nua e as pequenas percepções: estética e metafenomenologia*. Lisboa: Relógio D'água, 1996.

MATOS, O. "A melancolia de Ulisses: a dialética do Iluminismo e o canto das sereias". In: CARDOSO, S (org.). *Os sentidos da paixão*. São Paulo: Companhia das Letras, 1987.

PAREYSON, L. *Os problemas da estética*. São Paulo: Martins Fontes, 1994.

SOUSA, S. *O nu possível. Para um estudo da nudez como objecto estético*. Disponível em: <http://www.ousia.it/SitOusia/SitoOusia/Temi/estetica/testi/nupossivel.htm>.

SVENDSEN, L. *Filosofia do tédio*. Rio de Janeiro: Zahar, 2006.

WARBURG, A. *The renewal of Pagan Antiquity*. Los Angeles: Getty Research Institute, 1999.

WITTKOWER, R. *Escultura*. São Paulo: Martins Fontes, 1990.

1ª EDIÇÃO [2016]
Esta obra foi composta em Minion Pro e Din sobre papel
Pólen Bold 70 g/m² para a Relicário Edições.